마마

바다

펴낸날 초판 1쇄 2024년 5월 10일
2쇄 2024년 11월 10일

지은이 손광성
펴낸이 서용순
펴낸곳 이지출판

출판등록 1997년 9월 10일
등록번호 제300-2005-156호
주소 03131 서울시 종로구 율곡로6길 36 월드오피스텔 903호
대표전화 02-743-7661 **팩스** 02-743-7621
이메일 easy7661@naver.com
디자인 손광성, 김민정
인쇄 ICAN
물류 (주)비앤북스

ⓒ 2024 손광성

값 22,000원

ISBN 979-11-5555-219-3 03810

※ 잘못 만들어진 책은 교환해 드립니다.

▶ 손광성

이지출판

머리말

 오늘 새벽, 이상한 향기에 눈을 떴다. 창을 여니 목련이 달빛에 젖고 있었다. 눈부신 자태. 주변은 선원처럼 고요했다. 나는 잠시 숨을 멈춘 채 서 있었다.
 글을 써온 지 그럭저럭 반세기 가까이 된다. 그런데 모두 모아도 백오십여 편에 불과하다. 그러니 한 해에 세 편 남짓 쓴 셈이다. 세 번의 개인전과 세 권의 책 집필을 핑계대더라도 좀 심했다 싶긴 하다. 그래도 저 목련만 한 게 혹시 한 편쯤 들어 있을지 모른다고 자위해 보지만, 그 또한 민망한 일.
 육십여 편을 걷어내고 아흔두 편을 한데 묶는다. 아예 반을 덜어낼까 하는 생각도 없지 않았지만 그러지 못했다.
 1장은 2011년 《하늘잠자리》 이후 신문과 잡지에 발표한, 최근 글들이다. 2장부터 5장까지는 1992년 첫 수필집 《한 송이 수련 위에 부는 바람처럼》에 실린 것들이고, 6장은 2000년 두 번째 수필집 《달팽이》에, 7장은 2004년 화문집 《작은 것들의 눈부신 이야기》에, 8장은 2005년 《달팽이》

개정판에, 9장과 10장은 《하늘잠자리》에 실린 것들이다. 1장을 제외하고 시대순으로 배열한 것은 글의 변천 과정을 볼 수 있지 않을까 해서다.

삽화도 반 가까이 다시 그렸다. 마음에 들지 않는 어휘나 문구도 고쳤다. 살기 좋은 집은 처음부터 완성되는 것이 아니다. 살면서 조금씩 고쳐가는 과정에서 완성되는 것이다. 글도 마찬가지라는 생각이다.

《하늘잠자리》를 내면서 이게 '마지막' 책이라 했다. 그런데 마지막을 또 한 번 입에 올리게 되었다. 이번은 분명 마지막이지 싶다.

여러 가지로 어려운 시기임에도 흔쾌히 책을 내기로 한 '이지출판' 서용순 대표의 후의에 깊이 감사한다.

2024년 봄
서귀포 반화재半花齋에서
손광성

차례

머리말 4

1

인연이라 말해도 될까 12 | 고향이 거기 와 있었네 14
철새 떠나던 날 아침 16 | 아버지의 우파니샤드 18
비둘기 22 | 새의 발자국으로 25 | 남포를 켜면 28
자물쇠 32 | 장도칼 34 | 실패를 사 오면서 36

2

수련 40 | 앓으면서 자란다 45 | 4백만 원짜리 헌
우산 49 | 문간방 사람 52 | 서울의 봄 57 | 오동
나무 61 | 지붕을 고치며 66 | 냉면 74 | 고향 사투
리 78 | 사랑은 은밀한 기도처럼 81

3

대추나무 90 | 냄새의 향수 94 | 어물전에서 100
한恨 105 | 나의 어머니 109 | 자작나무야 119
싸리나무와 회초리 122 | 비에 젖은 참새 126
평생도平生圖 130 | 지금도 해당화는 135

4 도라지꽃 142 | 별을 접는 여인 145 | 나의 일요일 151
한복을 입는 마음 155 | 돌확 159 | 십 년이란 세월 162
아내의 꽃밭 166 | 우리나라 정원 170

5 천사 미카엘 상 앞에서 178 | 꺼지지 않는 촛불 184
K신부와 크리스토폴 성인 상 188 | 주교관 발코니에
붉은 제라늄을 195

6 아름다운 소리들 204 | 상추쌈 211 | 이 가난
한 11월을 216 | 장작 패기 222 | 달팽이 229
감자 타령 236 | 비 오는 날 239 | 돌절구 245
서른한 번째 장미 250 | 쐐기나방을 보내며 255
바다 259

7 수박 예찬 268 | 좋은 이웃이란 270 | 작지만 얼마나 눈부신가 273 | 블루스카이 275 | 금붕어도 때로는 외로움을 탄다 279 | 고흐를 추모하며 281 동해 작은 섬 물가에 284 | 수줍음을 타는 부처님 288 사랑한다는 것은 291 | 여우 사냥 294

8 도다리의 친절 300 | 부채의 미학 304 | 누나의 붓꽃 313 | 두 번째 서른 살 318 | 몇 가지 나의 버릇에 관하여 324 | 겨울 갈대밭에서 339 | 발걸음 소리 342 | 별 348 | 흔들리는 섬 356 | 딸기 서리 362 러시아 처녀들의 미소 366 | 부칠 수 없는 편지 372

9 흰죽 386 | 나의 귀여운 도둑 387 | 밤의 찬가 390
11월의 포장마차 395 | 나의 멸치 존경법 400
물소 문진 405 | 하늘잠자리 410 | 나의 두 친구
412 | 제주 오름 422 | 다리 위에서 424

10 개밥바라기 430 | 지팡이 432 | 몽당붓 한 자루 436
큰애의 쪽지 편지 440 | 에덴동산에도 442 | 누님
의 마지막 말씀 447 | 옛날 옛적에 450

연보 460

1

나는 이 자물쇠를 책상 위에 올려놓고 가끔 좌우명으로 읽는다. 자칫 느슨해지기 쉬운 마음을 단속하기 위해서다. 지켜야 할 재물이 없다고 해서 지켜야 할 신념조차 없는 건 아니니까.

인연이라 말해도 될까

 영하의 아침 지하철역. 가파른 계단은 언제나 위태로운 과정. 한발 앞서 닫히는 문. 떠나 버리는 전동차의 무심한 뒷모습.

 플랫폼 낡은 벤치에 가서 앉는다.

 아, 엉덩이에 전해 오는 이 살가운 온기!

 누가 남겨 놓은 것일까? 불이 환한 차창으로 내다보던 눈이 상큼한 그 여인일까? 전동차 문이 닫힐 때 구부정한 등을 보이고 승객들 속으로 사라진 내 또래의 그 남자일까?

 "왕십리 행 열차가 죽전역을 출발했습니다."

 확성기의 날카로운 금속성. 순간 내 상상력에 금이 간다.

 데시벨 단위로 증폭되는 철로의 진동음.

 드디어 차가 들어온다.

 그 사람의 체온을 내 체온으로 덥혀 놓고 서둘러 일어선다.

저녁 돌아오는 길. 건널목 앞에 이르는 순간 바뀌는 신호등. 잠시 기다린다. 가로수 밑에 눈이 보인다. 세수수건만한 잔설. 어쩌면 이것이 마지막 눈일지 모른다는 생각에 혹독했던 지난겨울도 아쉬움으로 남는다.

허리를 굽힌다. 마지막 겨울에 작별 인사를 건네는 마음으로 손을 내민다.

아, 이미 나 있는 다른 사람의 손자국!

누가 남겨 놓은 것일까? 신호등이 바뀔 때 아파트 단지 입구로 사라진 갈색 코트의 그 여인일까? 아니면 그 옆 편의점 문을 밀고 들어가던 카키색 점퍼를 입은 중키의 그 청년일까?

질주하는 자동차 굉음. 잠시 내 상상력이 구겨진다.

드디어 신호가 바뀐다.

차들이 멈춘다.

그 사람의 손자국 옆에 내 손자국을 남기고 서둘러 길을 건넌다.

고향이 거기 와 있었네

 십여 년 전 봄, 서귀포에 허름한 창고가 딸린 귤밭 한 뙈기를 샀습니다. 백두산 기슭에서 태어난 내가 백두산 기슭에서 살 수 없는 몹쓸 세상 만나, 홧김에 한라산 기슭에 뼈를 묻으려고 작정한 것입니다.

 한 달에 한 번 내려와 사흘 동안 그달에 번 만큼의 돈으로 공사를 하고 올라갔습니다. 일곱 해 동안 여든여섯 번을. 적지 않은 비용이 들었지만 개의치 않았습니다. 고향을 새로 만드는 일이었으니까요.

 담 쌓기, 연못 파기, 나무 심기와 작업실 리모델링까지 모두 끝난 가을 어느 날, 몇 해를 두고 벼르던 자작나무를 창문 앞에 심었습니다. 물을 주고 지주대를 세우고 손을 털고 그리고 이만큼 물러나서 바라보았습니다. 상큼한 키에, 날렵한 잎새, 분 향기 묻어날 듯 하이얀 수피樹皮. 아, 영락없는 개마고원 태생, 서글서글한 내 고향 북관녀北關女

였습니다.

 그러니까 예순여덟 해 전 흥남철수 때, 데리고 올 수 없어 울며 떼어놓고 온 고향이, 거기 와 있었습니다. 내가 못 가니 날 찾아 제가 와 있었습니다. 열다섯 그때 그 모습으로 와 있었습니다.

철새 떠나던 날 아침

 해마다 겨울이면 찾아오는 철새들. 무얼 먹고 허기를 달래는지, 추위는 또 어찌 견뎌 내는지 늘 걱정이 되면서도 겉보리 한 줌, 식빵 한 조각 나누어 준 적이 없다.

 아파트 단지와 단지 사이로 흐르는 개울을 따라 나는 매일 아침 한가롭게 산책이나 하지만, 냄새나는 2급수에서 새들은 힘겹게 자맥질을 하고 있었다. 잡히는 것 하나 없이. 쓸개를 핥듯 갯바닥을 훑고 있었다. 그러다 문득 열받으면 수면을 박차고 하늘 높이 날아올랐다. 분노만큼의 높이였을까? 쇠오리는 쇠오리끼리, 꼬방오리는 꼬방오리끼리, 흰뺨검둥오리는 또 흰뺨검둥오리끼리, 듣기 좀 거북한 소리를 지르며 하루에도 몇 차례씩 편대 비행을 하고 있었다. 마음 같아서는 몇 군데 요절을 내고 말 요량이었을까? 아니면 바닥부터 차곡차곡 적의를 다지고 있었을까?

 드디어 소한 대한을 넘기고, 입춘 곡우도 그렇게 넘기고,

봄비도 내리고, 갯버들 가지마다 막 연두색 봄이 움트기 시작할 무렵, 이제 좀 살 만하다 싶을 그 무렵, 새들은 겨우내 수척해진 몸을 추스르며 솔가해서 떠났다. 모래톱에 희미한 발자국만 남긴 채 뒤도 돌아보지 않고 떠나 버리고 말았다. 창백한 하늘 한 자락을 찢으며 날아가던 한 무리의 철새들 울음소리.

"끼이륵, 끼륵."
"끼이륵, 끼륵."

저희끼리 주고받던 쇠된 소리, 그런데 내 귀에는 그 금속성이 왜 자꾸 결기에 찬 무슨 다짐같이 들렸을까?

"다시 오나 봐라."
"다시 오나 봐라."

멀리 북녘 하늘을 향해 소실점으로 사라지던 철새들의 아득한 뒷모습. 미안했다. 귀한 손님을 찬 방에서 재워 보낸 날 아침처럼 미안했다.

아버지의 우파니샤드

여남은 살이 되던 해였습니다. 어느 날 마루에서 담배를 피우고 계시는 아버지 곁에 앉아 있었습니다. 그때 담장 너머로 내 또래 아이가 토끼 귀를 잡고 가는 것이 보였습니다. 토끼가 불쌍했습니다. 아버지에게 물었습니다.
"아버지, 토끼는 왜 귀를 잡지요?"
아버지가 대답했습니다.
"꼼짝 못 하니까."
순간 아버지 곁에서 졸고 있는 고양이가 보였습니다. 놈은 어디를 잡아야 꼼짝 못 하는지 궁금했습니다.
"아버지, 고양이는 어디를 잡지요?"
"목덜미를 잡지."
나는 쓰다듬는 척하다가 목덜미를 잡았습니다. 그리고 번쩍 들어올렸습니다. 놈은 발톱을 세워 할퀴려고 했지만 소용이 없었습니다. 기분이 좋았습니다.

그리고 한참 지난 어느 날이었습니다. 집으로 오다가 두엄을 헤집고 있는 닭이 눈에 띄었습니다. 닭은 어디를 잡아야 꼼짝 못 하는지 궁금했습니다. 저녁 밥상에서 아버지에게 물었습니다.

"아버지, 닭은 어딜 잡지요?"

"날개를 잡지."

다음 날 두엄으로 가서 한 놈을 덮쳤습니다. 그리고 날개를 잡았습니다. 두 발을 버둥거리며 소리를 질러댔지만 나를 쫄 수는 없었습니다. 뿌듯했습니다. 집에 와서 아버지에게 자랑했습니다.

아버지는 칭찬 대신 나를 물끄러미 바라보시다가 지나가는 말투로 툭 던지는 것이었습니다.

"아들아, 사람은 어디를 잡지?"

지금까지는 내가 묻고 아버지가 대답하는 식이었는데, 뜻밖이었습니다. 잠시 지체하다가 대답했습니다.

"음… 팔이요. 아니, 다리요."

아버진 가타부타 말이 없었습니다. 그때 언젠가 길거리에서 머리카락을 잡고 싸우던 두 아주머니가 생각났습니다.

"아, 머리카락이요, 머리카락!"

자신 있게 말했습니다. 이번에도 반응이 없었습니다. 아버지가 반응을 보인 건 얼마쯤 뜸을 들이고 나서였습니다.

"아들아, 사람은 그런 것으로 잡을 수 없단다."

실망이었습니다. 하지만 곧 아버지가 가르쳐 주실 것이었습니다.

그런데 그때 이웃에 사는 아버지 친구분이 찾아왔습니다. 두 분은 무슨 이야긴가 긴히 나누더니 함께 밖으로 나갔습니다. 그렇게 대화는 도중에 끊기고 말았습니다.

그 후 많은 세월이 흘렀습니다. 1950년 6월 전쟁이 터지고, 11월 초순 어느 날 아버지 곁을 떠나 함흥 큰누님에게 갔습니다. 그리고 흥남철수 때 누님과 둘이 월남했습니다. 봄이 되면 다시 돌아올 것이라 다짐하면서.

부산에 도착한 것은 다음 해 1월 초순이었습니다. 낯설기만 한 남한 땅. 넘어지기도 하고 깨지기도 하고, 사랑하기도 하고 미워하기도 하고, 믿어 보기도 하고 속아 보기도 했습니다. 그렇게 살아낸 긴 세월. 아버지의 질문 같은 건 까마득히 잊은 지 오래였습니다.

그런데 어느 날 귀가하던 길이었습니다. 전철에서 내려 출구가 환하게 보이는 층계참에 발을 막 디디려던 순간, 문득 생각이 났습니다. 사람은 팔로도, 다리로도 그리고 머리카락으로도 잡을 수 없다는 것을. 오직 가슴으로밖에 잡을 수 없다는 것을 깨달은 것입니다.

내가 아버지 나이가 되던 해 가을이었습니다. 한참 늦어진 대답. 하지만 그날 나는 비로소 어른이 된 기분이었습니다.

그리고 아버지가 가르쳐 주지 않은 이유도 알 것 같았습니다. 남에게서 배운 지식이란 한계가 있지만 스스로 터득한 지혜는 무궁한 것이라, 살아가면서 천천히 깨우치기를 바라셨던 게지요.

비둘기

 어느 늦가을 백화점 뒷길. 가로수 주변에 사람들이 모여 있다. 그들의 시선 끝에 두 마리의 비둘기가 있다. 하나는 가로수 밑 흙바닥에 웅크린 채, 다른 하나는 그 주변을 돌고 있다. 언제부터인지는 알 수 없다. 사람들이 모두 숨을 죽이고 있다.

 돌고 있던 비둘기가 멈추어 선다. 잠시 주춤거리는가 싶더니 웅크리고 있는 비둘기 등으로 훌쩍 올라탄다. 짝짓기를 하려는 것일까? 아니다. 모둠발로 세차게 구른다. 심폐소생술인가? 그러나 엎드린 비둘기는 미동도 없다. 심폐소생술을 멈추고 도로 내려온다.

 고개를 까닥거리며 다시 돌기를 계속한다. 잠시 멈추어 서서 엎드려 있는 비둘기를 바라보다가, 머뭇거리다가, 다시 돌고, 돌다가 다시 같은 동작을 반복한다. 반응이 없다.

 다시 내려온다. 그러곤 몇 바퀸가 더 돌다가 멈추고, 돌다

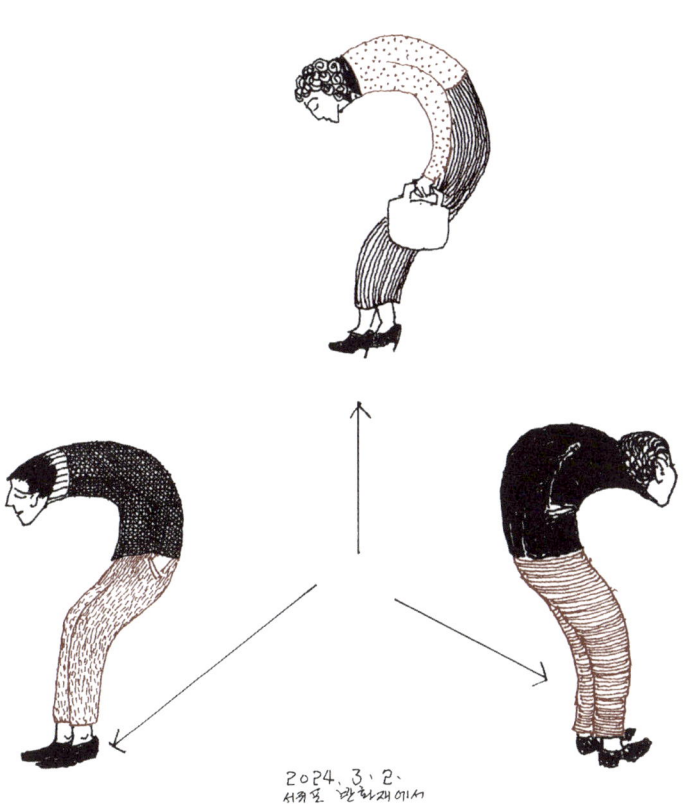

가 다시 멈추더니 무슨 생각에 잠긴 사람처럼 얼마 동안 서 있다. 그러다 결심이라도 선 듯 훌쩍 날아오른다.

모든 시선이 뒤를 따른다. 비둘기는 은행 4층 발코니에 가서 앉아 뒤를 돌아본다. 짧은 침묵. 비둘기가 다시 날아오른다. 그리고 석양 속으로 가뭇없이 사라지고 만다.

뒤를 따르던 시선들이 돌아온다. 아무도 자리를 뜨지 않은 채 비둘기에게 시선을 고정시키고 있다. 여전히 기척이 없는 비둘기. 석양을 받은 부드러운 회색 깃털, 다 감지 못한 공허한 동공. 납빛 무거운 공기가 주변을 누르고 있다.

그때 자동차 경적이 울린다. 주문에서 깨어나듯 사람들이 고개를 든다. 그리고 자리를 뜨기 시작한다. 석양을 받은 구부정한 실루엣들. 한 사람 한 사람이 모두 커다란 의문 부호 같다.

새의 발자국으로

 장마가 그친 뒤 강으로 나갔다. 담요 서너 장 넓이 모래톱. 참 편안했다. 그 위에 새 발자국이 연속무늬로 나 있었다. 도요새였을까. 아니면 관이 멋진 댕기물떼새였을까. 얼마나 머물다 날아간 것일까. 한 번쯤 뒤돌아보기도 했을까. 모래톱 중간 지점에서 새의 발자국은 끝이 나 있었다. 눈물 흔적 같은 건 없었다.

 언제나 호의적이던 건 아니라 해도 두서너 블록 걷다 보면 낯익은 사람 하나쯤 만나기도 하고, 식어가는 차 한잔을 앞에 놓고 봄비 내리듯 정담을 나누던, 살가운 사람들이 사는 거리. 어쩌다 목이 컬컬해서 밀고 들어간 주점에는 환하게 나를 반겨 주던 주모도 더러는 있었는데.

 서른아홉에서 마흔으로 넘어가던 해 섣달그믐이던가? 시나브로 소진된 젊음이 아쉬워서 아니, 살아온 날들이 그러했듯이 살아갈 날들도 별로 닫지 않을 것 같아서, 친구들을 불러 술판을 벌였다. 명동에서 시작한 것이 무교동을 거쳐 신촌에서 끝났다. 30촉 백열등 포장마차에서 마지막 잔을 털어 넣고서였다.

가끔 어깨동무도 하고 가끔 비틀거리기도 했으리라. 살아낸 지난 세월 자주 흔들렸던 것처럼. 그러니까 50년 전, 그때는 다섯이 함께였는데 지금 내 곁에 남은 건 등이 굽은 나의 그림자뿐이다. 하나는 치매로 요양원에 보내지고, 하나는 연락이 끊긴 지 오래다. 둘은 먼저 갔다. 앞서간 사람이 불러낸 것인지, 뒤미처 간 사람이 따라나선 것인지, 아무튼 그렇게들 갔다.

무대는 그대로인데 등장인물만 바뀌는, 결코 재등장은 허락되지 않는 인생극장. 그래도 우리는 땀과 눈물을 아끼지 않았다. 주연이든 조연이든, 좋은 역이든 나쁜 역이든 맡겨진 배역에서 저마다 모두 주역이었으니까. 어이없는 실수에 자책하기도 하고, 공허한 박수에 우쭐대기도 하면서, 죽음은 삶의 마침표가 아니라 느낌표여야 한다고 우기면서, 때로는 새벽 빗소리에 깨어 뒤척이기도 하고, 때로는 바람 부는 벼랑 끝에 날 세워 보기도 했다. 밤바다에 나를 띄워 보내고, 독경 소리를 좇아 출가하고 싶던 때도 있었다.

여든하고도 아홉 해란 세월. 세월이 날 가르쳤다. 삶의 길이 거기에 있지 않고 저기에 있지도 않고, 다만 하루하루 살아내는 여기 바로 이곳에 있음을.

어느 날인가 나도 익숙했던 이 무대로 다시 복귀할 가망은 없지 싶은데, 다행히 허락된다면, 오늘처럼 비 그치고 볕이 고운 날을 기다려 강으로 가고 싶다. 모래톱 위에 무심히 떨어진 버들잎이어도 좋고, 한 마리의 나그네새여도 좋겠다. 꿈인 듯 생시인 듯 졸다가 새의 발자국으로 떠나도 괜찮지 싶다.

등 뒤에서 나를 부르는 소리에 내 발걸음이 잠시 주춤거리긴 하겠지만. 수평선 너머 구름 높이에서 한 번쯤 되돌아보면, 살아낸 날들이 한참 아득할 것이다.

남포를 켜면

내가 남포를 처음 본 것은 열한 살 때였지 싶다. 네 살에 고향을 떠나 도회에서 살다가 열 살 때 고향으로 돌아왔는데, 그때까지 전기가 들어오지 않았다.

남포는 전등에 비해 여러 가지로 불편했다. 며칠에 한 번씩 됫병을 들고 동구 밖 가게에 가서 석유를 사와야 했고, 매일 어둡기 전에 등피燈皮를 닦아 놓아야 했다. 등피를 닦는 일은 모두 누나들의 몫이었다. 그러나 누나들이 크면서 손도 따라 커져서 더 이상 등피 속으로 손이 들어갈 수 없게 되자, 그 일은 나의 몫이 되고 말았다.

네 손가락에 젖은 걸레를 감아쥐고 등피 속에 집어넣고 조심조심 닦아야 했다. 다 닦은 다음 남포에 끼우고 불을 붙이면 시인 김동환의 〈국경의 밤〉 시구처럼 '파'하니 밝았다.

밤만 되면 남포는 우리 삶의 중심이 되었다. 밤의 태양이라고나 할까. 그 밑에서 우리는 늦은 저녁을 먹었고,

어머니는 해진 양말을 깁고, 누나들은 수를 놓고, 나는 밀린 숙제를 했다. 그러다 싫증이 나면 누나들과 실뜨기 놀이도 하고, 그것도 시들해지면 빈 벽을 스크린 삼아 그림자 놀이도 했다. 두 손만으로 새도 되고 개도 되고 쥐도 되었다. 장지와 약지를 벌렸다 오므렸다 하면 개는 살아서 짖어댔다. 왼손은 주먹을 쥐고 정지해 있게 하고, 오른손 새끼손가락을 곧추세운 다음 엄지와 검지를 마주해서 주먹 쥔 왼손 쪽으로 살살 다가가게 한 후에 엄지와 검지를 붙였다 떼기를 반복하면 생쥐가 통에서 무엇인가 몰래 꺼내 먹는 그림자가 되었다. 이때 속도를 잘게 그리고 빠르게 해야 쥐가 입을 오물거리는 모습이 제대로 된다. 길고 긴 북관의 겨울밤. 허약한 남폿불 아래였지만 우리는 허약하지 않았다. 오붓했다.

 나는 가끔 서재 벽에 걸린 남포를 내려놓고 등피를 닦는다. 그리고 불을 켠다. 시큼한 석유 냄새와 함께 놀란 듯 켜지는 불꽃. 그 불꽃을 따라 떠났던 가족들이 하나둘 모여든다. 내가 열두 살 때 돌아가신 어머니, 함께 월남했다가 21년 전에 돌아가신 큰누님, 그리고 지금도 살아 있다면 아흔셋이 되었을 병든 내 작은누님도.

 이제 더는 신을 사람이 없는데도 어머니는 해진 양말 뒤꿈치를 지금도 깁고 계시고, 누나들은 여전히 혼숫감 베갯모에 수를 놓고 있다. 졸업한 지 한 세기 가까운 시간이

지났는데도 나는 아직 엎드려 코를 훌쩍거리며 밀린 숙제를 하고 있다.

 가끔은 문풍지가 울고 또 가끔은 지나가던 바람이 창호지에 싸락눈을 끼얹고 그리고 또 가끔은 강에서 얼음장이 쩡쩡 갈라지는 소리가 들린다. 먹이를 찾아 내려온 산짐승들이 울부짖는 소리도 바람결에 실려, 커졌다 작아졌다 한다.

자물쇠

아무 장식도 없다. 은사銀絲를 상감한 것도 아니요, 놋쇠나 백동白銅으로 만든 잉어 자물쇠도 아니다. 여염집 뒤주나 지키던 소박한 자물쇠.

그런데 자꾸만 끌린다. 직각으로 꺾인 마구리와 곡선으로 처리된 면이 자아내는 긴장과 이완. 어디에도 느슨한 구석이 없다. 게다가 도톰하게 내민 복부. 그 두 곡면이 주는 볼륨감이 자못 당차다. 어찌 보면 막 결의를 다지고 있는 사나이 같기도 하고, 또 어찌 보면 궁궐 대문을 지키고 있는 수문장 같기도 하다. 담뱃갑 정도의 크기인데도 그 기상이 자못 서늘하다. 헨리 무어의 조각품에서 느끼는 괴량감塊量感이라고나 할까.

내가 골동품 가게에 발을 들여놓았을 때 이놈은 장식이 많은 다른 자물쇠들 틈에서 화가 잔뜩 난 얼굴로 투덜거리고 있었다.

"재수 없어. 겉치레만 그럴듯해가지고선…."
"암, 자물쇠면 자물쇠다워야지."

나도 모르는 사이에 맞장구를 치고 있었다. 우리는 단박에 의기투합한 것이다.

만약 이 자물쇠가 화려하게 장식되었더라면 이처럼 미더웠을까? 장담컨대 틀림없이 그렇지 않았을 것이다. 자물쇠의 진정한 정체성은 장식성에 있지 않고 정직성에 있는 것이니까. 그런 의미에서 소박한 형태를 택한 장인의 의도가 본질에 적중했다고 봐야 옳다.

나는 평생 가난한 월급쟁이로 살아왔다. 그러니 지켜야 할 현찰도 숨겨야 할 보물도 없다. 그런데도 일주일 치 점심값을 아껴야 하는 부담을 감수하면서 굳이 이것을 손에 넣은 것은 이 '작은 거인'의 옹골찬 카리스마에 압도당해서였다.

책상 위에 올려놓고 가끔 좌우명으로 읽는다. 자칫 느슨해지기 쉬운 마음을 단속하기 위해서다. 지켜야 할 재물이 없다고 해서 지켜야 할 신념조차 없는 건 아니니까.

장도칼

 대추나무에 백동白銅 장식을 했다. 단아하다. 나무의 부드러움을 적당히 자극하는 금속의 날카로움. 견제와 타협을 통해 이루어 내는 균형미. 은장도에는 저런 친근감이 없다. 싸늘하다. 내가 은장도에 별로 끌리지 않는 건 아마도 그 때문이리라. 게다가 칼이라기보다 노리개에 가까우니까.
 국화 문양을 중심으로 양쪽에 태극 문양을 투각透刻으로 새겼을 뿐, 일절 군소리가 없다. 검소하되 투박하지 않고 절제하되 인색하지 않은 품위. 어찌 보면 왕비가 입는 당의唐衣의 옷섶 도련같이 우아하기도 하고, 어찌 보면 대나무 마디를 둘로 갈라놓은 것도 같고, 또 어찌 보면 잡귀의 범접을 막기 위한 벽사辟邪의 주력呪力을 지닌 도끼로 보이기도 한다.
 한 백 년쯤 되었을까? 얼마나 긴 세월을 견뎌 냈으면 저렇듯 수척할까? 칼날은 배가 닳아서 홀쭉하다. 거기 새겨

졌던 문양도 마모되어 희미하다. 당초문이었을까? 양쪽에 몇 개의 흔적이 남아 있을 뿐이다. 아무리 칼이라 해도 제 살을 내어주지 않고서는 함부로 남의 살을 베어 낼 수 없었다는 얘기가 되겠다.

그런데 사내들은 왜 칼을 좋아할까? 예나 지금이나 동양이나 서양이나 아이나 어른이나 모두 마찬가지다. 오랜 세월 동안 수렵과 전쟁을 통해 친숙해진 도구에 대한 무의식적인 애착과 신뢰가 세대를 넘어 유전되어 온 때문일까? 사내다움과 칼과의 관계에 대한 논문이 몇 편쯤 있을 법도 한데 과문한 탓인지 나는 한 번도 들은 적이 없다.

편지 봉투를 따거나 그림을 그리기 위해 화선지를 자를 때 나는 이 칼을 쓴다. 가끔 손이 심심할 때 만지작거리며 소일하기도 한다. 오롯한 존재감 또는 어떤 힘의 가능성을 내 손아귀에 확보하고 있다는 안도감일까? 마음이 든든하다. 그러고 보면 나도 사내임이 틀림없는 것 같다.

실패를 사 오면서

 한껏 멋을 부린 실패다. 앞면의 3분의 2는 사방연속무늬를, 가운데는 이층 누각을 새겼다. 다른 실패에서는 볼 수 없는 의장이다. 누각 옆에 '딕동문'이라 새겼다. 뒷면도 마찬가지다. 가운데에 이층 누각을 조각하고 오른쪽에는 '성천이아', 왼쪽에는 '강설뉴'라 새겼다.

 '딕동문'은 평양성의 동문인 대동문大同門의 옛 표기고, '성천이아成川貳衙'의 '이아'는 군郡의 옛말이니, '성천이아'는 지금의 성천군을 가리킨다. 그리고 '강설뉴'는 성천의 명승 중 하나인 '강선루降仙樓'를 소리나는 대로 표기한 것이다. 강선루란 신선이 하강한 누각이란 뜻이다.

 이 세 가지 단서를 통해 이 실패는 자신의 출생 연대, 출생지, 이주 경로 그리고 북한 주민들의 생활상까지 증언하고 있다.

 우선 '딕'의 표기법으로 보나 모서리가 닳은 정도로 보나,

이 실패의 나이는 백 살이 넘는다는 사실을 알 수 있다.

다음으로 '대동문'과 '성천군'을 통해서 이 실패가 태어나서 살아온 지역이 어딘가를 말해 주는 동시에 최근 북한에서 한국에 오게 된 자신의 유입 경로까지 증언하고 있다. 이남에서는 이미 70년대에 자취를 감춘 실패이기 때문이다.

그뿐만이 아니다. 먹고 살기 위해서라면 실패까지도 내다 팔 수밖에 없는 그들의 생활상까지 말해 주는 것이다.

어디 실패뿐이겠는가. 답십리 골동품 가게에는 북한에서 유출된 수놓은 베갯모가 산더미처럼 쌓여 있다. 쌀 한 되 값도 못 되는 돈을 위해 북한 인민들은 베고 자던 베갯모까지 뜯어다 팔아야 한다는 이야기다.

까마귀도 고향 까마귀가 반가운 법. 백 년 가까이 갈 수 없었던 내 고향 북한 물건이니 손에서 놓을 수가 없었다. 한참을 망설이다가 결국 적지 않은 몸값을 치르고 인사동 골동품 가게 문을 나섰다. 그때 나의 심정은, 수척한 탈북민 할머니 한 분을 우리 집으로 모시고 오는 그런 기분이었다.

2

나는 네 번을 사랑했다. 두 번은 그것이 사랑인 줄도 모르고 한 사랑이었고, 나머지 두 번은 사랑하면서도 말 한마디 못하고 만 사랑이었다. 하지만 모두가 투명한 아침 이슬이었고, 빈 방에서 홀로 드리는 은밀한 기도였다.

수련

 수련을 가꾼 지 여남은 해. 엄지손가락만 한 뿌리를 얻어 심었을 때는, 이놈이 언제 자라서 꽃을 피우나 싶어 조바심이 났지만 해를 거듭할수록 자꾸 불어나서 이웃과 친지들에게 나누어 주고도 지금 내 돌확은 수련으로 넘친다. 나눌수록 커지는 것은 사랑만이 아닌 것 같다.

 게다가 가져간 분들로부터 첫 꽃이 피었다는 전화라도 오는 날에는 시집간 딸애의 득남 소식이 이렇지 싶을 만큼 내 마음은 기쁨으로 넘친다. 하지만 그렇지 못한 때도 있다. 말려서 죽이거나, 아니면 얼려서 죽인다. 그런 때는 소박맞은 딸을 보는 것 같아 마음이 아팠다. 난을 탐내는 사람은 많아도 제대로 기르는 사람은 드물더라는 가람 선생의 말씀이 그때마다 귀에 새로웠다.

 수련은 6월과 9월 사이에 핀다. 수면 위에 한가롭게 떠 있는 잎사귀는 잘 닦은 구리거울처럼 윤기가 난다. 거기에 어우러져 피어 있는 한두 송이 희고 청초한 꽃. 보고 있으면 물의 요정이 저렇지 싶을 만큼 신비롭다. 바람도 삼가는 듯, 은은한 향기는 멀수록 더욱 맑다. 선禪의 세계라고나 할까.

마음이 어지러운 사람은 수련을 심어 보라고 권하고 싶다. 수련은 아침 여명과 함께 피고 저녁놀과 함께 잠든다. 그래서 수련水蓮이 아니라 잠잘 수 자, 수련睡蓮인 것이다.

이렇게 사흘 동안을 피고 잠들기를 되풀이하다가 나흘째쯤 되는 날 저녁, 수련은 서른도 더 되는 꽃잎을 하나씩 치마폭을 여미듯 접고는, 피기 전 봉오리였을 때의 모습으로 되돌아간다.

처음 보는 사람은 봉오린 줄로 착각하기 십상이지만, 주의해서 보면 그렇지 않음을 곧 알게 된다. 피기 전에는 봉오리가 대공이 끝에 반듯하게 고개를 쳐들고 있지만 지고 있을 때의 모습은 그렇지 않다. 비녀 꼭지 같다고나 할까. 아니면, 기도하는 모습이라고나 할까. 마치 자신의 죽음에 대하여 마지막 애도의 눈길이라도 보내고 있는 듯한 그런 모습으로 조용히 고개를 떨구고 있는 것이다.

그처럼 애틋한 자세로 머물기를 또 사나흘. 그러나 어느 날 소리도 없이 물밑으로 조용히 자취를 감추고 만다. 온 적도 없고 간 적도 없다. 다만 맑은 향기의 여운만이 우리의 기억 속에 남아 있을 뿐이다.

2024. 2. 24.
西歸浦 半ато 999 에서
SoHN·K·S

세상에는 고운 꽃, 화려한 꽃들이 많다. 그러나 꽃이 화려할수록 그 지는 모습은 그렇지 못하다. 장미는 시들어 떨어지고 모란은 한순간에 와르르 무너져 버린다. 벚꽃 같은 것은 연분홍 꽃잎을 시나브로 흩날려서 우리의 마음을 심란하게 한다.

다만 수련만은 곱게 피어서 아름답게 질 뿐, 한 점 흐트러짐이 없다. 어느 정숙한 여인의 임종도 그처럼 단아하고 우아할 수는 없을 듯싶다.

사람에 대하여 알면 알수록 짐승을 더 사랑하게 된다던 사람이 누구였더라? 수련이 지고 있는 것을 보고 있으면 나는 내가 피와 살을 가지고 있다는 사실에 부끄러움을 느낄 때가 있다. 더구나 요즈음같이 한때를 호사와 거짓 위엄으로 살다가 추한 모습을 남기고 마는 그런 사람들을 보고 있으면 더욱 그런 생각을 자주 하게 된다.

어차피 빈 술잔에 남은 그런 공허 같은 것들. 한 송이 수련처럼 그렇게 졌으면 싶다. 아니다, 한 송이 수련 위에 부는 바람처럼 먼 눈빛으로만 그냥 그렇게 스치고 지났으면 싶다.

앓으면서 자란다

지난 일요일 대학 병원에 다녀왔다. 막내 처제가 첫 딸아이를 입원시켰다는 기별을 받아서였다.

성인용 침대에 누워 있는, 난 지 여섯 달밖에 안 된 갓난애의 표정은 잔잔한 듯했지만 숨소리는 그렇지 못했다.

"이틀 내리 설사만 했어요. 제 탓인가 봐요."

그렇게 말하는 애 엄마가 앓고 있는 아기보다 더 수척해 보였다.

내가 처제를 처음 본 것은 그가 초등학교 3학년인가 되던 해였는데, 동글납작한 얼굴에 아주 야무지게 생겼었다. 가끔 우리 집에 들렀다가도 애들 병치레로 시달리는 자기 언니를 보면, "난 결혼 같은 건 안 할 거야. 애는 왜 낳아 가지고 고생이지." 하고 볼멘소리를 하던 처제였다.

그런데 그 앳된 심술꾸러기는 어디를 가고 겸허한 얼굴의 한 '어머니'가 거기 서 있는 것이었다.

"글쎄, 애가 굶는다고 따라서 굶어요. 울면 운다고 또 따라서 울구요."

침대 옆에 놓인 의자에 조용히 앉아 계시던 시어머니 되시는 분의 걱정이었다.

그러니까 여남은 해 전이었다. 나도 이 병원에 어린것들을 셋이나 한꺼번에 입원시킨 적이 있었다. 위로 두 아이는 다섯 살과 두 살이었지만 막내는 난 지 겨우 열사흘밖에 되지 않았다.

주사를 놔야겠는데 너무 어려서 도무지 혈관을 찾을 수 없다고 했다. 할 수 없이 이마에 커다란 주삿바늘을 꽂아야 했지만 그나마 여의치 않아 몇 번이고 바늘을 다시 찔러야 했다. 그때마다 아이는 자지러지게 울었고, 그 울음소리는 멀리 처치실 밖에까지 들렸다. 아이의 울음소리에 아내도 따라 울었다.

창밖을 내다보는 내 눈에 비친 밤하늘의 작은 별들도 모두 몸을 떨며 비명을 지르는 것 같았다. 나는 눈을 감아 버리고 말았다.

그때였다. 나의 등 뒤에서 어떤 할머니의 부드러운 목소리가 들렸다.

"너무 상심하지 말아요. 애들이란 앓으면서 자라는 거라우."

할머니는 더 이상 말이 없었고, 나는 돌아보고 싶은 마음이 아니었다. 우리는 너무 상심해 있었기 때문에 그때 그 할머니의 말씀이 별로 위로가 되지 못했던 것 같다. 하지만 그 후 정말로 눈앞이 캄캄해지는 위험한 고비에 부딪힐 때마다 언제나 그 얼굴도 모르는 할머니의 한마디가 내 등 뒤에서 들려오는 것이었다.

"너무 상심하지 말아요…."

그때마다 나는 다시 마음을 추스르면서 혼자 생각했다.

'아, 녀석들이 크려고 이러는 게로구나.'

병실 문을 나서면서 그때 그 할머니가 내게 한 것처럼 나도 처제에게 이렇게 말해 주었다.

"너무 상심하지 말아요. 애들은 앓으면서 자라는 거래요."

당장은 내 말이 위로가 되지 않을지 모른다. 하지만 언젠가 다시 생각나는 때가 있겠지 하는 마음에서 그리 말했던 것이다.

밖은 여전히 비바람이 몰아치고 있었다. 쓰러질 듯 모로 눕는 가로수들, 몸을 구부린 채 비바람을 마주 안고 가는 사람들, 그리고 대학 건물에 걸린 채 비에 젖고 있는 붉은 현수막들. 그 밑에서 구호를 외치며 데모하고 있는 비에 젖은 학생들의 열띤 모습. 그런 것을 보면서 느낀 것은, 앓으면서 자라는 것은 어린것들만이 아니라는 생각이었다.

요새는 신문을 펴들기가 무섭다고들 한다. 연일 터지는

사건이 우리의 마음을 우울하게 하기 때문이다. 하지만 이 모든 혼란도 우리 사회가 성숙하기 위해서 치러야 하는, 애들 병치레 같은 것은 아닐까 하고 생각해 본다.

4백만 원짜리 헌 우산

　세상 아내들은 자기가 하는 말을 남편들이 귀담아듣지 않는다고 불평이다. 그러나 실은 그렇지 않다. 건성으로 들어 넘기는 것 같아도 출근할 때 던진 아내의 한마디는 종일 남편의 뇌리에 박혀 있게 마련이다. 반짝이는 동전처럼.
　여기 내가 아는 어떤 분의 실화 한 토막을 소개하고자 한다. 참깨 한 섬 값이 5만 원 하던 시절의 이야기다.

　깨 장수 허씨는 대문을 열고 나오다 말고 잠시 하늘을 쳐다보았다. 아무래도 한 줄금 할 것 같은 하늘. 안에 대고 소리를 쳤다.
"여보, 우산!"
　잠시 뒤 아내가 검정 박쥐우산을 들고 나왔다.
"우산 잊지 마세요."
　아내가 당부했다. 금년 들어 벌써 두 번이나 우산을 잃어

버렸으니 아내가 걱정하는 것도 무리는 아니었다. 하지만 허씨는 듣는 둥 마는 둥 휑하니 골목을 나섰다. 마석 장까지 제시간에 대어 가려면 서둘러야 했다.

버스 안은 텅 비어 있었다.

서두른 덕에 그가 장에 닿았을 때는 예상보다 이른 편이었다. 다른 때 같으면 해가 떴을 터인데도 하늘은 여전히 캄캄하게 흐려 있었다. 서둘러야겠다고 생각하면서 시골 아낙네들이 이고 온 참깨를 사 모았다. 열 가마가 되었다. 세를 낸 트럭에 모두 실었다.

너무 서둔 탓인지 일을 끝내고 조수석에 앉았을 때는 피로가 한꺼번에 몰려왔다. 서울로 오는 도중에 몇 번인가 꾸벅꾸벅 졸았다. 그때마다 아내가 말했다.

'우산 잊지 마세요.'

환히 웃는 아내의 얼굴. 허씨는 우산 끈을 자기 손목에 감았다. 그러고는 다시 잠이 들었다.

그가 신당동 중앙시장에 도착했을 때는 저녁 무렵이었다. 다행히 비는 그때까지 오지 않았다. 그는 참깨 열 가마를 모두 팔아넘겼다.

10만 원짜리 돈뭉치가 다섯 다발이었다. 신문지에 아무렇게나 쌌다. 일부러 허술하게 보이도록 하기 위해서였다.

버스를 탈까 하다가 택시를 잡았다. 매사가 안전한 것이 제일이라고 생각했다.

얼마를 왔는지 다시 졸음이 엄습해 왔다. 흐린 날은 유난히 졸린다고 생각하면서 시트에 몸을 더 깊숙이 묻었다. 스르르 눈이 감기려는 순간이었다.

'우산 잊지 마세요!'

아내의 목소리가 등 뒤에서 들려왔다. 눈을 감은 채 허 씨는 우산 쥔 손에 힘을 주어 보았다. 무사히 있었다. 그는 다시 수면의 늪으로 가라앉기 시작했다.

집에 도착했을 때는 이른 저녁이었다. 대문을 두드렸다. 아내가 나와서 빗장을 풀었다. 그는 칭찬을 기다리는 아이처럼 아내에게 우산을 내밀었다.

"여보, 우산."

아내는 웃으며 우산을 받았다.

그 순간이었다. 가슴 한 귀퉁이에서 억장이 무너져 내리는 소리가 났다. 돈 보따리를 두고 내린 것이었다.

요새 금새로 치자면 참깨 한 가마 값이 40만 원 가까이 한다. 아침에 던진 아내의 말 한마디에, 참깨 같은 돈 4백만 원을 주고 몇천 원도 안 되는 낡은 우산을 산 셈이 되고 말았다.

세상의 아내들이여, 출근하는 남편에게 잔소리를 하지 마시라. 행여 4백만 원짜리 헌 우산을 사는 불상사가 생길까 해서다.

문간방 사람

 문간방에 사는 사람은 언제나 불안하다. 문간방 저쪽은 바로 한길이기 때문이다.

 문간방에 사는 사람은 언제나 불면으로 괴로워한다. 밤에는 골목을 왕래하는 사람들의 발걸음 소리에 일찍 잠들 수 없고, 아침에는 두부 장수의 요령 소리에 잠을 설친다. 그러다가 우유 배달부의 자전거 브레이크 소리에 그 빈약한 잠에서마저 결국 깨고 만다.

 사람이면 누구나 참을성이 있어야겠지만 문간방에 사는 사람은 더 많은 참을성이 있어야 한다. 골목에서 들리는 여인네들의 수다떠는 소리도 참아야 하고, 마을 아이들의 소란과 아우성도 참아야 한다. 설사 야구공이 창문을 부수고 날아드는 이변이 생긴다 해도 참고 견딜 줄 알아야 한다.

 대학 시절이었다. 친구와 함께 제기동 어떤 집 문간방에서 자취를 했는데, 벽을 사이에 둔 저쪽은 밤만 되면 공중 변소였다. 주전자의 뜨거운 물이 이마에 쏟아지는 꿈을 꾸다가 깨어나면 술에 취한 사람이 창문 밑에 대고 소피를 보는 중이었다. 일을 다 마칠 때까지 그는 계속 누구에겐가 욕설을 퍼붓고 있었다. 문간방에 살려면 이런 불쾌한 일이 설령 매일 밤 일어난다고 해도 웃어넘길 만한 아량이 있어야 한다.

도둑들도 문간방에 사는 사람을 우습게 여긴다. 눈을 멀겋게 뜨고 있어도 들창으로 검은 손이 들어와서는 못에 걸린 옷가지건 선반 위에 놓아 둔 가방이건 마치 제 물건 들어내듯 한다.

'셋방살이를 하면서 문패 건다'는 말이 있다. 주제넘다는 뜻이다. 그러니 제 이름 석 자도 버젓이 내걸 수 없는 것이 문간방에 사는 사람의 처지다. 그래서 문간방에 사는 사람은 이름이 없다. 그들은 언제나 '문간방 남자'요, '문간방 여자'요, '문간방 아이'로 통한다. 그가 비록 전주 이씨 충녕군파의 종손이라 해도 문간방에 사는 한 그저 문간방 사람일 따름이다.

문간방에 사는 사람이 제일 슬퍼질 때가 있다. 자기 아이가 주인 집 아이와 싸웠을 때다. 이겼을 때는 더욱 그렇다. 그는 다음 날부터 다른 셋방을 찾아 나서야 한다. 하지만 아이가 있으면 세를 주려고 들지 않으니 더 슬프다. 그러니 문간방에 살려면 아이가 없어야 한다. 어쩔 수 없이 아이가 있다고 해도 주인집 아이보다 힘이 세어서는 못 쓴다. 그렇다고 울지도 않고 힘도 약한 아기를 낳게 해 달라고 기도할 수도 없다.

하지만 문간방에 산다고 해서 늘 슬픈 일만 있는 것은 아니다. 때로는 몸채 사람들이 놓치고 사는 그런 이삭 같은 재미가 있어 팍팍한 삶에 조그만 위로가 되기도 한다.

문간방에 사는 사람은 추운 날 모처럼 찾아온 친구를 오래도록 대문 밖에 세워 두지 않아도 된다. '똑똑' 창문만 두어 번 두드리면 그것이 친구인 줄 알고 얼른 나가 맞아들일 수 있어 좋다.

출근할 때는 주인보다 한 발 늦게 출발해도 늘 한 발 앞서게 마련이니 버스를 놓칠 염려가 그만큼 적고, 좀 얌체 짓 같지만 신문 구독료 같은 것은 내지 않아도 된다. 대문간에 떨어지는 신문 소리를 먼저 듣는 것은 문간방에 사는 사람이다.

게다가 들창 밑을 지나다니는 사람들의 숨은 이야기를, 유리 한 장을 사이에 두고 듣는 것도 전혀 재미없는 일만은 아니다. 고해 신부가 된 기분이라고나 할까. 어떤 비밀을 알고 있다는 사실이 우리의 마음을 무겁게 하는 경우도 있지만, 때로는 우리의 굳게 다문 입가에 미소를 번지게 할 때도 있으니까.

어떤 때는 금세 끊기고 마는 그 짤막한 대사가 오래전에 본 적이 있지만 지금은 까마득하게 잊어버리고 만 어떤 영화의 장면을 다시 생각나게 할 때도 있다.

"나 죽으면 님자, 그래도 울어 주갔디?"

"못난 양반, 흘릴 눈물이나 남겨 두었수?"

술 취한 남편을 부축해 가면서 주고받는 대화 속에는 땀과 눈물과 웃음과 용서가 배어 있다.

"이놈, 두고 볼 테다. 내 눈을 빼서 네놈 집 대들보에 걸어 두고라도 네놈 망하는 꼴을 지켜볼 테다. 이노옴!"

가슴이 섬뜩하다. 누가 저토록 그를 분노케 했을까? 그의 저주에는 선혈이 낭자하다. 사람이란 정말 선한 동물일까?

그러나 간혹 이런 슬픈 대사가 자막처럼 나의 뇌리를 스쳐갈 때도 있다.

"그때 나가지 않은 건 싫어서가 아니었어요…. 입고 나갈 옷이 없었어요."

이런 대사를 듣고 있으면 나도 모르는 사이에 목이 아파온다. 지금 저 고백을 듣고 있는 남자는 그녀의 남편일까? 아니면 그때 약속을 지키지 못함으로 해서 그 후 영영 만나지 못하게 되었다가 우연히, 정말 우연히 이처럼 만나게 된 그 남자일까?

대사와 함께 눈물이 글썽한 여인의 창백한 얼굴이 화면

가득히 클로즈업된다. 그리고 이런 노래가 배음(背音)으로 깔린다.

"눈물을 닦아요. 그리고 날 봐요."

그러나 그런 슬픈 대사도 잠시뿐, 어느덧 하루해도 저물고 나면 문간방은 깊은 어둠에 파묻히고 만다. 그리고 문간방 사람들도 일상의 고달픔에서 풀려나 꿈속으로 조용히 잠겨 든다.

하지만 가난한 사람이라고 해서 꿈마저 가난하란 법은 없다. 꿈속에서 그는 가끔 왕이 된다. 아침 햇빛에 하얗게 빛나는 대리석 궁전, 양탄자처럼 보드라운 잔디밭, 그리고 깔깔거리며 근심 없이 뛰노는 그의 어린 왕자와 공주들….

우유 배달부의 자전거 브레이크 소리가 망쳐 버릴 때까지 그의 꿈은 이렇게 계속될 것이다.

서울의 봄

 봄은 여인네의 옷차림에서부터 온다는 말이 있다. 봄은 아침상에 오른 달래무침의 탁 쏘는 맛에서 온다는 말도 있다. 봄은 또 출근길에 만나는 꽃 파는 아가씨의 꽃바구니로부터라는 말도 있다.

 그러나 이런 표현은 1930년대 수필에나 어울리는 말이다. 80년대나 90년대의 표현으로는 이미 감동을 잃은 지 오래다. 서울 여인들의 옷차림은 사철 봄이다. 게다가 상추며 달래 같은 것은 이제 계절의 풍미가 아니다. 생화가 오히려 조화로 오해받는 시대. 국화 같은 것은 아예 계절을 잃은 지 오래다. 꽃마저 제철을 잃었으니 무엇으로 봄을 말하랴?

 서울의 봄은 매스컴이 만든다. 남산에 잔설이 분분한데 매스컴은 봄을 예보하기에 바쁘다. 이제 매스컴이 만든 봄은 고궁이란 고궁을 온통 인파로 들끓게 할 것이다. 꽃보다 많은 사람 꽃!

서울의 봄은 이제 더 이상 느끼는 봄이 아니다. 생각하는 봄이요 계산하는 봄이며 반사적인 봄이다. 일상에 쫓기다 우연히 넘겨 본 달력에서 우수니 경칩이니 하는 낯익은 낱말에 부딪혔을 때에야 비로소 "봄이었군!" 하고 깨닫게 된다. 녹이 쓴 종이 어쩌다 "딩잉…" 하고 울리는 격이라고나 할까.

서울의 봄은 돈으로 사는 봄이다. 두부나 콩나물을 사듯 우리는 봄을 산다. 창경궁 봄값이 비원의 봄값보다 눅다는 것은 그나마 다행한 일이다. 하지만 가난한 월급쟁이 가장에게는 별로 도움이 못 된다. 하루 꽃놀이를 위해 월급의 일할을 떼야 한다는 건 분명 출혈임에 틀림없다.

그래서 가계부를 들여다보며 망설이는 사이에 슬그머니 지나가 버리는 것이 서울의 봄이다.

서울의 봄이 어찌 이뿐이랴. 백화점마다 나부끼는 바겐세일 현수막과 소리도 없이 쫓겨나는 정년퇴직자의 봄, 천문학적 숫자로 나가는 신입생 등록금과 적자 투성이인 대차대조표의 봄.

호지무화초胡地無花草하니
춘래불사춘春來不似春이라

이런 시를 생각나게 하는 봄. 서울은 정말 호지胡地일까?

고층빌딩의 뒷골목에는 삼월에도 오히려 녹을 줄 모르는 얼음이 깔려 있다.

그러나 예전엔 서울에도 진짜 봄이 오던 시절이 있었다. 화신백화점이 서울의 명물이고 전차가 땡땡거리며 종로통을 달리던 시절, 그리고 청계천이 정말 청계천淸溪川이던 시절만 해도 서울의 봄은 진짜 봄이었다.

수표교 아래서 빨래를 하던 여인들은 어디로 갔을까? 단성사를 끼고 돌면 마주쳐 오던 돈화문 추녀 끝에 처얼철 넘쳐흐르던 봄빛. 그리고 명륜동과 혜화동 사이를 걸으면서 자주 듣던 저 낭랑한 다듬이 소리. 이제 이런 고전적인 봄이 그립다.

그러나 그것은 지나가 버린 여유와 품위의 시대에만 느끼던 봄이다. 90년대 서울의 봄은 얼어붙었던 수도꼭지에서 다시 물방울이 떨어지는 순간에서 찾아야 하고, 고층건물에 매달린 철제 비상 계단에 내리는 희미한 햇빛에서 찾아야 하고, 지하철 공사판에서 울려오는 굴착기의 날카로운 비명에서 찾아야 한다.

3·1절 특사로 풀려나온 사람들의 이마를 비추는 창백한 햇빛. 대학 병원 앞뜰에 모여앉아 해바라기를 하는 환자들의 초점 없는 눈동자에 스치는 봄바람. 이들 가운데 몇이나 이런 희박한 봄이나마 제대로 누리다가 가려는지….

그래도 우리는 이런 봄이나마 기다리며 산다. 갈라진 담장을 고치고 막힌 하수구를 뚫는다. 해마다 봄이 되면 잊지 않고 찾아주는 벌과 나비들. 이런 것들에서조차 우리는 고마움을 느낀다. 그리고 그 독한 매연 속에서도 해마다 어김없이 새 움을 틔우는 가로수를 대견스럽게 쳐다본다.

이제 바야흐로 봄이다. 오늘 아침 나는 담장 밑에 옥잠화 새순이 돋은 것을 보았다. 결혼한 지 십 년이 넘도록 아이가 없어 풀이 죽어 있는 먼 친지로부터 '금일 새벽 득남'이라는 전보라도 금세 날아들 것만 같다.

오동나무

중국 소흥紹興 지방 아버지들은 딸을 낳으면 술부터 담갔다. 시집보낼 때 손님들을 대접하기 위해서였다. 우리나라 아버지들은 딸을 낳으면 오동나무부터 심었다. 시집보낼 때 함이며 장롱 같은 것을 짜서 보내기 위해서였다.

열 하고도 대여섯 해란 세월. 젖먹이는 어느덧 자라서 시집갈 나이가 되고 오동나무는 자라서 좋은 재목이 된다. 오동나무는 그만큼 생장이 빠른 나무다. 게다가 재질은 연하지만 벌레가 먹지 않으며, 습기에 강해서 오랜 세월이 흘러도 뒤틀리는 법이 없다. 종이처럼 가벼운가 하면 무늬는 아른아른 비단결처럼 곱다. 그 무늬를 라문羅紋이라 하고, 오동을 '비단 기 자' 기동綺桐이라고 한다.

오동은 가구만이 아니라 악기 재료로도 요긴하게 쓰인다. 장고, 가야금, 거문고 어느 것 하나 오동을 쓰지 않는 것이 없다.

오동나무가 없었다면 우리 국악은 어떻게 되었을까? 지금과는 전혀 다른 음악이 되었을 것이다. 부드럽지만 감미롭지는 않으며, 맑고 깨끗하지만 되바라지지 않은 소리. 천 길 땅 밑에서 울려오듯 유현한가 하면, 어느새 은결 물방울을 튕기듯 경쾌하게 울리는 저 가을 하늘빛 같은 청아하면서도 조금은 서글픈 음색. 그것은 오동나무가 아니면 기대할 수 없는 소리요, 우리의 정감에 그중 잘 어울리는 음향이 아닌가 한다.

세월 앞에 장사 없다. 하지만 오동나무의 음색만은 변함이 없다. 그래서 '매화는 일생 추위에 떨어도 그 향기를 팔지 않고, 거문고는 천 년이 지나도 그 소리를 바꾸지 않는다'고 한다.

거문고에 깊이 깨우침이 있으면 그 소리로 천기天機를 예견하고 국운을 점친다는 말도 있다. 음색이 맑으면 날씨와 국운이 열리고 음색이 탁하면 천기는 흐리고 국운은 불길할 징조다. 오동나무를 영수靈樹라고 하는 이유가 거기에 있다. 그만큼 신령스럽다는 뜻이다.

오동나무는 재질과 음색만이 아니라 그 꽃이 또한 아름답다. 어느 가문의 음전한 규수일까. 머리에 황자색 화관을 인 듯한 오동나무의 자태를 우러러보고 있으면 고아한 기품을 느끼게 된다. 어디 하나 요란스러운 데가 없다. 부드럽다 못해 마치 그윽한 눈빛과도 같은, 아슴아슴 멀어져 가는 그 보라색에 마음이 조용히 잦아든다. 더구나 청태가 파란 기와지붕을 배경으로 했을 때의 그 빛깔의 미묘한 분위기라니, 감미로운 우수마저 느끼게 한다.

어느 화창한 봄날 아침이었다. 나는 가회동 어떤 고가古家의 담장 밑을 지나고 있었다. 그때 발끝에 툭 하고 힘없이 떨어지는 것이 있었다. 오동꽃 한 송이였다. 나는 무심코 주워 들고 담장 위를 쳐다보았다. 그 순간 나의 시야에 들어온 것은 꽃을 가득히 이고 서 있는 한 그루의 오동나무와 그 밑에서 웃고 있는 소녀의 앳된 모습이었다.

열여섯쯤 되었을까? 아침 햇살에 가지런한 치열이 빛나고 있었다. 보아서는 안 될 것을 본 것처럼 나는 고개를 떨군 채 얼른 그 밑을 지나치고 말았다. 이상한 향기를 맡은 듯 종일 가슴이 '파' 하고 밝았다.

그 일이 있은 후부터 나는 기대와 알 수 없는 두려움으로 가슴을 조이면서 그 밑을 지나다니게 되고 말았다. 그러나 그 소녀는 보이지 않았다. 봄이 다 가고 오동꽃도 모두 지고 말았지만 소녀의 모습은 다시 나타나지 않았다. 내 나이 열여덟이던 때라고 기억한다.

오동나무는 그러나 역시 가을이 제철이다. 그렇다고 단풍이 곱다는 말은 아니다. 오동나무는 단풍이 들지 않는다. 버드나무나 대추나무처럼 가을을 여름으로 착각하는 나무다.

그러다가 서리가 내린 어느 날 아침, 마당 가득히 커다란 잎을 떨구고 만다. 치열했던 지난밤의 전쟁터를 보는 듯 처참한 느낌마저 들 정도다.

사람이 몸집이 크다고 해서 슬픔도 그만큼 크라는 법은 없지만 나뭇잎은 그렇지 않은 것 같다. 싸리나무나 느티나무 잎같이 자잘한 잎보다는 플라타너스나 오동나무 잎같이 큰 나뭇잎이 지는 모습이 그만큼 더 사람의 마음을 슬프게 한다.

잎이 하나 떨어질 때마다 하늘은 그만큼 넓어지지만 우리 마음은 그만큼 큰 구멍이 뚫리고 만다.

더구나 달이 밝은 밤, 아무 소리도 없는 빈 뜰에 "투욱" 하고 가지에서 떨어질 때 나는 소리를 듣는 기분은 여간 쓸쓸하지 않다. 관 위에 떨어지는 늦가을 빗방울 소리라고나 할까.

오동잎 하나로 천하의 가을을 안다고 한 옛사람들의 말은 조금도 과장이 아니다. 그래서 아름다운 꽃을 보려고 심은 사람도, 여름 날 잎에 듣는 시원한 빗소리를 듣기 위해서 심은 사람도 모두 가을이 되면 오동나무 심은 사실을 후회하게 된다. 오동잎 지는 소리는 그만큼 우리를 쓸쓸하게 한다.

내일은 첫서리가 내린다는 상강. 그렇게 곱던 남산 단풍도 반이 넘게 지고 말았다. 이제 가을도 반은 지난 셈이다.

오동잎이 지는 소리를 들은 것이 언제였더라?

  오늘밤에는 막차라도 타고 길을 떠났으면 싶다. 가다가 아무 역에서나 내려 처음 만나는 여인숙에서 하룻밤 묵었다 오고 싶다. 창가에 오동나무가 서 있는 방이라면 더 좋을 것이다.

  깨끗이 쓸어 놓은 빈 뜰에 달빛이 하얗게 부서지는 밤, 오동잎 떨어지는 소리를 다시 한 번 듣고 싶다.

지붕을 고치며

사람이 늙으면 병이 잦게 마련이다. 집도 마찬가지다. 언제나 잔손을 탄다. 자고 나면 담장에 금이 가고, 한 달이 멀다고 하수구가 막힌다. 지난가을에 손을 봤는가 싶은데, 장마철만 되면 천장에 흉하게 얼룩이 지는 것이 낡은 집의 생리인가 한다.

이런 허술한 집에 사는 사람에게는 언제나 심심찮은 일요일이 기다리고 있기 마련이다. 막힌 하수구를 뚫고 아궁이를 고치고, 지붕 위에 올라가 금이 간 기왓장을 갈아 내야 한다. 물론 자질구레한 일이다. 하지만 이 자질구레한 일이 말처럼 그렇게 자질구레한 것은 아니다. 더구나 지붕 위에 오르는 일은 여간 조심스럽지 않다. 성급하게 덤비다가는 낭패를 보는 수도 없지 않다.

지붕에 오르려면 우선 일기와 계절을 고려해야 하며, 세심한 주의력과 침착성이 따라야 한다. 그리고 체중이 60킬로

그램이 넘는 분이라면 아예 삼가는 것이 서로를 위해서 좋다. 그 정도의 무게를 감당하기에는 낡은 시멘트 기와란 너무 부실하다.

 장마철에 지붕을 고치지 않는다는 것은 상식으로 되어 있지만 그렇다고 삼복염천에 오를 일도 못 된다. 물기를 머금은 기와란 눈만 흘겨도 깨어지는 것은 물론이고, 달아오른 기왓장은 마치 달구어 놓은 철판 같아서 내뿜는 열기에 숨이 막힐 지경이다. 게다가 시야마저 몽롱해져서 엉뚱한 놈을 갈아 끼우기 십상이다.

 겨울은 또 겨울대로 어려움이 있다. 추위는 고사하고라도 얼어 버린 기왓장이란 마치 마른 과자처럼 바스러진다. 지붕을 고치기 제일 알맞은 때는, 그러니까 한식을 전후한 청명한 봄날이 아닌가 한다.

 이런 계절이라면 비록 낡은 기와라 하더라도 물이 오른 나무처럼 탄력이 생겨서 제법 탄탄해지는 것은 물론이고, 봄볕이 내리쬐는 지붕 위는 평지보다 한결 따뜻해서 작업하기에 안성맞춤이다. 조심할 일은 서둘지 말라는 것이다. 아주 느긋한 기분으로 차근차근 금이 간 기왓장을 찾아내면 된다.

 이때 자세는 될 수 있는 대로 낮추는 것이 바람직하다. 지붕 위에서의 고자세는 금물이다. 일상생활과 마찬가지다. 우리가 최초로 무릎을 깨고 콧등에 상처를 입었던 것은

겸손하게 네 발로 기어다니던 시절이 아니라, 두 발로 걸어 보겠다고 욕심을 부리면서부터 시작된 것이라는 어느 철학자의 말을 상기해 둘 필요가 있다.

이렇게 엉금엉금 기어다니다가 드디어 발견하는 금이 간 기왓장! 이것이 지난여름 나의 서재 천장을 더럽히고, 나의 마음을 항상 울적하게 하던 놈이로구나 하는 생각을 하게 되면 소리가 나도록 밟아 주고 싶은 충동을 느낄지도 모른다. 하지만 그랬다가는 낭패다. 옆에 맞물려 있는 성한 기왓장까지 깨져 버리는 불상사가 생기기 때문이다.

기둥을 치면 대들보가 울리는 법. 세상 모든 것이 그러하듯이 하찮은 기왓장 하나도 홀로 독립된 하나가 아니라 서로 맞물려 있는, 구조 속의 일부라는 사실을 명심해 두는 것이 좋다.

게다가 조금만 생각을 돌리고 보면 사실 화풀이나 하자고 지붕 위에 오른 것은 아니지 않는가. 마음을 가라앉히고 우선 깨진 기왓장부터 조심스럽게 '모셔' 낼 일이다. 다음은 여벌로 놓아두었던 기와를 가져다가 아귀를 잘 맞추어서 갈아 끼운다. 이때 잘 들어가지 않는다고 무리한 힘을 가한다거나, 망치 같은 것으로 툭툭 치는 일이 없도록 주의해야 한다.

그리고 무릎에 지나친 힘이 쏠리는 것을 삼가야 한다. 자칫하다가는 모르는 사이에 무릎 밑에서 성한 기왓장이 비명을

지를 염려가 있기 때문이다. 한 가지 일에 열중하다 보면 예기치 않은 방향에서 낭패를 보는 것이 우리네 세상살이가 아닌가.

가파른 지붕 위에서, 게다가 부자연스러운 자세로 일을 하다 보면 쉬 피로해지게 마련이다. 이런 때는 잠시 휴식을 취하는 것이 좋다.

무릎을 세우고 앉아 있다 보면 담배 생각이 난다. 지붕 위에서 피우는 담배 맛은 각별한 데가 있다. 공기는 상쾌하고 담배 연기는 아무런 방해도 받지 않고 유유히 피어오른다. 마음도 따라서 한가로워진다. 담배 연기와 아지랑이 너머로 내려다보이는 마을 풍경이 아름답다. 시야가 미칠 수 있는 곳까지 아득히 물결치는 가지가지 모양의 지붕들.

어떤 것은 물매가 가파른가 하면 어떤 것은 완만해서 아주 편안한 느낌을 준다. 맞배지붕 곁에 팔작지붕이 나란하고, 붉은 기와지붕은 파란 슬레이트 지붕과 어깨를 맞대고 자매처럼 다정하다. 평평한 슬래브 지붕을 보고 있으면 거기에 누워서 밀린 잠이라도 자고 싶어진다.

곱게 갓 칠을 한 지붕을 보고 있으면 괜히 기쁘다. 그런 지붕 밑에서는 인형처럼 예쁜 아이들이 젊고 건강한 엄마랑 함께 단란하게 살고 있을 것 같다.

칠이 벗겨지고 잔모래가 내비치는 낡은 지붕이라고 해서 마음을 쓸쓸하게 하는 것만은 아니다. 그런 지붕은 일을 많이 해서 털이 빠진 늙은 소를 생각나게 하고, 가족을 위해서 몸을 돌볼 겨를이 없었던, 등이 굽은 어느 가장을 연상시킨다. 행여 비바람을 맞을세라 어린 자식들을 덮어 주고 감싸 주던 우리의 허약한 아버지들. 하지만 우리에게는 언제나 따뜻한 이불이요 튼튼한 지붕이었다.

어떤 집의 정원에는 목련이 우아하고 또 어떤 집 뜰에는 개나리며 진달래가 화창하다. 장독대 위에 옹기종기 모여 있는 항아리 위에 햇빛이 부서지고, 빨래를 널고 있는 여인의 맑은 이마 위에 잠시 봄빛이 머문다.

누가 이렇게 아름다운 선율로 봄을 연주하는 것일까? 상앗빛 건반 위로 물결치는 희고 긴 손가락의 움직임이 보이는 듯, 보드라운 선율이 어느 집 창문을 흘러나와 온 대기에 가득 찬다. 이런 때 비록 우리가 심한 음치라 하더라도 콧노래쯤은 흥얼거려도 괜찮을 것이다.

아, 아름다운 봄! 지금 우리는 봄의 한가운데에 서 있는 것이다. 아니, 생의 한가운데 서 있는 것이다.

그러나 지붕을 고친다는 핑계로 남의 사생활을 훔쳐보는 일이 있어서는 아니 된다. 누군가 지붕같이 높은 곳에서 우리를 몰래 훔쳐본다고 가정해 보자. 비록 그가 지고하신 신일지라도 결코 유쾌한 일이 될 수 없는 것이다.

기와를 갈아 끼우는 일이 끝나면 내려가기 전에 한 번쯤 홈통을 살피는 것을 잊어서는 안 된다. 지붕이란 그저 조용한 곳으로만 알고들 있지만 실은 그렇지 못하다. 우리가 모르는 사이에 온갖 잡동사니들이 떨어지게 마련인데, 이런 것들이 바람과 빗물에 쓸려서 모이는 곳이 홈통이다.

바람 빠진 공이 있는가 하면 배드민턴 셔틀콕이 있고, 장난감 화살이 있으며, 헬리콥터 프로펠러 모양의 플라스틱 바람개비 같은 장난감들이, 지난해 가을에 떨어진 낙엽과 함께 홈통을 메우고 있기 일쑤다.

이런 장난감을 보고 있으면 문득 30년이나 또는 그보다 더 오래전에 가졌던 동심으로 되돌아갈지도 모른다. 가오리연처럼 마냥 높이 날아오르고 싶던 그 시절은 우리 모두가 어쩌면 아름다운 동화 속의 왕자며 공주였는데….

하지만 이제 모두 잊어야 하고 버려야 한다. 그것은 이미 시위를 떠난 화살이요, 귀여운 아이들의 몫으로 돌려주어야 할 꿈인 것이다. 우리가 맡은 배역은 이미 퇴색해 버린 꿈의 잔해들을 쓸어버리고, 어린것들의 앳된 꿈이 빗물에 얼룩지지 않도록 틈틈이 지붕을 고칠 일이요, 이불깃이라도 여며 주면서 그 해맑은 얼굴을 보석 보듯 가끔씩 들여다보는 기쁨일랑 뺏기지 않도록 마음을 쓸 일이다.

이제 홈통을 치우는 일이 끝났으면 천천히 내려갈 준비를 해야 한다. 위태로운 지붕이란 오래 지체할 곳이 못 된다. 어디까지나 우리 생활 터전은 평탄하고 안정된 평지일 수밖에 없으니까. 굽었던 허리를 펴고 떨리는 다리에 새 힘을 더한다.

 등을 감싸 안는 4월의 따스한 햇볕. 맑고 투명한 대기는 하루의 피로를 말끔히 씻어 낸다. 교회당 종탑에서 울려오는 종소리의 파문에도 몸은 꽃가루처럼 흩날릴 것만 같다.

 이 홀가분한 기분과 느긋한 안도감. 이것이 낡은 집에 사는 번거로움에 주어지는 조그만 보상이라고나 할까.

 아궁이를 고친 날 저녁은 등이 따스워 좋고, 막혔던 하수구를 뚫은 날은 묵은 체증이라도 내려간 듯 속이 후련해서 좋다. 지붕을 고친 날은 기분이 상쾌하다. 이런 날 밤은 홈통에 드는 빗소리조차 오붓하게 들리는 것이다.

냉면

제주도에 갔더니 갈매기도 제주도 사투리로 울더라는 말이 있다. 그만큼 지방색이 특별하다는 이야기다. 사투리는 말할 것도 없고 지방에 따른 음식의 차이 또한 각별한 데가 있다. 냉면 하나만 놓고 보더라도 그렇다.

어렸을 때 일이다. 나는 함흥과 평양 두 곳에서 번갈아가며 산 적이 있었다. 그때 두 지방의 풍습 같은 것의 차이에서 오는 당혹감도 그렇지만 냉면 맛의 차이에서 받은 놀라움 또한 적지 않은 것이었다. 함흥냉면과 평양냉면은 우선 그 재료부터가 달랐다.

함흥냉면은 감자녹말이 원료이고 평양냉면은 메밀가루가 원료다. 함흥 사람들도 메밀로 국수를 누르지만 그것은 어디까지나 '메밀국수'일 뿐 결코 냉면이라고 하지 않는다. 재료가 다르니 맛도 다를 수밖에 없다. 함흥냉면은 담백하고 평양냉면은 구수하다. 한쪽이 찬 배 맛이라 한다면 다른

쪽은 삶은 배 맛이다.

그런데 탄력과 끈기는 함흥냉면을 따를 것이 없다. 한 번 입을 대면 중도 포기란 있을 수 없는 것. 해서 냉면의 3분의 1은 위 속에, 다른 3분의 1은 입 안에, 그리고 나머지 3분의 1은 그릇 속에 남는다.

어렸을 때다. 함흥에서 제일 유명한 '동일면옥'에 가면 주인 아주머니가 가위를 들고 나와서 내 냉면을 잘라 주었다. 서울 사람들은 어른도 가위질한 냉면을 먹는다. 하지만 진짜 함흥 토박이들은 가위질한 냉면을 먹지 않는다. 그 질긴 맛을 빼고 나면 무엇이 남겠는가. 진짜 맛의 일부를 포기하는 것이나 마찬가지다.

서울이 수복된 직후였다. 나일론 실이 처음 수입되어 한창 인기를 끌었는데, 그때 함흥냉면을 두고 '나일론 냉면'이라고도 불렀다. 나일론처럼 질기다는 뜻이었다.

일본 연인들은 아침에 일어나면 서로 속옷을 바꿔 입는 풍습이 있다고 들었다. 그런데 함흥의 연인들은 속옷이 아니라 한 그릇의 냉면을 함께 먹는다. 양쪽에서 먹어 들어가다 보면 결국 어떤 현상이 벌어질 것인지는 상상에 맡기기로 한다. 물론 이때의 냉면은 곱빼기다. 함흥냉면에 비해서 평양냉면은 쉽게 끊어진다.

함흥냉면 하면 연상되는 것은 비빔냉면이고, 비빔냉면 하면 연상되는 것은 역시 얼얼한 회냉면이다. 거기에 비해서 평양냉면 하면 물냉면이고, 물냉면 하면 떠오르는 것은 닭고기거나 꿩고기로 된 꾸미다.

함흥냉면은 면발이 가늘고 평양냉면은 면발이 굵다. 함흥냉면은 그 식감이 매끄럽고 평양냉면은 좀 거친 편이다. 메밀가루를 녹말가루처럼 보드랍게 빻을 수는 없기 때문일까?

함흥 사람들은 영하 25도의 추위에서도 즐겨 냉면을 시켜다 먹는다. 이런 때는 뜨끈뜨끈하게 장작불을 지핀 온돌방이라야 제격이다. 겨울에 난롯가에서 아이스크림을 먹는 맛과는 비할 것이 못 된다. 뜨거운가 하면 시원하고 시원한가 하면 얼얼하다. 뭔가 제대로 먹고 있다는 것을 실감하게 된다.

음식이 다르면 정신도 달라진다는 말이 있다. 이탈리아 사람의 국민성을 아는 지름길은 무솔리니를 연구하는 것보다 마카로니를 연구하는 편이 훨씬 빠를 것이라는 이야기가 있다. 함흥 사람과 평양 사람을 아는 지름길이 두 지방의 냉면의 비교 연구에 있다면 좀 억지일까?

평양 사람들이 말씨며 행동 같은 것이 좀 드센 느낌을 주지만, 알고 보면 뒤끝이 없고 인정미마저 구수하다. 거기에 비해 함흥 사람들은 매우 담백한 편이지만, 어떤 경우에는 맵고 질긴 데가 있다. 함흥 사람들은 한 번 언쟁이 붙으면 도시락을 싸가지고 다니면서 싸운다고 할 정도로 시비 가리길 좋아한다. 냉면 사리를 가르듯이 사리事理를 가리자는 것이다.

평양 사람들이 기업가나 정치가라면 함흥 사람들은 법률가나 철학자다. 서로 다른 냉면을 먹고 자랐기 때문일까? 아니면 성격이 다르기 때문에 다른 냉면을 만들어 낸 것일까? 아무튼 서로 개성이 다르다. 그러나 결점이 아니라 매력이다. 아름다운 지방색이기도 하다.

생각해 보자. 개성이 없는 사람, 지방색이 없는 고향이란 얼마나 무미건조한 것이겠는가. 서로 존중하고 또 사랑할 일이 아닌가 한다.

지금은 식욕을 잃기 쉬운 계절. 오늘 점심은 시원한 냉면으로 해야겠다. 함흥냉면으로 할까 평양냉면으로 할까. 이왕 냉면으로 하기로 했으니 지방은 따지지 말기로 하자.

고향 사투리

 벌써 오래전 일이 되고 말았다. 파고다 공원 뒤편 낙원시장은 한때 떡집 골목으로 유명했다.
 떡시루는 사철 뜨거운 김을 내뿜고 웃통을 벗어부친 장정 두셋이 늘 떡메를 휘두르고 있었다. 그 옆에서 곱게 상기된 얼굴로 송편을 빚고 있는 '아즈마이'들은 입심 좋게 함경도 사투리로 언제나 시끌벅적했다.
 "아바이, 날래 오읍새."
 "뚱띠 아마이는 어디 갔슴매?"
 "아이고, 이기 뉘김매? 갑산 아즈바이 아이오."
 "그런데, 덕산집 아재는 요새 무스거 하며 지냄매?"
 고향이 그리울 때면 나는 가끔 그 떡집 골목을 찾아갔다. 훈김이 자욱이 서린 떡집 의자에 앉아서 술 냄새 시큼한 기지떡이며 가자미식해 같은 고향 음식을 대하고 있으면 입 안에서는 군침이 돌고 마음은 한결 훈훈해져서 여기가 바로 고향이지 싶었다.

그런데 언젠가 그 자리에 낙원상가 건물이 들어서면서부터 그렇게 북적대던 떡집들도 하나둘 자취를 감춰 버리고, 왁자지껄하던 월남 1세 아주머니들마저 차츰 눈에 띄지 않게 되었다. 이제 너무 늙어서 2세들에게 물려주고 뒷전으로 물러난 것일까?

월남한 지도 그러니까 벌써 서른 하고도 아홉 해. 흐르는 세월 따라 사람도 가고 사투리도 가 버린 것이다. 이제 앞으로 한 10년만 더 지나고 나면 여기서 고향 사투리를 듣기도 어렵겠구나 하는 생각이 들 때가 있다. 그런 때면 길을 가다가도 귀에 익은 고향 사투리에 뒤를 돌아보게 된다.

지난해 여름이었다. 조그만 집 한 채를 지었는데, 그때 지붕을 이러 온 사람이 우연히도 고향 사람이었다. 그렇게 반가울 수가 없었다.

한여름 불볕더위도 잊은 채 지붕 위에 마주 앉아서 오랜만에 고향 사투리로 얘기를 나누었다. 그는 두고 온 부인과 딸 걱정을 했고, 나는 아버님과 누님 걱정을 했다. 그리고 우리는 그것으로 부족해서 자리를 옮겨 밤이 깊도록 술을 마셨고, 고래고래 고함도 지르고, 또 이 모든 비극의 씨를 뿌려 놓은 자들을 향해 가장 모욕적인 고향 사투리로 욕을 퍼부어 댔다. 헤어질 때는 말문이 막혀 인사도 제대로 못하고 말았다.

그런 일이 있고 석 달인가 지나서였다. 서울 올림픽 때 달아오르기 시작한 화해의 열기는 당장이라도 철조망이란 철조망을 모조리 녹여 버릴 듯이 타올랐다. 북한에서 명태가 들어오고, 석탄이 들어오고, 그리고 말린 조갯살까지 들어왔다.

게다가 어느 기업가의 방북 기사는 연일 폭죽처럼 터져 잔칫날처럼 우리를 들뜨게 했다. 나는 두 번이나 고향으로 가는 꿈도 꾸었다.

그러나 그것은 한낱 꿈일 뿐이었다. 신록이 한창인 이 좋은 5월에 세상은 다시 때아닌 겨울을 맞은 것이다. 모든 회담은 중단되고 가장 추악한 목소리로 서로 비방하기 시작했다.

그러니까 나는 두 번 속은 셈이다. 한 번은 7·4 공동 성명 때였고, 또 한 번은 올림픽 때였다. 이제 세 번째만은 속지 않았으면 한다.

금년 봄이었다. 나는 둘밖에 없는 고향 친구 가운데 하나를 휴전선이 내려다보이는 포천 땅에다 묻고 왔다. 이제 고향 사투리로 이야기를 할 수 있는 친구가 반이나 줄어든 셈이다.

사랑은 은밀한 기도처럼

혜자는 예쁜 계집애였다. 마리 숄처럼 웃는 그애는 코끝에 파란 점이 하나 있었다.

우리는 학예회 때 공연할 연극 연습을 하고 있었다. 〈은혜를 모르는 사슴〉이라는 제목이었는데, 그녀는 사슴이고 나는 포수였다. 사슴은 은혜를 저버렸기 때문에 결국은 포수에게 죽는다는 이야기였지만, 연극 속에서라도 혜자는 차마 쏠 수 없는 아이였다.

우리의 연극은 6·25의 포탄에 산산조각이 나고 말았지만 나는 그녀를 쏘지 않아도 되었다. 다행스러운 일이었다. 그러나 그 때문에 서로 다시 만날 수 없을 만큼 멀리 떨어져 살게 될 줄은 알지 못했다.

사랑이 어떤 것인지도 모르고 한 사랑이었지만, 혜자는 나의 첫 번째 사랑이 되었다.

부산 피란 시절 우리는 충무로 부둣가에 판잣집을 짓고

살았다. 맞은편에는 세 딸을 데리고 서울서 피란 온 아주머니가 살고 있었다. 나는 그중에서 큰딸을 좋아했다. 눈이 상큼하고 가을 서릿발처럼 쌀쌀한 데가 있었지만 그 때문에 더 좋아했는지 모른다.

판잣집에 사는 피란민들은 집이 비좁아서 겨울에도 길거리에 나와서 세수를 할 수밖에 없었는데, 아침 햇살을 받은 그 소녀의 물기 어린 목덜미가 그렇게 흴 수가 없었다.

그러나 내가 소녀의 이름을 채 알기 전에 서울이 수복되고, 환도還都 바람이 불더니 결국 그 바람은 나에게서 그녀를 데려가 버렸다. 나의 두 번째 사랑도 그렇게 끝나고 말았다.

고등학교 2학년 때였다. 나는 청량리 '위생병원'에 입원하게 되었다. 그때가 5월이라 모판의 모는 비로드처럼 보드라웠고, 근처 야산에는 뻐꾸기도 가끔씩 와서 울었다.

상앗빛 피부에 조금은 노란빛이 도는 머리칼을 한 간호사가 나의 담당이었다. 체온을 잴 때마다 그녀의 옷사품에서 이상한 향내 같은 것이 솔솔 흘러나왔고, 그리고 그 향기에 결국 나는 취하고 말았다. 입원해 있는 열흘 동안 그녀를 기다리는 것이 하나의 기쁨이었다.

이상하게도 그녀의 코끝에도 혜자의 것과 같이 겨자씨만 한 파란 점이 하나 있었다. 혜자가 환생한 것이라고는 믿지 않았지만, 그러나 그건 분명 무슨 암시이거나 아니면 인연

같은 것임이 틀림없다고 나는 믿기 시작했다.

열흘 만에 내 병은 나았지만 나는 도리어 다른 병을 얻고 말았다. 그녀의 곁을 떠난다는 것은 분명 하나의 커다란 아픔이었으니까.

그러나 나는 다시 그녀의 환자가 되는 행운을 얻게 되었다. 수술 결과가 좋지 않아서 재입원을 할 수밖에 없었다. 내 병이 나의 간절한 사랑을 이해해 준 것이다.

나 하나를 데리고 월남한 누님은 내가 잘못되지나 않을까 걱정이 태산 같았지만, 나는 그녀를 만난다는 기쁨으로 해서 아무것도 두렵지 않았다. 그러나 그 기쁨도 잠시뿐이었다. 두 주일도 다 채우지 못하고 나는 병상에서 쫓겨나고 말았다. 야속하게도 나를 그녀에게 되돌아가게 했던 고마운 병이 이번에는 나를 배신한 것이다. 만약 내가 그녀의 환자로 남을 수만 있었다면 어떤 병도 잘 참고 오래오래 앓을 수 있었을 텐데….

대학에 입학하자 새 옷을 찾아 입고 내가 제일 먼저 간 곳은 그 병원이었다. 하지만 이미 그녀가 결혼한 뒤였다. 그때도 5월이었으니까 분명 뻐꾸기가 울었을 테지만, 나는 그 소리를 들은 기억이 없다.

그리고 한 3년 지나고 나서였던가? 나는 그녀에 대한 생각에서 벗어나 다른 소녀를 좋아하고 있는 나를 발견했다.

그녀는 층계를 내려올 때면 언제나 나비처럼 두 손을 나풀

거리는 버릇이 있었다. 앞의 소녀들처럼 예쁜 쌍꺼풀은 아니었지만 맑게 닦은 안경알 너머에서 잔잔히 웃고 있는 눈매가 말할 수 없이 좋았다.

5월 어느 날 신입생 환영회에서 만났을 때는 핑크색 원피스에 하얀 샌들을 신고 있었는데, 막 피기 시작한 한 떨기 사과꽃이었다. 그 후부터 내가 그녀를 생각할 때면 언제나 그녀는 그때의 그 화사한 모습으로 파란 잔디밭에 앉아 있곤 했다.

나는 운동 같은 것은 별로 즐기지 않는 성미다. 그러나 그녀가 정구를 좋아한다는 사실을 안 후부터 나도 정구를 시작했고, 그래서 그해 여름 방학을 온통 하얀 정구공으로 메워 버릴 기세로 연습에 열중했지만 소질이 없었던 탓으로 내 실력은 벽에 부딪히고 말았다.

그러나 그 어설픈 실력으로나마 그녀와 함께 보낼 수 있었던 그해 여름의 몇 순간은 행복했다. 그녀와 헤어진 후 나는 다시 정구를 쳐야 할 이유를 찾지 못했다.

어느 해 여름 방학이었다. 나는 그녀에 대한 생각으로부터 멀리 떠나 버리고 싶었다. 내가 간 곳은 동해안 화진포花津浦였다. 이름처럼 아름다운 그 포구에서 수평선만 바라보며 사흘을 그렇게 앉아 있었다. 나머지 사흘은 비가 내렸고, 나는 방바닥에 엎드려 그녀의 이름만 쓰다가 잠이 들곤 했다.

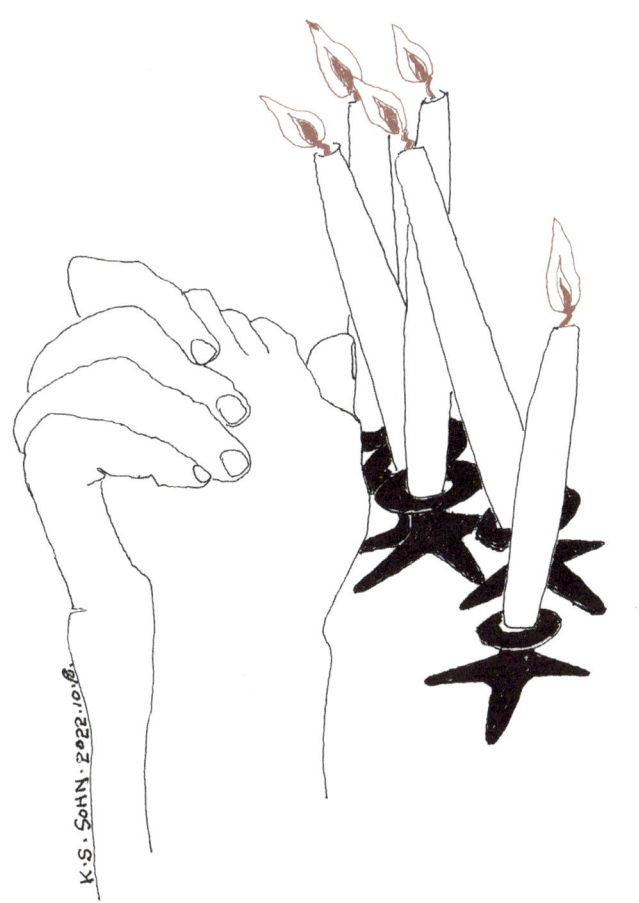

이레째 되던 날 나는 모든 상념을 떨쳐 버릴 생각으로 바닷가에 나갔지만 아무것도 이루지 못한 채 빈 조개껍데기만 몇 개 주워 가지고 돌아오고 말았다. 그 보잘것없는 조개껍데기 가운데서 제일 작은 것을 골라 그녀에게 부쳤다. 마치 그것이 나의 부끄러운 사랑이기나 한 것처럼.
　만일 그때 나의 마음을 편지로 썼더라면 대학 노트 한 권으로는 부족했겠지만, 나는 겨우 한 줄도 채 못 되는 글을 써서 작은 조개껍데기와 함께 부치는 것으로 만족해야 했다.

　바다를 보내고 싶었습니다.

　그 많은 말들 가운데 그때 내가 쓸 수 있는 말이라고는 그것밖에 없는 것 같았다. 나는 내 이름도 밝히지 못했다.
　개학이 되어 나는 다시 돌아와야 했고 다시 그녀를 만나야 했지만, 나는 사랑한다는 말 한마디를 결국 못 하고 말았다. 더 정확히 말하자면, 처음에는 수줍어서 못 했고 나중에는 아예 안 하기로 했다. 나의 성격 때문이었다. 아니다. 윌리엄 블레이크 때문이었다. 〈사랑의 비밀〉이란 그의 시에 이런 구절이 있었다.

Never seek to tell thy love,
Love that never told can be;
For the gentle wind does move
Silently, invisibly.

읽는 순간부터 그것은 사랑에 대한 나의 어설픈 경전經典이 되고 말았다.

사랑이란 결코 말할 수 없는 것이라고, 그리고 그것은 아무도 모르게 드리는 은밀한 기도와 같아야 한다고 생각했다.

1960년 11월 27일 밤은 그해 첫눈이 온 날이었고, 나는 내 마음속의 여인을 떠나보낸 날이었다. 눈은 어느 해보다 많이 왔지만 나는 말없이 그녀를 보냈다.

인생은 사는 것보다 꿈꾸는 편이 더 낫다던 누군가의 말이 그 순간 머릿속을 스치고 지나갔다.

나는 네 번을 사랑했다. 두 번은 그것이 사랑인 줄도 모르고 한 사랑이었고, 나머지 두 번은 사랑하면서도 말 한마디 못하고 만 사랑이었다. 하지만 모두가 투명한 아침 이슬이었고, 빈 방에서 홀로 드리는 은밀한 기도였다. 그리고 지금은, 꽃잎을 스쳐간 젊은 날의 어느 쓸쓸한 바람이 되고 말았다.

3

아직도 돌아갈 수 없는 나의 고향. 유년의 꿈속에도 저 지겹도록 기나긴 신작로가 펼쳐져 있고, 몽롱한 의식 속으로 꽃가루처럼 날리던 벌떼의 웅웅거림. 그리고 7월의 폭양 아래 하얗게 피어 있던 찔레꽃의 진한 향기. 그 향기가 언제나 나를 멀미나게 했다.

대추나무

 대추나무같이 볼품이 없는 나무가 또 있을까? 마당을 서성거리다가 우연히 대추나무와 마주칠 때마다 늘 같은 생각을 하게 된다.

 벚나무 같은 화사함도 없고 느티나무나 은행나무 같은 위용도 없다. 그렇다고 가을이면 다른 나무들처럼 곱게 단풍이 드는가 하면 그렇지도 못해서 언뜻 보기에 아까시나무로 착각하기 십상이다. 게다가 가지는 고집스럽게 뻗어서 조화와 균형을 잃고 있다.

 나무처럼 사랑스러운 시는 없으리.

 이렇게 노래한 시인이 있지만 아무리 뜯어보아도 대추나무에서는 시를 찾을 수 없다.

 대추나무는 계절 밖에 산다. 봄이 와도 봄을 모르고 가을

이 되어도 여름으로 착각하는 나무다. 개나리가 피고 진달래가 지고, 벚나무며 라일락 같은 꽃나무들이 불꽃놀이라도 하듯 온통 분홍과 보라색을 내뿜으며 부산을 떨어도 대추나무만은 이 모든 축제를 외면한 채 깊은 겨울잠에서 깨어날 기미조차 보이지 않는다.

그래서 대추나무를 처음 심어 본 사람은, 그가 비록 성급한 성격이 아니더라도 한 번쯤은 도끼를 들고 그 밑을 서성거린 경험을 가지게 마련이다. 죽은 나무로 착각하기 쉽기 때문이다.

죽은 줄만 알았던 이 나무도, 그러나 청명과 곡우를 지나면서 그 검고 거친 껍질에도 생기가 돌기 시작한다. 그리고 무딘 가지 끝에서 고양이 발톱처럼 날카로운 움이 비로소 트는 것이다.

다른 나무의 싹을 다 내몰고 나서 제일 나중에 나온다는 느림보 나무. 이 나무에 꽃이 피기 시작하는 것은 훨씬 뒤인 단오절을 전후해서의 일인가 한다. 조용한 여인의 잔잔한 미소처럼 번지는 연두색 작은 꽃들. 육안으로 식별하기조차 어려울 만큼 작아서 굳이 '꽃'이라는 화사한 이름마저 외면한 듯한 꽃이다.

하지만 늦잠에서 깨어난 여인네처럼 대추나무는 이 빈약한 꽃으로나마 부지런히 밀린 봄을 서두른다. 제일 높은 가지 끝에서부터 시작해 잎과 잎 사이를 촘촘히 누비면서 피고 지기를 두세 차례. 그때마다 기이한 향기를 놓아서 동네 벌이란 벌은 죄다 불러들일 기세다. 신은 가장 보잘것없는 꽃에게 가장 향기로운 꿀을 마련한 것일까. 볼품없는 꽃의 어디에서 그처럼 감미로운 꿀이 넘쳐흐르는 것인지. 여름내 벌들의 소란으로 대추나무는 한 채의 잔칫집처럼 붐비는데, 그런 소란 속에서 작은 꽃은 나름대로 열매를 맺는다.

하지만 아직 우리 주의를 끌기에는 빈약하기만 하다. 화려한 색깔과 달콤한 과즙이 넘치는 과일들. 여름은 어디까지나 그런 것들의 계절이니까. 설익은 대추의 존재란 관심 밖일 수밖에 없다.

그러나 여름도 그렇게 긴 것은 못 된다. 이제 필요한 것은 며칠 동안의 따뜻한 햇볕과 첫서리와 그리고 조용한 기다림뿐이다.

추석을 전후한 어느 날, 우연히 던진 우리의 시선 속에 드디어 나타나는 대추나무의 변모. 그 기적과도 같은 놀라운 변신 앞에 자신도 모르는 사이에 '아!' 하고 탄성을 지르게 된다.

전신에 주렁주렁 드리운 것은 은근한 다갈색 대추알 다발이다. 잘 닦은 자마노라고 할까. 흔들면 칠금령七金鈴처럼 좌르르 울릴 듯, 쳐다보는 이마 위에 금방이라도 와르르 무너져 내릴 것만 같은 감미로운 대추알의 사태. 도무지 여름내 그 어설픈 잎사귀의 어느 갈피에 저렇듯 많은 비밀을 숨겨

두었다가 일시에 이렇듯 자랑스럽게 펼쳐 보이는 것인지, 그만 입이 벌어질 뿐이다.

이 기적과 같은 풍요로움 앞에서 지금까지 대추나무에 대해 가졌던 오해와 편견은 일시에 수정되어 찬탄과 경이로 바뀌고 만다. 그리고 경건한 마음으로 다시 한 번 우러러보게 된다.

대추나무는 결코 아름다운 나무가 아니다. 볼품이 없는 나무요, 계절 밖에 사는 나무다. 그러나 겉치레를 모르는 나무요, 겸허한 나무이며, 서두르는 일이 없는 점잖은 나무다. 그리고 오래오래 참고 견디는 인고의 나무다.

그런 인고의 끝에 맺히는 열매이기 때문일까? 한약에서 감초는 빠져도 대추는 빠지는 법이 없다. 대추를 먹으면 마음이 가라앉고 잠이 잘 온다. 그러니 이만한 덕을 가진 나무도 그리 많지 않으리라.

대추나무는 우리네 어머니 같은 소박한 나무요, 겉보다 속정이 도타운 나무다. 뜰에 한 그루쯤 심어 두고 그 풍요로운 결실의 뿌듯함을 늘 실감하고 싶은 그런 나무다.

태초에 사랑과 정이 있었으니
그것은 자라서 나무가 되었다.

가을 대추나무는 가끔 이런 시를 생각나게 한다.

냄새의 향수

냄새만큼 생생한 기억도 드물다. 약을 달이는 냄새는 어머니를 생각나게 하고, 쑥과 망초의 후텁지근한 냄새 속에는 타들어 가는 고향의 들판이 있다.

여치와 산딸기를 찾아 가시덤불을 헤치고, 게와 동자개와 그리고 모래무지 같은 것을 쫓아 질펀히 흐르는 강을 헤매었다. 물고기의 비린내와 온몸에 감겨 오던 저 미끈거리는 녹색말의 냄새. 놓쳐 버린 어린 날 나의 강은 언제나 그런 냄새와 함께 꿈꾸듯 기억 속을 유유히 흘러가고 있다.

아직도 돌아갈 수 없는 나의 고향. 유년의 꿈속에도 저 지겹도록 기나긴 신작로가 펼쳐져 있고, 몽롱한 의식 속으로 꽃가루처럼 날리던 벌떼의 웅웅거림. 그리고 7월의 폭양 아래 하얗게 피어 있던 찔레꽃의 진한 향기. 그 향기가 언제나 나를 멀미나게 했다.

갓 켜 놓은 목재의 송진 냄새와 바다의 찝찔한 소금 냄새가 또한 내 마음을 부풀게 한다. 그런 냄새는 생각하는 것만으로도 언제나 하나의 축복으로 남아 있다.

우리가 살던 마을 앞에는 큰 제재소가 있었다. 그곳에는 소나무와 전나무와 이깔나무와 자작나무 같은 아름드리 원목들이 넓은 공터에 늘 산더미처럼 쌓여 있곤 했는데, 그 거목들만큼이나 우람한 어깨와 완강한 팔뚝을 가진 인부들이 이마에 땀을 번득이며 사철 목재를 운반하고 있었다.

"헹야."

"헹야."

"헹야라."

"헹야."

졸음을 몰고 오던 저 단조로운 반복음. 인부들의 살갗에서 풍겨 오던 저 건강한 땀 냄새. 그리고 술 취한 사람의 얼굴처럼 벌겋게 달아오른 태양의 열띤 숨결. 무엇이고 다 잘라 버릴 듯한 기세로 흰 강철 이빨을 번쩍이던 회전톱의 위협적인 웅얼거림.

원목을 들이대면 깊은 잠에서 기분 좋게 깨어나듯, 거인의 하품 소리와도 같이 '쏴아아아' 하고 후텁지근한 여름 공기를 잘게 자르며 울려 퍼지던 상쾌한 마찰음. 그리고 나무의 마지막 남은 부분이 둘로 갈라질 때, '팡' 하고 터지던 저 경쾌한 파열음.

그것은 소나무 수관樹冠 위로 부는 바람 소리처럼, 또는 소나기나 폭포처럼 싱그러운 것이었다. 얼마나 많은 오후의 한때를 나는 혼자 통나무 더미 위에 앉아서 그 원목의 싱그러운 향기와 회전톱의 날카로운 금속성에 취해 있곤 했는지 모른다.

근 반세기 가까운 세월이 지나가 버린 지금도 나는 한 잔의 송실주에서조차 저 싱싱한 원목들을 생각하고, 제재소를 생각하고, 회전톱의 경쾌한 음향을 생각한다. 그리고 이제 더 이상 이 세상 사람일 수 없는 그 건장한 인부들의 명복을 위하여 잔을 들고 싶어지는 것이다.

그리고 바다의 찝찔한 냄새. 여덟 살의 사내아이였던 내 앞에 전개되어 있던 나의 최초의 바다는 몹시 성이 나 있었고, 발정기에 든 암말처럼 번들거리며 나를 향해 돌진해 오고, 또 오고…. 그러다가 호소라도 하듯 내 발 아래 허연 거품을 쏟고는 다시 물러가고…. 그리고 헛되이 거품만 남기고 아득히 수평선이 되어 돌아서 갔다.

지금도 바다는 나의 유일한 자연이고 결코 정복될 줄 모르는 나의 영원한 여성이지만, 여덟 살에 받은 감동과 경이는 이제 기억 속에서나 가능할 뿐이다. 그 후의 모든 바다는 유년기 바다의 복사판에 지나지 않는다.

하지만 그 찝찔한 해초의 냄새와 함께 바다는 언제나 내가 돌아가야 할 고향으로 거기 그렇게 지금도 누워서 나를

기다리고 있다.

이런 냄새 말고도 과거의 애틋한 영상 뒤에 잔잔히 번져 오는 배음背音 같은 냄새도 있다.

첫 수확을 알리는 햇감자와 옥수수를 찌는 냄새. 더위를 먹었을 때 어머니가 만들어 주시던 오이냉국의 싱그러운 향기. 해질녘 고픈 배를 안고 동구 밖에 들어섰을 때 반갑게 달려들던 저녁밥 짓는 매캐한 연기 냄새.

그리고 누님의 화장품 그릇 속에 비밀처럼 숨겨져 있던 목이 짧은 향수병 속에서 솔솔 새어나오던 분홍빛 향수 냄새. 아버님이 피우시던 담배 냄새와 폭죽이 터질 때 '화' 하니 끼쳐 오던 화약 냄새. 내 팔뚝에 최초의 주삿바늘을 꽂던 무표정한 간호사에게서 나던 크레졸 냄새와 처음 맡았던 자동차의 가솔린 냄새.

이런 냄새는 쑥 냄새나 송진 냄새와는 다른, 나에게는 새로운 세계를 향한 문이었다. 지금도 그런 냄새를 따라가면 거기에는 언제나 변화한 거리와 쇼윈도 안에서 웃고 있는 예쁜 마네킹이 있고, 잘 닦아 놓은 황금빛 트럼펫이 놓여 있다. 여덟 살의 내 유년은 얼마나 그 나팔이 가지고 싶었는지 모른다.

기억속 냄새 가운데에는 그때나 지금이나 섬뜩한 느낌을 주는 냄새도 있다. 선향線香 냄새다. 될 수만 있다면 멀리 도망치고 싶은 냄새. 그것은 죽음의 냄새였다. 내가 처음 그 냄새를 맡은 것은 옆집 주인이 어느 추운 아침 벌목장에서 동사한 시신이 되어 돌아온 날이었다. 여인의 곡성과 함께 그 지독한 냄새는 며칠을 두고 온 동네에 퍼져서는 밤안개처럼 문틈으로 새어들었다.

나는 그것이 사람이 썩는 냄새라고 믿었다. 사실이 아니라는 것을 안 후에도 그 느낌은 달라지지 않았다. 선향 냄새는 화장터에서도 났고, 눅눅한 절간에서도 났다. 선향 냄새 속에는 지금도 여인의 울음소리와 몽롱한 초상집 초롱이 있고, 울긋불긋한 단청을 입힌 상여가 있다.

그러나 이제 이 모든 냄새가 그립다. 이런 냄새를 따라가면 거기에는 아직도 나의 유년의 저 순수와 모든 형상에 대한 경외감이 영상과 함께 고스란히 남아 있기 때문이다.

어물전에서

 일요일 같은 날 고궁을 산책하는 것도 괜찮을 것이다. 아니면 정장을 하고 연주회에 가 보는 것은 어떨까. 젊고 멋진 여자랑 함께라면 가슴이 두근거릴 것이다.
 젊었을 때 우리는 폭풍우 속을 우산도 없이 걸었다. 이유 없는 반항과 까닭 없는 울분과 그리고 폭음과 폭언과….
 젊은 혈기마저 식어 버린 지금, 필요한 것은 따뜻한 온기와 약간의 생동감이라고나 할까. 나는 외롭고 쓸쓸할 때면 아내를 따라 장보러 가기를 좋아한다.
 시장의 물건들은 임자가 따로 없다. 먼저 선택하는 사람이 임자요, 사 가는 사람이 임자다. 게다가 모든 것이 생동감으로 넘친다. 장사꾼들이 외쳐대는 떠들썩한 소음과 북적거리는 인파의 혼란 속에서 나는 가벼운 흥분마저 느낀다. 그런 감정은 어물전 앞에서 절정에 이른다.

생선은 도마 위에서 헐떡거리고 비늘을 튀기며 아가미를 벌름거린다. 빨래판보다 더 큰 광어, 상자보다 배는 됨직한 민어, 속살이 빨간 연어, 이런 것을 보고 있으면 가슴이 뛴다.

"자, 싱싱한 명태가 오백 원이요, 오백 원!"

생선 장수의 갈고리에 꿰어 들린 고기들. 허공을 차는 꼬리에는 아직도 바다의 한 자락이 감겨 있다. 파도에 밀려오던 저 비릿한 바닷말의 싱그러운 냄새. 수평선 너머로 잠기는 흰 돛대의 흔들림이 가뭇없이 눈에 잡힌다.

양철 함지박 속에서는 미꾸라지들이 기름진 배를 드러낸 채 자맥질을 하고, 게란 놈은 허옇게 거품을 문다. 온 세상을 숫제 바다로 만들어 버릴 작정인가. 그러나 그건 하나의 위장술이다. 틈만 나면 녀석은 두 눈을 잠망경처럼 빼어 들고 슬금슬금 게걸음을 친다. 도망갈 구멍을 찾는 것이다. 그러나 상자의 경계선을 벗어나자마자 주인의 잽싼 손에 잡혀서 도로 상자 속 톱밥에 거꾸로 처박히고 만다.

장난을 치다 꾸중을 들은 아이같이 더없이 부끄러운 표정으로 죽은 듯이 웅크리고 있다. 그러나 얼마 후 다시 비눗방울을 만들어 가지고 논다. 아무 일도 없었다는 듯이.

가자미는 숨을 죽인 채 납작 엎드려서 그 모든 것을 곁눈질한다. 그리고 옆에 있는 도다리와 넙치에게 말한다.

"뭐랬어. 내가 별수 없댔잖았어?"

넙치와 도다리가 입을 삐죽이 내민다.

종이 상자 속에서는 정렬된 얼룩새우들이 새우잠을 잔다. 사방연속무늬로. 그들은 늙기도 전에 모두 등부터 굽었다. 바다 속에도 가난과 과로와 좌절의 삶이 있다는 말인가.

완강한 껍데기를 가졌지만 그럴수록 속살은 더없이 연한 조개들-홍합, 대합, 가리비, 비단조개, 모시조개… 그 가운데 어떤 놈은 술에 곯아떨어진 어부처럼 입을 헤벌린 채 혀를 내밀고 코를 골고 있다.

소라는 견인주의 철학자 디오게네스. 그의 이동식 주택 속에서 사유의 나선형 계단을 따라 안으로 안으로 침잠하고, 그러다 때로는 바깥 세계를 향해 '뚜우우' 하고 나팔을 분다. 장 콕토의 소라들이 일제히 합창한다.

"그리운 바다의 물결 소리여."

파도 무늬를 닮은 고등어의 등줄기를 넘어 배는 미끄러지고, 땀으로 번들거리는 팔뚝을 한 어부들이 부둣가 선술집에서 소주를 들이켠다.

"위하여!"
"위하여!"

잔과 잔이 부딪치는 소리. 기름이 번들거리는 항구의 선착장에서 과음한 어부들이 토해 내는 오물이 흐른다.

멀리 항구를 떠나는 연락선에서 뱃고동 소리가 들린다.

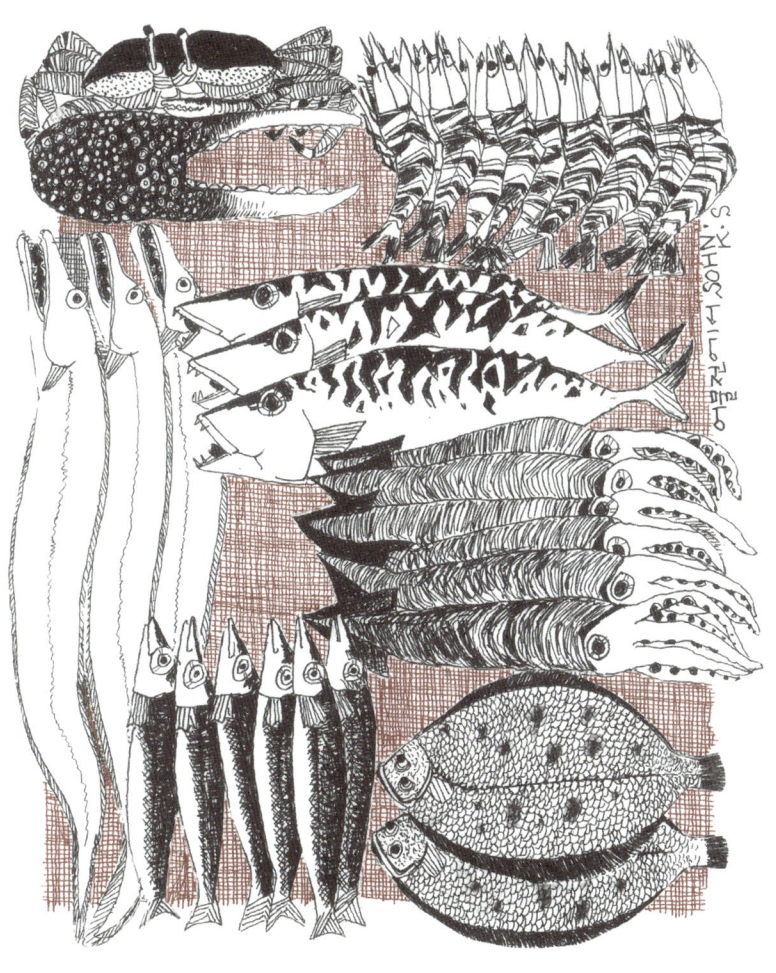

나도 한때 뱃사람이 되고 싶었는데…. 하지만 나는 꿈을 다 포기한 것은 아니다. 바다는 아직 거기 그렇게 누워서 내게 손짓하고 있다. 이런 때 속으로 존 메이스필드의 시를 중얼거려도 좋다.

나는 아무래도 다시 바다로 가야겠구나.
그 호젓한 바다와 하늘로 가야겠구나.
높다란 배 한 척과 지향할 별 하나
노래하는 바람, 흔들리는 흰 돛.
그것만 있으면 나는 그만이어라.

내가 이렇게 혼자 도취되어 있는 동안 아내는 몇 장의 낡은 지폐로 살아 있는 바다를 사서 담는다. 아내의 흰 손가락에 감겨 오는 바다. 도미란 놈은 아직도 헐떡거리고, 게는 신나게 거품집을 짓는다. 얼마나 헐값인가! 아내의 장바구니는 갑자기 싱싱한 생활로 활기가 넘친다. 돌아오는 우리 뒤를 바다가 기웃거리며 따라온다.

일요일 같은 날 고궁을 산책하거나 연주회에 가는 것도 멋진 일이다. 하지만 아내를 따라 시장에 가는 것도 괜찮은 일이다. 돌아올 때 어깨에 전해 오는 바구니의 무게에서 느끼는 생활의 중량감. 이럴 때 우리는 잃었던 식욕을 회복한다.

한恨

한恨만큼 자주 쓰는 말도 드물다. 그러나 뜻을 잡기는 오히려 어려운 말이다. 한은 때로는 원한怨恨의 의미로 쓰일 때가 있다. '한을 품었다'고 하거나, '여자의 한은 오뉴월에도 서리를 내린다'고 할 때의 한이 그것이다.

그러나 '한스럽다'거나 또는 '한의 정서'라고 할 때의 한은 원한이 아니다. 원한에는 원한의 대상이 전제되지만, 한에는 뚜렷한 대상이 없다. 더구나 적의敵意 같은 감정이란 있을 수 없는 것이다. 원한怨恨에서 '원怨', 즉 원념이 제거되었거나 퇴색되었거나 한 뒤에도 남는 것이 한이다.

원한을 서슬이 퍼런 비수匕首라고 한다면, 한은 얼룩진 어머니의 옷고름 같은 것이라고나 할까? 눈물이 배인 감정. 그것이 한이다.

그렇다고 한을 체념으로 보는 것도 좀 그렇다. 체념은 포기요 기권이지만, 한은 체념 뒤에도 오래도록 남는 씁쓰름

한 뒷맛이요, 미련이며, 때로는 염염히 타오르는 정염일 때도 있다. 그래서 한은 차라리 정한情恨 또는 회한悔恨 쪽에 더 가까이 근접해 있다고 하는 편이 옳을지도 모른다. 〈가시리〉와 〈서경별곡〉의 한이나, 황진이黃眞伊나 이매창李梅窓의 시에 보이는 한은 이별의 정한이요, 그리움의 정한이다.

흔히 사람을 환경의 노예라고 한다. 환경에 의해 부단히 강제되고 구속될 수밖에 없는 존재란 뜻이며, 그것이 자연이든 인위적인 규범이든 관계없이 인간적인 욕망은 그 앞에서 부단히 좌절될 수밖에 없다는 의미인데, 이 욕망의 좌절에서 결국 한이 생기게 되는 것이다.

못 먹어 한, 못 입어 한, 못 살아 한이라고 할 때의 한이 그것이다. 때로는 죽어야 할 때 죽지 못해서 맺히기도 하는 것이 한이다. 말하자면 어떤 외적인 강제를 불가항력적으로 승인할 수밖에 없을 때 느끼는 자신의 나약함이나 한계성에 대한 절망과 비애에서 생기는 감정이 한이다.

하지만 비애가 곧 한인 것은 아니다. 세월이 흐름에 따라 이 비애가 서서히 굴절되고 내면화되면서 좀처럼 삭일 수 없는 응어리로 남게 될 때 이 '감정의 응어리', '좌절된 욕망의 멍'이 바로 한이다. 좌절된 욕망이기 때문에 노출을 꺼리는, 감추어진 슬픔이며, 내면 깊숙이 저류底流하는 강이었다가, 때로는 고개를 들어 충족되기를 바라는 안타까움은 갈망이 되기도 한다. 이 충족되지 못한 한은 죽음을 넘어서까지 연장된다.

우리나라 설화나 전설에는 이런 내용이 특히 많다. 살아생전에 이루지 못한 사랑은 죽어서 뱀이 되어 사랑하던 처녀를 좇는다. 신라 진지왕眞智王은 아름다운 도화녀桃花女를 못 잊어 죽은 지 엿새 만에 다시 나타나 이레 낮과 이레 밤을 함께 사랑을 나누고야 황천길을 떠났다. 의붓어미의 시샘에 억울하게 죽은 누나는 접동새가 되어 밤마다 동생들을 위해 진두강 가에 와서 울고 있다.

천 년을 맺힌 시름이
출렁이는 물살도 없이
고운 강물이 흐르듯
학이 나른다.

이때의 '천 년을 맺힌 시름'이 바로 한이다. 다시 말하자면 학의 아득한 비상에서 한의 이미지를 본 것이다.

설화나 전설에 등장하는 이 같은 뱀이나 새는 문학적으로 형상화된 한의 이미지라고 할 수 있을 것이다. 감추어진 슬픔인 한은 대개 뱀과 같은 상징물로 나타나지만, 모든 장애를 넘어 충족되기를 바라는 갈망일 때는 새가 된다. 한은 때로는 비상하고 싶다. 모든 인간적인 장애를 초극하고 싶은 것이다.

한이 음악이나 미술로 형상화될 때 그 형식이 달라질 수밖에 없다. 휘어져 감기고 흐느껴 목이 메는 남도 창의 진양조 가락에서 우리는 청각화된 한을 듣는다. 그리고 애조 띤 고려자기의 가냘픈 선에서 시각화된 한을 본다.

뱀의 유동적인 운동, 새의 파상적인 비상, 그리고 흐느끼는 가락과 한복과 한옥과 고려자기의 휘어져 도는 곡선에서 우리는 한의 형식을 찾을 수 있다. 한은 곡선 가운데도 꿈틀거리며 선회하는 나선형의 곡선이라 하겠다.

임의 무덤 앞에 피어오르는 향연이라고나 할까. 한은 닫힌 현실을 부정하며 열린 세계를 향해 떠나려는 몸짓이요 발돋움이며 비상이다.

한은 그러나 우리 민족만의 정서는 아니다. 인간 조건 속에서 사는 사람이면 누구나 느끼는 보편적인 정서임이 틀림없다. 하지만 어느 민족에서보다도 한의 정서가 우리의 생활 감정 속에 깊이 뿌리를 내리고 있다는 사실은 부인할 수 없다.

아무튼 한은 우리 민족 정서의 한 원형질이며 시대를 넘어 현대를 살아가는 우리의 혈관 속에 이르기까지 면면히 흘러, 사그라질 줄 모르는 하나의 염색체와 같은 것이라 하겠다.

나의 어머니

1.

어머니는 산을 좋아하셨다. 화창한 날도 좋아하셨지만 보슬비가 시름없이 내리는 날도 좋아하셨다.

뻐꾸기 소리가 산골에 울려 퍼지는 계절이면 나는 어머니를 따라 나물 캐러 산으로 가곤 했다. 어머니는 산이나 나물에 대해서는 모르는 게 없으신 것 같았다. 어느 산에 두릅이 많이 나고, 또 어떤 산에는 수리취며 고사리가 많이 나는지 훤히 알고 계시는 것 같았다. 마치 그 많은 산과 골짜기가 모두 어머니가 가꾸신 채마밭이기나 한 것처럼.

나물을 캐실 때면 어머니는 가끔 노래도 부르셨다. 그 노래가 어떤 것이었는지 지금은 기억에 없지만, 아무튼 한이 서린 그런 가락이었다. 하지만 내가 보는 앞에서는 눈물을 비치는 일이 한 번도 없으셨다.

늘 객지를 떠돌아다니시는 아버지에 대해서도 마찬가지였다. 탓하거나 원망하는 기색을 보이지 않으셨다. 오히려 계시지 않을 때일수록 더 마음을 쓰시는 것 같았다. 밥 한 그릇을 푸는 일만 해도 그랬다. 아버지 놋주발에 먼저 담아서는 아랫목에 깊이 묻어 두어서, 언제 귀가하시더라도 더운밥을 드실 수 있게 했는데, 이런 일은 한 번도 거르는 법이 없었다. 그 밥은 다음날 아침 거의 매번 우리 차지가 되곤 했지만….

이처럼 정갈하고 따뜻한 마음씨를 가진 아내를 두고 아버님은 무엇을 찾아 그 많은 세월을 객지에서 방황하셔야 했는지, 그때의 아버지 나이가 된 지금도 알 길이 없다. 외할머니가 노상 되뇌시던 그놈의 역마살이란 것 때문이었을까?

가을이 되면 우리는 약초를 캐러 또 산으로 갔다. 이런 때는 나물을 캐러 갈 적보다 더 멀리 그리고 더 깊이 들어가야 했다. 골짜기는 언제나 음산한 안개에 덮여 있었고, 옷은 살갗에 눅눅하게 달라붙었기 때문에 늘 기분이 언짢았다.

어떤 때는 상여 꼭대기에 장식된 것 같은, 이상하게 울긋불긋한 깃털을 한 새가 높다란 낙엽송 위에서 우리를 내려다보며 짖어 댔다. 그때마다 이야기 속에 나오는 저승새일 거라는 생각이 들어서 여간 으스스한 기분이 아니었다.

그러나 어머니는 나의 그런 기분에는 별로 관심을 두지 않는 것 같았다.

약초를 캘 때 어머니가 지키는 세 가지 금기가 있었다. 하나는 떠나기 전날 밤에 목욕을 하시는 일이고, 둘째는 산에 들어가서는 일절 잡담을 하지 않은 일이고, 셋째는 약초를 캘 때 쇠붙이로 된 연장은 결코 쓰지 않는 것이었다. 무슨 일이고 정성이 부족해서는 못쓴다고 여기는 분이기에 당귀 한 뿌리 캐는 데도 꼭 참나무 꼬챙이를 쓰셨고, 잔털 하나 다칠세라 조심하셨다. 돌아올 때는 깨끗한 석간수石間水에 약초를 씻으셨다.

약초 가운데는 삽주, 잔대, 당귀 같은 짤막한 이름도 있었지만, 얼레지니 둥굴레니 삼지구엽초三枝九葉草니 하는 긴 이름의 약초도 있었다. 삼지구엽초는 글자 그대로 한 줄기에 세 개의 가지가 뻗고 또 그 세 개의 가지에 각각 세 개의 잎사귀가 달린 것이 신기했다. 하지만 무슨 병에 효험이 있었는지는 이제 다 잊어버리고 말았다.

이렇게 해서 캐 온 약초는 밤새 다듬고 썰어서 몇 날 며칠을 두고 말렸는데, 반드시 응달이 아니면 피할 일이라 하셨다. 우리가 병이 났을 때는 물론이지만 그렇지 않을 때에도 철철이 손수 조제한 후 뭉근한 불에 오래오래 달여서 틈틈이 먹이는 것을 잊지 않으셨다. 그러나 한 번도 자신을 위해서 그렇게 하는 일은 없었다.

하얀 한지를 덮은 오지 약탕관에서 끓던 약 냄새는 지금도 어머니의 체취처럼 그립다.

2.

외할아버지는 의원으로 풍수에도 두루 능하신 분이셨다고 한다. 우리 어머니는 그분의 여섯 자녀 가운데 고명따님이셨다.

그러나 우리 아버님을 만나 아니 해도 될 고생을 너무 많이 하셨다. 외할머니는 우리 남매들을 귀여워했지만, 어떤 때는 대단치 않은 일에도 역정을 내시곤 했다. 아마 당신의 사위를 생각하고 그러시는 것이 아니었나 생각된다.

추석 때쯤이라고 기억되는데, 나는 어머니를 따라 외가에 갔다. 그날도 아버님은 함께 가지 않았다. 그것은 새삼스러운 일이 아니었다. 그런데 외할머니는 웬일인지 그날따라 화가 나 계셨다. 한참을 가만히 할머니 걱정을 듣고만 있던 어머니는 한마디 대꾸도 없이 조용히 일어나 나를 데리고 마당으로 내려가셨다.

마당 한모퉁이에 미루나무만큼이나 큰 돌배나무가 한 그루 서 있었는데, 그날도 전에 늘 그랬던 것처럼 어머니는 기다란 장대로 배를 따서 나를 주셨다. 그것을 보신 외할머니가 어머니를 나무라셨다. 그까짓 녀석들을 그렇게 위해

바쳐서 무슨 뉘를 보려고 그리하느냐는 것이었다.

아무 대꾸도 없이 어머니는 전보다 더 세차게 나뭇가지를 후려치셨다. 배가 한꺼번에 사태처럼 쏟아졌다. 어머니는 몇 차례인가 더 그렇게 하더니 나를 돌아다보면서 빙긋이 웃어 보이시는 것이었다.

외할머니는 곱슬머리에 긴 얼굴이시고 음성도 카랑카랑한 편이지만, 우리 어머니는 곱게 빗어 넘긴 머리에 얼굴은 둥근 편이고 음성도 아주 부드러우셨다. 부지런하고 눈썰미가 매서워서 못 하는 일이 없다고들 칭찬이었지만 그때마다 어머니는 얼굴을 붉히셨다.

한문 실력도 어지간하셨다. 아버님이나 형님들이 안 계실 때는 어머님이 손수 지방紙榜을 쓰셨다. 그리고는 나더러 절을 하게 하셨다. 침도 잘 놓으셨다. 발목이 삐거나 체한 것은 침 한 방으로 거뜬히 다스리셨는데, 그런 경우는 자주 볼 수 있는 일이었다. 어머니가 쓰시던 것은 동침銅鍼이었다. 그나마 손수 만든 것이었다. 외할아버지가 쓰시던 금침을 물려받지 못하고 만 것을 못내 아쉬워하셨다.

그때가 여덟 살이었던가? 어머니는 나에게 우리글과 천자문을 가르치셨다. 일본어는 남의 나라 말이니 우리글을 배워 두어야 한다고 노상 입버릇처럼 말씀하셨지만, 아둔한 내가 그 뜻을 알아들을 리가 없었다. 한글은 그래도 그럭저럭 떼었지만, 천자문은 마흔일곱 번째와 마흔여덟 번째

글자인 '메 곤崑, 메 강崗'에서 그만 주저앉고 말았다. 글자 뜻만큼이나 오르기가 힘들었던 것이다.

하지만 어머니는 무엇이든 지나치게 강요하는 법이 없으셨다. 내가 일곱 살까지 젖을 먹을 수 있었던 것도 물론 막내라는 이유도 있었겠지만 어쩌면 어머니의 그런 온유한 성품 덕이었는지도 모른다. 나에게 조금이라도 그런 따뜻한 구석이 있다면, 또 나에게 조금이라도 손재주 같은 것이 있다면 그것은 어머니로부터 물려받은 것이라고 나는 믿고 싶다. 그리고 산을 좋아하고 꽃과 짐승을 좋아하는 것 또한 어머니로부터 물려받은 것이라고 믿고 싶다.

3.

우리 집에서 북으로 반 마장쯤 떨어진 곳에 큰 내가 하나 있었다. 냇물은 언제나 맑고 깊었다. 그 물은 흘러서 삼십 리 떨어진 전진 앞 바다로 들어간다고 했다.

큰 빨래를 할 때 어머니는 늘 그리로 가시곤 했다. 어머니가 빨래를 하시는 동안 나는 혼자서 놀아야 했지만 어머니 곁이라면 조금도 심심하지 않았다.

굵은 삼베 바지는 두 가랑이만 묶으면 훌륭한 그물이 되었다. 나는 그것을 들고 세치내며 모래무지 같은 놈들을 쫓아 숨바꼭질을 했다. 방죽을 따라 가면서 게를 잡는 것도 재미있는 놀이였다. 하지만 게에게 한번 물리고 난 다음부터 좀 으스스하고 섬뜩한 노릇이었다.

그보다는 냇가에 지천으로 피어 있는 꽃창포 잎을 뜯어다가 배를 접어 띄워 보내는 것이 더 재미날 때도 있었다. 세찬 물살에 흔들리며 가뭇없이 사라져 가던 나의 배들을 바라보며 그때 나는 무엇을 생각하고 있었는지 지금은 알 길이 없다.

이런 놀이도 시들해지면 개미귀신들이 파놓은 함정을 찾아내서 그놈들이 어떻게 먹이를 잡는지 숨을 죽인 채 쪼그리고 앉아서 하염없이 들여다보기도 하고, 그것에도 시들해지면 또 새로운 놀이를 만들어 내야 했다. 물속에서 얼마나 오랫동안 숨을 멈추고 견딜 수 있는가 시험해 보기도 하고, 하마처럼 두 눈과 코만 내어 놓고 물속에 누워서 이글거리는 7월의 태양과 눈싸움을 했다.

아니면 두 다리 사이로 주위 풍경을 거꾸로 보는 것도 재미있었다. 수면 위에 떠 있는 미루나무들, 푸른 산 그림자, 아득히 떠가는 하얀 구름, 그리고 풀잎 하나 흔들리지 않는 7월 정오의 정적…. 그 정적의 저편 언덕에서 어머니가 빨래를 하고 계셨다. 빨래를 하고 있는 어머니는 아무 근심 걱정이 없어 보였다. 나의 시야에 들어오는 모든 것도 근심 걱정이 없어 보였다.

한 폭의 고즈넉한 산수화라고나 할까? 멀리 풍경 속에

앉아 계신 어머니는 움직이지 않았다. 나와는 인연이 먼 저 세상의 사람처럼 아득하게만 느껴졌다. 게다가 어머니는 조금씩 아주 조금씩 희미해지는 것 같았다. 저러다가 아주 텅 빈 허공 속으로 그만 빨려 들어가는 것은 아닐까? 순간 언젠가 어머니가 들려주시던 이야기가 생각났다.

옛날, 어떤 곳에 도사 한 분이 계셨다. 그는 제자들에게 많은 도술을 가르쳐 주었다. 그러면서 나쁜 일에는 절대 써서는 안 된다고 당부하는 것도 잊지 않았다. 처음에는 잘 지키는 듯했지만 세월이 지나면서 스승의 뜻을 어기는 사람들이 하나둘 늘어나기 시작했다. 도사는 여러 번 타일러 보았지만 그것도 잠시뿐이었다. 실망한 도사는 그들 곁을 떠나야겠다고 생각하게 되었다.

도사는 제자들에게 지필묵을 준비하게 했다. 그러고는 화선지 위에다 그림을 그리기 시작했다. 얼마 후 기암절벽이 우뚝 솟은 산수화 한 폭이 이루어졌다. 도사는 제자들을 한번 둘러보고는 말없이 그림을 엎어 놓는 것이었다.

순간 도사가 사라지고 없었다. 제자들이 울며불며 도사를 찾았지만 없었다. 그중 한 제자가 그림을 뒤집어 보았다. 그랬더니 도사는 그림 속에 들어가 있는 것이었다. 그림 속 오솔길을 따라 도사가 지팡이를 짚고 혼자 걸어가고 있었다.

나는 겁이 났다. 어머니가 도사처럼 그대로 그림 속으로 들어가 버릴 것만 같았다.

 나는 "엄마!" 하고 소리를 질렀다.

 그 소리는 짙게 드리워진 정적을 찢고 멀리까지 메아리쳤다. 그림 속의 어머니가 서서히 움직이기 시작하는 것이었다. 깊은 잠에서 깨어나듯이 천천히. 그러고는 나를 향해서 달려오기 시작했다.

 드디어 어머니가 나를 안아 일으켰다. 두려움과 슬픔으로 해서 차디차게 굳어 버린 나의 피부에 어머니의 손길이 닿았다. 거친 손길, 하지만 그렇게 따뜻할 수가 없었다. 나는 어머니의 가슴을 마구 때렸다. 그리고 오래오래 품에 안긴 채 울었다. 영영 어머니가 나를 버리고 가 버릴 것만 같았다. 이미 그때 나는 어머니의 죽음을 예감했는지도 모른다.

 그 일이 있고 몇 해를 넘기지 못하고 어머니는 내 곁을 떠나고 말았다. 그때가 음력 4월이었다고 한다. 그러나 내가 그 사실을 안 것은 그해 7월과 8월 사이라고 생각된다. 어머니와 떨어져 있었기 때문에 어른들이 그 사실을 숨길 수 있었던 것이다.

 이제 어머니가 가신 지도 마흔다섯 해란 세월이 흘렀다. 하지만 나는 어머니가 돌아가신 사실을 실감하지 못할 때가 있다. 돌아가신 어머니의 모습을 보지 못했기 때문인지 모른다. 나의 기억 속에 남아 있는 어머니의 마지막 모습은 쇠잔하지만 그래도 살아 계실 때의 표정 그대로다.

죽음이 무엇인지 나는 모른다. 그러나 가끔 그것은 그림과 같은 정적의 세계는 아닐까 하고 생각할 때가 있다. 막내의 울음소리는 저승까지 들린다고 한다. 지금이라도 내가 크게 소리 내어 운다면 어머닌 어두운 그림 속에서 그때처럼 뛰어나올지도 모르는데….

그러나 나는 이제 소리 내어 울 수도 없는 나이가 되고 말았다.

자작나무야

내 고향 함경도 지방에는 자작나무가 많다. 누나를 따라 나물을 캐러 가면 언제나 자작나무 숲이 기다리고 있었다.

산새를 쫓아 산속을 헤매다 보면 어느새 또 우리는 자작나무 숲 한가운데에 와 있었다. 그 신비스러운 하얀 빛깔 때문이었을까. 아니면 알 수 없는 마력 같은 것을 지니고 있었기 때문이었을까.

빽빽이 들어선 어두운 이깔나무 숲에서 내다보면 자작나무 숲은 언제나 햇빛이 환히 밝았다. 더구나 5월의 밝은 햇빛을 받아 싱싱하게 물이 오를 때면 목욕을 하고 있는 여인의 알몸마냥 사람을 호리게 했다.

가까이 가서 손을 대면 손끝을 타고 오던 보드라운 감촉. 서양 여인의 살갗처럼 희디흰 껍질에서는 향긋한 분 냄새라도 묻어날 것만 같았다. 셀로판지 같은 껍질을 벗기면 그 밑에 더 희고 고운 새살이 나타났다. 우리는 알 수 없는 안타까움으로 그 위에 이름을 마구 새겼다. 하지만 언제나 고스란히 남던 저 채워지지 않는 공허와 풀리지 않는 갈증 같은 것.

　시는 나 같은 바보라도 쓰는 것,
　아름다운 나무는 신만이 만드신다.

　조이스 킬머의 이 시를 읽을 때마다 내 마음속에 떠오르는 것은 언제나 한 그루의 자작나무다. 섬세하고 미묘한 시심詩心 같은 나무. 이방의 여인같이 조금은 슬퍼 보이는 나무. 그래서 우러러볼수록 그립고 안타까우며 슬퍼지는 그런 나무다.
　북녘에 겨울이 오면 자작나무 숲은 깊은 명상에 잠긴다. 다른 어떤 나무보다도 자작나무의 호흡은 깊고 잔잔하며 아득하다. 하얀 줄기는 눈빛에 바래다 못해 아예 눈 속으로 사라져 버리고, 적갈색의 여린 잔가지와 거기 미련처럼 남은 몇 개의 마른 잎사귀들.
　지우개로 지워 버린 연필 그림처럼, 아니 파스텔화처럼 희미한 윤곽 속에서 자작나무 숲은 아주아주 먼 길을 떠나는 나그네의 뒷모습 같은, 그런 아슴푸레한 표정으로 서 있었다.
　겨울 자작나무 숲에서는 그래서 가장 보잘것없는 한 마리의 멧새조차 고스란히 시야에 잡히게 마련이다. 화선지 위에 떨어진 한 방울의 먹물처럼.

거기에 눈이라도 올라 치면 자작나무 숲은 아득한 몽상 속으로 잠겨 버린다. 눈이 오는 날 자작나무 숲을 거닐다 보면 나 같은 바보도 시인이 된다.

자작나무는 섬세한 나무다. 소나무나 잣나무의 굳건한 기상 같은 것은 찾아볼 수 없다. 하지만 그 연약한 몸으로 추위를 잘 참아 낸다.

서울에서도 자작나무를 볼 수 있다. 그러나 깊은 산속에 사는 그런 자작나무가 아니다. 생기를 잃은 나무요, 앓고 있는 나무이며, 볼모로 잡혀 있는 나무다. 동물원에 갇혀 있는 한 마리 학과 같다. 보고 있으면 마음이 아프다.

뜰에 자작나무를 심고 싶은 때가 있었지만 그만두기로 한 것은 그 추레한 모습을 차마 볼 수 없을 것 같아서였다.

우리 고향 관북 지방에서는 이 나무를 '보티나무'라고 부른다. 그리고 가난한 사람들은 죽으면 이 나무껍질로 싸서 땅에 묻는 풍습이 있다. 언제 다시 고향에 가는 날이 온다면 나는 제일 먼저 그때 그 자작나무 숲으로 가겠다. 그리고 자작나무 밑에서 살다가 자작나무 껍질에 싸여서 자작나무 곁에 잠들었으면 싶다.

싸리나무와 회초리

 진달래와 함께 싸리나무는 우리나라 어디에서나 볼 수 있는 나무다. 신기할 것도 놀라울 것도 없다. 그런데도 이 나무에서 늘 어떤 정감 같은 것을 느끼는 까닭은, 그것이 우리 유년기의 소재가 되고 배경이 되기 때문이다.

 어린잎이 돋는 사월이 지나고 5월과 6월에 접어들면 싸리나무는 제철을 만난다. 동전 같은 잎은 언제나 윤기가 자르르하다. 아침에 일어나 보면 앙증맞은 이파리마다 이슬이 맺혀 있는 것이, 마치 잘 닦은 수정알 같다.

 꽃도 독특한 아름다움을 가지고 있다. 진달래 같은 정열도 벚꽃 같은 화사함도 없지만, 자세히 보면 보라색으로 촘촘히 박혀 있는 꽃들이 여간 귀엽지 않다. 여인네들의 옷감 무늬 같기도 하고, 어떻게 보면 잔잔하고 섬세한 것이 마치 잔정이 많은 우리들 형수님 같다. 게다가 향기도 그윽하다. 그 작은 꽃에 웬 꿀은 또 그렇게 많은지, 여름내 벌떼들이 온통 잔치를 벌인다.

  세상에서 싸리꽃을 좋아하는 데 있어서 둘째가라면 서러워할 사람들이 있다. 일본 사람들이다. 그만큼 그들은 싸리꽃을 좋아한다. 그들이 자랑하는 《만엽집萬葉集》에 싸리꽃을 노래한 시가 140여 편 나온다. 그들이 사랑하는 벚꽃보다 세 배나 많은 셈이다. 그림만 해도 그렇다. 추칠초秋七草라 하여 가을 분위기를 내는 데 억새나 도라지꽃과 함께 싸리꽃이 들어간다. 어디 그림뿐인가? 옷감 문양에서부터 온갖 생활용품 문양에 이르기까지 온통 싸리꽃이다. 그들은 싸리를 의미하는 추萩라는 한자까지 만들었다. 그런데 싸리는 어느 정도까지 클 수 있을까?

  싸리는 관목이다. 잘 자란다고 해도 우리 키보다 그렇게 많이 크지는 못한다. 굵기도 마찬가지다. 팔목 정도가 고작이다. 그런데 전설 속에서는 그렇지 않다. 마곡사麻谷寺 대웅전 기둥 가운데 하나가 싸리나무라고 한다. 하지만 그게 어느 것인지, 또 그게 사실인지는 확인할 수 없다. 옛이야기 가운데 이런 것이 있다.

  옛날 절을 짓기 위해 각처에서 좋은 재목을 구해 왔다. 그런데 그 재목 중에 아름드리 싸리나무가 들어 있었다. 하지만 아래위가 똑같은 굵기여서 어느 쪽이 위고 어느 쪽이 아래인지 구분할 수가 없었다. 목수들이 저마다 의견을 냈지만 결론이 나지 않았다. 할 수 없이 전국에 방을 붙여,

그것을 알아내는 사람에게 후한 상을 주겠다고 했다.

얼마 후 한 아이가 나타났다. 그 아이가 말하길, 그 나무를 물에 띄워 보라는 것이었다. 그래서 많이 뜨는 쪽이 위고 많이 가라앉는 쪽이 아래라는 거였다. 아이 말대로 물에 띄웠더니 과연 많이 뜨는 쪽이 있어, 그쪽을 위로 해서 기둥을 세웠다고 한다. 같은 이야기가 일본에도 있다. 우리나라에서 건너간 것인지 어떤지는 알 수 없지만.

싸리는 매우 곧은 나무다. 그것이 아름드리로 클 수만 있다면 얼마나 좋은 재목이 될까 하는 바람이 이런 전설을 만들어 낸 것인지도 모를 일이다.

그러나 나무가 작다고 해서 쓰임새도 적으라는 법은 없다. 소나무처럼 기둥이 되고 대들보가 되지는 못하지만, 사람도 그런 것처럼, 싸리나무는 싸리나무만이 할 수 있는 역할이 따로 있다. 물론 이제는 과거의 유물이 되어 가고 있지만 그 쓰임새가 대나무에 버금간다.

빗자루에서부터 다래끼, 광주리, 삼태기, 지게 위에 얹는 발채, 울타리, 곶감 꽂이, 명태 꽂이, 고기 잡는 통발, 병아리를 가둬 두는 어리, 그리고 회초리에 이르기까지 그 쓰임새를 들자면 열 손가락이 모자랄 정도다.

회초리 이야기가 나왔으니 말인데, 싸리나무는 회초릿감으로 제격이다. 다른 나무는 옹이 있어 위험하고, 대나무는 아이를 여위게 한다고 옛날부터 피했다. 이런 이야기가 있다.

옛날 어떤 선비가 과거에 급제하여 금의환향하는 길이었다. 그런데 고향마을 뒷산 고갯마루에 오르자 갑자기 말에서 내리더니 숲속으로 들어갔다. 이상하게 여긴 하인들이 뒤를 따라갔다. 그랬더니 싸리나무에 대고 넙죽 절을 하는 것이었다. 까닭을 물으니, 싸리나무 회초리가 아니었으면 어찌 오늘의 영광이 있었겠느냐고 했다.

한 토막의 재미난 이야기일 뿐이다. 이제 아무도 이 선비처럼 그렇게 할 사람은 없다. 잘되라고 타이르면 오히려 주먹을 쥐고 덤비는 것이 요즘 아이들이다. 그러나 우리는 안다. 어렸을 때 우리 종아리에 떨어지던 저 회초리의 아픔과 함께 그 부끄러움이 우리를 바르게 살아가도록 하는 더없이 강렬한 자극제였던 것을.

요새 와서 따끔한 회초리 생각이 날 때가 있다. 버릇없는 아이들 때문만은 아니다. 회초리 맛을 봐야 할 못된 어른들이 자꾸 늘어가기 때문이다.

비에 젖은 참새

그날도 한나절을 더위에 시달리다가 겨우 눈을 붙이려던 참이었다. 갑자기 주위가 수런거리는가 싶더니 서늘한 냉기와 함께 굵은 빗방울이 후드득 파초 잎에 듣기 시작했다. 이어서 어디선가 터지는 요란한 천둥소리.

빗방울은 금세 소나기로 바뀌더니 앞집 용마루에는 벌써 뽀얗게 물보라가 일고 있었다. 장쾌한 순간이었다. 금년 들어 처음 보는 광경이라서 옆에서 잠이 든 둘째를 깨웠다.

빗줄기는 더욱 세차게 쏟아지고 게다가 바람까지 몰아쳤다. 마당은 금세 흙탕물로 강을 이루었다. 나는 쏟아지는 빗속을 넋을 놓고 들여다보고 있었다.

그런데 화살나무 밑에서 뭔가 움직이는 것이 있었다. 처음에는 생쥐거니 했다. 그런데 아니었다. 참새 새끼였다. 녀석은 화살나무 제일 밑가지를 향해 날아 보려고 안간힘을 쓰고 있었지만 계속 실패하고 있었다.

쏟아지는 빗줄기에다 땅에서 튀는 흙탕물 때문에 녀석의 몰골은 말이 아니었다. 떨고 있는 작고 초라한 몸뚱이마저 물살에 휩쓸려 갈 정도로 위태로웠다. 둘째는 보다 못해 뜰로 뛰어 내려갔다. 참새를 향해 팔을 뻗었다. 그 순간이었다. 어디에서 보고 있었는지 어미 참새 한 마리가 돌팔매처럼 내리꽂히는 것이었다.

아이는 그 서슬에 내밀었던 손을 멈추고 말았다. 어느새 벚나무 가지로 되돌아간 어미 새가 다시 이쪽을 향해 달려들 기세로 울부짖고 있었다. 어디서 몰려왔는지 여남은 마리가 합세했다. 아이는 그 기세에 질려 그만 뒷걸음질을 치고 말았다.

빗줄기가 잠시 가늘어졌다. 그 틈에 아까 그 어미 참새가 다시 내리꽂히더니 새끼를 안아 올릴 듯한 그러한 몸짓으로 새끼 옆을 바싹 스치면서 날아올랐다.

'짹짹, 자, 날아 봐!'

이렇게 외치는 것 같은 안타까운 몸짓이었지만 새끼는 비틀거릴 뿐 날아 볼 엄두를 못 내고 있었다. 어미는 몇 번이나 같은 동작을 되풀이했지만 모두 헛수고가 되고 말았다.

그때 동편 하늘이 번쩍하고 빛났다. 이어서 요란한 천둥소리. 잠시 뜸했던 빗줄기가 다시 한바탕 거세게 쏟아질 기세였다. 저러다 빗물에 쓸려 가고 말지 싶었다. 내가 내려가서 새끼를 잡아 왔다.

어미 새의 눈에는 내가 유아 납치범으로 보인 것일까? 어미 새들이 내 뒤통수라도 쫄 듯이 쫓아왔다. 나는 마루 문을 얼른 닫은 후 녀석을 놓아주었다. 놈은 몇 차례인가 도망가려고 유리창에 부딪히면서 소란을 피웠지만 끝내는 지쳤는지 잠잠해졌다.

그러나 안이 조용해진 대신 밖은 더욱 요란스러워졌다. 어디서 몰려온 것인지 전보다 새들이 더 많아졌다. 담 위에서도 벚나무 가지 위에서도 온통 참새 떼의 울부짖음이었다. 어떤 놈은 테라스 문 앞까지 와서 울부짖었다. 마치 삿대질을 하는 것도 같고, 또 어떻게 보면 시위대의 무슨 연호 같기도 했다.

'짹짹, 내놔!'
'짹짹, 내놔!'
'내놔! 내놔! 내놔!'

두 날개를 축 늘어뜨리고 짖어 대는 품이 거대한 짐승의 포효와도 같이 처절했다. 가슴이 꽉 막히면서 등골이 오싹해졌다. 그 보잘것없는 몸집 어디에서 저렇듯 커다란 분노가 터져 나오는지 그저 놀라울 뿐이었다.

그 곤혹스러운 순간에서 우리를 구해 준 것은 소나기였다. 번개가 치고 천둥이 울고 이어서 앞이 캄캄해지더니 순식간에 장대 같은 빗줄기가 쏟아졌다. 극성스런 울부짖음도 뚝 그치고 뒤이어 온 정적. 참새들은 모두 어디론가 몸을 피하고 없었다. 들리는 것은 다만 빗소리뿐이었다.

 얼마를 지났을까, 새끼의 깃털도 다 마르고 비도 그쳤다. 나는 문을 열고 새끼를 날려 보냈다. 새끼는 단숨에 앞집 용마루까지 날아갔다. 그렇게 울부짖던 어미 새들도 그 뒤를 따라 날아갔다. 그때까지 내 손을 잡고 있던 둘째가, "야!" 하고 환성을 지르면서 손뼉을 쳤다.

 한 떼의 참새들이 날아가는 동편 하늘에 고운 무지개가 걸려 있었다. 나는 다시 둘째의 손을 꼭 잡아 주었다.

평생도 平生圖

 조선 시대 민화 가운데 '평생도平生圖'라는 그림이 있다. 여섯 폭으로 된 병풍인데, 폭마다 사대부들이 일생 동안 가장 이상적인 삶의 과정이라고 생각하는 사건이 그려져 있다. 지금 전해 오는 작품이 적지 않은 것으로 보아 일반 가정에서도 널리 애용되던 것이 아닌가 한다.

 이 병풍을 볼 때마다 나는 현대인의 평생도는 어떤 것일까 하고 생각할 때가 있다. 우선 이 병풍을 한번 펼쳐 보기로 하자.

 병풍의 첫째 폭은 돌잔치 장면이다. 복건을 쓴 사내아이를 에워싸고 가족들이 모두 모여 앉아 있다. 돌상에는 음식만이 아니라 실타래며 붓과 활 같은 것도 놓여 있다. 이제 그 아이가 붓을 먼저 쥐었다고 하면 그는 장차 문반이 될 징조이고, 그렇지 않고 활을 쥐었다 치면 그는 커서 무반이 될 조짐이다. 아이의 무의식적인 선택을 통해서 그 장래까지 예견해 보고 싶은 부모의 마음이 담겨 있다.

오늘날과 비교해서 별로 달라진 것이 없다. 다만 붓 대신 연필을 놓은 것과 활을 아예 치워 버린 정도라고나 할까.

둘째 폭은 초례청 장면이다. 한껏 부풀어 오른 하얀 차일遮日 밑에 모란꽃 병풍이 화려하고, 붉고 푸른 두 대의 화촉華燭은 쌍으로 타오르는데, 신랑 신부가 바야흐로 맞절을 한다. 주위에 모여 선 양가 어른들과 일가친척들의 얼굴에 웃음꽃이 활짝 피어 있다. 흥청거리는 잔칫집 분위기 속에서 어디선가 전을 부치는 구수한 냄새라도 훈훈하게 풍겨 올 것만 같다.

그러나 오늘의 평생도에서는 바꿔 그려야 할 모양이다. 요새는 멋과 여유와 풍성함보다 간결함과 신속함과 실속을 더 중히 여기는 시대니까. 축의금 봉투를 내미는 장면도 새로 넣어야 할 것 같고….

아무튼 돌잔치 장면과 혼례식 장면은 오늘의 평생도에서도 빠질 수 없는 장면임에 틀림없다. 돌잔치는 인생의 첫출발을 알리는, 말하자면 인생의 원년인 셈이고, 혼례란 예나 지금이나 인륜지대사가 아닌가.

셋째 폭에는 장원 급제하여 사흘 동안 장안 거리를 풍악을 잡히고 돌아다니는 삼일유가三日遊街 장면이 나온다.

주인공은 말 위에 높직이 앉아 있다. 머리에는 어사화御賜花요, 몸에는 앵삼鶯衫이요, 허리에는 학대鶴帶다. 풍악이 앞섰는가 하면 구종별배驅從別陪들이 줄줄이 뒤를 따른다. 말하자면 가문의 경사를 널리 선전하자는, 시쳇말로 해서 카퍼레이드인 셈이다. 거리마다 운집한 것은 구경꾼이고, 집집마다 담 너머로 내다보는 것은 온통 동네 규수들의 선망의 눈망울이다.

오늘의 평생도에도 이런 장면은 있음직하다. 학력고사 수석 합격자는 도하 신문에 대서특필되고, 텔레비전은 오늘의 주인공을 화면 가득 클로즈업한다. 안방의 규수들은 조선 시대 선배 규수들과 같은 시선으로 쳐다본다. 시대와 양식은 달라도 장원 급제와 관련해서만은 과거와 현재가 다르지 않다.

조선조 최고의 관직은 영의정 자리였다. 말하자면 일인지하一人之下요 만인지상萬人之上이다. 그런데 평생도의 네 번째 폭에는 평양 감사 부임 잔치 장면이 나온다.

그러나 이상하게 생각할 것이 없다. 감사 중에서 특히 평양 감사란 사법과 행정에다 병권兵權까지 거머쥔 자리요, 게다가 평양은 물화가 풍족하고 경개가 수려할 뿐만 아니라 자고로 색향色鄉으로 이름난 고장이 아니던가. 하니, 지엄하신 임금님 밑에서 오금을 못 펴는 그까짓 허울 좋은 정승 자리이겠는가? '평양 감사도 제 싫으면 그만이라'는 말이 나오게 된 까닭을 알 법도 한 일이다.

한데 오늘날에는 그런 방백方伯 자리가 없으니 무엇으로

오늘의 평생도를 채우랴? 총독의 자리가 꼭 맞기야 맞지만 우리나라에는 총독이 없다. 그러니 열쇠 세 개씩 들고 시집오겠다는 규수들이 줄을 선다는 의사를 그릴까, 판검사를 그릴까? 아예 대통령 취임식 장면을 그려 버리고 말까? 아니다. 일단 여백으로 남겨 두기로 하자.

다섯째 폭에는 회혼연回婚宴이 나온다. 부부가 함께하기를 반백 년 하고도 또 10년이니 그 해로의 기쁨이 오죽하겠는가! 원삼족두리에 사모관대 하고, 슬하에 모인 자녀들이 모두 끌끌하다. 한 백 명은 좋이 됨직하다. 흐뭇한 장면이 아닐 수 없다.

그러나 오늘의 평생도에서는 기대하기 어려운 장면이기도 하다. 왜냐하면 갈수록 이혼율이 높아진다고 듣고 있기 때문이다. 설혹 60년을 해로한다고 해도 '하나 낳아 잘 기른 아이'가 자라서 또 아이를 낳고 그 아이의 아이가 아이를 낳아 고손자까지 거느린다고 해 봤자 다섯 손가락에도 미치지 못할 터이니, 단출해서 좋다고 해야 할지 아니면 썰렁하다고 해야 할지….

이제 우리의 주인공은 너무 늙었다. 그래서 모든 관직을 내려놓고 낙향하는 것으로 평생도의 마지막 폭을 장식한다. 그에게는 임금으로부터 평생의 녹봉이 따르는 봉조하奉朝賀 벼슬이 하사되고, 고향으로 돌아가는 길목에는 환영 인파가 구름을 이룬다. 일생을 티 없고 후회 없이 살아온

한 사나이의 흐뭇한 감회가 화면 가득 넘치고 있다.

그러나 오늘의 평생도에서는 이 여섯째 폭도 앞의 두 폭과 함께 여백으로 남겨 두어야 할 것 같다. 왜냐하면 공화국 반세기 동안에 국민의 환영을 받으며 낙향하는 관리를 본 기억이 없기 때문이다.

결국 오늘의 평생도는 미완으로 끝내고 말아야 할까? 그렇지는 않을 것이다. 현대는 개성의 시대요 다양한 가치관의 시대라고들 하니, 저마다 자신에게 맞는 평생도를 그릴 일인가 한다.

지금도 해당화는

 어디에 심어도 잘 자라는 꽃이 있다. 그런가 하면 유달리 설 자리를 가리는 꽃도 있다. 해당화는 산을 싫어하고, 들도 싫어하며, 인가의 소음도 싫어한다. 모든 풀이며 나무들이 좋아하는 기름진 땅도 해당화에게는 별로 달가운 곳이 못 된다.

 해당화는 모래언덕을 좋아한다. 강가의 모래톱도 좋아하고 호숫가의 모래톱도 좋아하지만, 사방이 환히 트인 바닷가 모래언덕을 더 좋아한다. 시원한 바닷바람에 온몸을 맡긴 채 작열하는 태양 아래 서 있기를 좋아한다. 그래서 칠월은 바다와 해당화와 태양의 계절이 된다.

 해당화는 우리나라 어느 바닷가에서도 다 볼 수 있지만, 가장 유명한 곳은 동해가 아닌가 한다. 동해 중에서도 관북 지방의 해변가가 제일 유명하다. 어렸을 때 일이지만 배를 타고 나가면 섬 전체가 해당화로 붉게 덮여 있었던 기억이 난다. 그것은 푸른 바다에 떠 있는 한 개의 커다란 꽃다발이었다.

서해에도 해당화는 피지만 동해의 그것에 미치지 못한다. 꽃 자체가 달라서가 아니라 배경 때문이다. 질펀한 갯벌, 탁한 바닷물, 그런 배경에서는 아무리 해당화라 해도 빛을 잃을 수밖에 없다.

이탈리아에 가면 꽃들이 유달리 아름답다. 지중해의 푸른 물, 대리석 건물의 하얀 벽들, 그리고 맑고 깨끗한 공기 속에 눈부신 태양, 이런 배경 아래에서는 어떤 꽃도 제 빛을 다할 수 있기 때문이다. '명사십리 해당화'가 유명한 것도 같은 이유에서이리라. 동해의 쪽빛 물결, 여인의 둔부 같은 부드러운 해안선, 그리고 살결보다 보드라운 모래언덕, 거기에 점점이 찍힌 붉은 입술 자국 같은 해당화.

어떤 시인은 "모래 위에 태양이 쓴 바다의 시"라고 했고, 또 어떤 시인은 "푸른 물결 가득히 넘실거리는 눈동자"라고도 했다.

칠월의 불타는 태양 아래 염염히 타오르는 여심 같은 꽃. 그리고 그 뜨거운 살갗을 식히는, 원시로부터 불어오던 저 동해 바람.

이런 곳에 피는 꽃이기에 빛깔 또한 맑고 밝고 그리고 더없이 선연하다. 분홍도 아니고 그렇다고 다홍도 아니다. 분홍과 다홍에 보라색이 은은히 섞인, 그러니까 자홍紫紅이다.

조금도 텁텁하지 않고 상쾌한 맛을 주는 그런 색깔이다.

홑잎 꽃이 대개 그러하듯 다섯 장의 널찍한 꽃잎은 순하고 부드럽고 그러면서도 날렵함을 잃지 않고 있다. 더없이 귀엽고도 다정한 인상을 주는 꽃이다.

같은 장미과에 속하면서도 장미와 같은 이지적이며 기하학적인 아름다움이 아니며, 모란 같은 풍만하고 화려한 그런 아름다움도 아니다. 꾸밈이 없고 청순하고 발랄한, 그래서 바다 처녀 같은 그런 꽃이다.

무성한 잎사귀 사이에 숨은 듯이 파묻힌 꽃뿐만이 아니라 그 향기 또한 그윽하다. 사람의 마음을 잡고 놓아주질 않는다. 싸고 또 싸도 옷사품으로 새어 나오는 향기. 그윽하다 못해 어느 하소연처럼 애틋하다. 말로 다 할 수 없는 순간에 시작되는 눈빛이요, 눈빛으로도 다 전할 수 없는 순간에 끝내 풍기지 않고는 견딜 수 없는 은밀한 고백과도 같은 체취.

그러나 이 그윽한 향기와 아름다움도 잠시뿐, 아침 해와 함께 핀 꽃은 저녁 황혼과 함께 지고 만다. 어느 꽃인들 그렇지 않으랴만, 해당화의 일생은 너무 짧다. 짧은 사랑에 긴 이별이라고 할까.

옛날 바닷가에 오누이가 살고 있었다. 어느 날 관청 아전들이 들이닥치더니 불문곡직하고 누이를 끌고 갔다. 궁녀로 뽑혔다는 것이다. 동생은 누나의 치맛자락을 잡고 발버둥

쳤지만 배는 어느새 멀리 수평선 너머로 사라지고 말았다. 며칠을 두고 울던 소년은 지쳐서 죽고 말았다. 그 후 그 자리에 소년의 울음 같은 꽃이 피었다. 이 꽃이 해당화라고 한다.

내가 자란 청진淸津 앞바다 모래언덕에도 해당화가 무성했다. 어느 날 나는 친구도 없이 혼자 그 모래언덕에 앉아 있었다. 언덕에는 그때도 해당화가 피어 있었고 그 꽃 덤불 너머로 푸른 바다가 누워 있었다. 그리고 먼 수평선에는 하얀 여객선이 한 척 떠 있었다.

배는 마치 한 폭의 그림처럼 꿈 꾸듯 정지해 있는 것 같았다. 누이를 잃은 것도 아닌데 나는 혼자 울고 있었다. 너무 아득히 멀어서였을까, 아니면 정오의 정적 때문이었을까?

이제 모든 것을 설명할 수 있는 나이가 된 지금도 그때 그 울음의 이유를 설명할 수가 없다. 그리고 그곳을 떠난 지 긴긴 세월이 지났다. 나는 이제 더 이상 어린아이가 아니다. 그런데도 내 꿈의 배경은 청진 앞바다 모래언덕이 될 때가 있다. 해당화가 피어 있고, 꿈처럼 아니, 상장喪章처럼 거기 그렇게 그때의 그 하얀 여객선이 떠 있는 것이다.

2018년 8월 24일. 이 글을 퇴고하고 있는 지금 이 순간에 텔레비전 화면에서는 남북 이산가족 상봉 장면이 방영되고 있다. 주름진 얼굴에 흐르는 해후의 눈물.

그러나 나는 그 사람들 틈에도 끼지 못하고 있다. 세 번이나 이산가족 상봉 신청서를 냈지만 돌아오는 대답은 언제나 '소재 불명' 그 한마디였다.

4

천사의 하얀 손이 움직인다. 그 손이 움직이는 궤적을 따라 무수히 반짝이는 별 무리가 쏟아지고 그리고 그 별 무리 사이를 하늘잠자리처럼 가벼운 몸짓으로 요정들이 날아다닌다.

도라지꽃

도라지꽃은 깔끔한 꽃이다. 도라지꽃은 달리아처럼 요란하지도 않고 칸나처럼 강렬하지도 않다.

다 피어도 되바라진 데가 없는, 단아하고 오긋한 꽃이다. 서양 꽃이라기보다 동양 꽃이요, 동양의 꽃 가운데서도 가장 한국적인 꽃이다.

예쁘면 향기는 그만 못한 법이지만 도라지꽃은 그렇지 아니하다. 그 보라색만큼이나 은은하다. 차분한 숨결이요 은근한 속삭임이다.

도라지꽃은 늦여름과 초가을 사이에 핀다. 가을꽃이라기보다 여름꽃에 더 가깝지만 그래도 패랭이꽃과 함께 가을꽃으로 친다. 그 보라색 때문일까, 아니면 길숨하게 솟은 꽃대궁이가 주는 애잔한 느낌 때문일까. 도라지꽃에서는 언제나 초가을 풀벌레 소리가 들리는 것 같다.

도라지꽃은 혼자 있기를 좋아한다. 들국화나 코스모스처럼 무리를 지어 피는 법이 없다. 양지바른 언덕에 홀로 서서 바람에 몸을 맡긴 채 하늘하늘 몸을 흔드는 것을 보고 있으면 꼭 보듬어 주고 싶은 그런 안타까운 꽃이다.

더구나 이름 없는 외로운 무덤가 잔디밭에 홀로 피어 있을 때, 그리고 철 늦은 흰나비라도 한 마리 앉아 있을 때, 도라지꽃은 더없이 슬퍼 보인다. 우리로부터 아주 멀리 떠나 버리고 말 그런 표정을 하고 있다.

도라지꽃은 아무래도 이 지상의 꽃이 아닌 듯싶다. 이승이 아니라 저승이고, 저승 하고도 한참 저편이지 싶을 만한, 영혼의 세계에서 잠시 얼굴을 내민 그런 꽃이다. 나는 도라지꽃에서 어렸을 때의 우리 담임 선생님을 본다.

어느 초가을이었다. 선생님은 우리에게 책을 읽게 하신 후 창가에 서 계셨다. 여러 개로 나뉜 네모난 유리창에는 초가을 하늘이 조각조각 가득히 들어와 있었다.

우리의 책 읽기는 몇 번이나 되풀이되다가 나중에는 제풀에 끝나고 말았다. 하지만 선생님은 다음 지시가 없으셨다. 우리와는 아무런 상관이 없는 그런 텅 비어 버린 표정으로 언제까지나 그렇게 서서 먼 하늘만 보고 계시는 것이었다. 그렇게 서 있다가는 금세 하늘로 빨려 들어갈 것같이 위태로웠다.

점점 멀어져 가는 선생님을 어떻게든 우리에게로 끌어내려야 한다고 생각했지만 나는 아무것도 할 수가 없었다. 그

가을이 다 가기도 전에 선생님은 우리 곁을 떠나고 말았다. 마치 파란 하늘로 빨려 들어간 것처럼.

선생님은 흰 옥양목 적삼에 도라지꽃 색 치마를 받쳐 입고 있었다.

별을 접는 여인

 몇 해 전 일이다. 나는 어느 조그만 변두리 중학교로 전근을 가게 되었다. 그때 내 자리는 어떤 여선생님의 건너편이었는데, 우리 사이에는 낡은 철제 책상이 두 개, 그리고 그 경계선쯤 되는 곳에 크리스털 꽃병이 하나 놓여 있었다.

 그녀의 피부는 흰 편이었고 치열은 가지런했다. 소리 없이 웃는 모습이 소녀처럼 해사했다. 그 크리스털 꽃병 같았다. 나는 가끔 꽃병 너머로 그녀 쪽을 건너다보았다. 그때마다 움직이고 있는 그녀의 희고 가냘픈 손이 나의 시야에 들어왔다.

 색종이로 별을 접고 있었다. 공책 한 칸 넓이만큼씩 잘라 놓은 색종이를 오각형이 되게 요리조리 접었다. 접기가 끝나면 손톱 끝으로 다섯 개의 귀를 살리면서 허리 부분을 살짝 눌러 주면 금세 살이 통통한 예쁜 별이 태어났다.

 어떤 종이는 손가락 넓이만큼, 또 어떤 종이는 대나무자 넓이만큼 잘랐는데 그렇게 하면 그만큼 큰 별이 되었다. 그녀의 책상은 언제나 색종이가 색색으로 널려 있었다.

색종이가 없을 때는 낡은 잡지 화보를 잘라서 별을 접기도 하고, 그것도 없을 때는 상품 광고지로 대신했다. 아무리 쓸모없는 종이라도 그녀의 손에만 들어가면 요술처럼 오색이 찬란한 별이 되는 것이 신기했다.

별사탕을 봉지째 터뜨려 놓은 것이라고나 할까. 그녀의 좁지 않은 책상 위에는 언제나 오색이 영롱한 종이 별들로 가득했다. 아니, 별이 가득한 곳은 책상만이 아니었다. 서랍 속이 그러했고, 도시락 가방 속이 그러했으며, 그녀의 코트 주머니 속이 또 그러했다.

아무 데나 그처럼 별이 흔했던 것은 그녀가 별을 접는 데 장소나 시간 같은 것이 따로 정해져 있지 않아서였다. 버스를 타면 버스 안에서, 전철을 타면 전철 안에서 별을 접었다. 병원 대합실이나 전철역 나무의자이거나 틈만 나면 주머니에서 색종이를 꺼내서는 별을 접었다.

별을 접고 있는 그녀를 보고 있으면 마치 피터팬 영화를 보고 있는 듯 나도 모르는 사이에 환상의 나라로 빨려 들어가는 것만 같았다.

천사의 하얀 손이 움직인다. 그 손이 움직이는 궤적을 따라 무수히 반짝이는 별 무리가 쏟아지고 그리고 그 별 무리 사이를 하늘잠자리처럼 가벼운 몸짓으로 요정들이 날아

다닌다.

그래서 그녀가 별을 접는 것을 보고 있다가 내려야 할 정거장도 잊어버리고는 두 정거장이나 지나고서야 허둥대며 내리는 그런 사람도 있다고 했다.

그렇게 정성을 들여서 만든 별이지만 그것에 연연해하지는 않았다. 언제든지 가지고 싶어 하는 사람이 있으면 아낌없이 주어 버리는 것이 그녀의 별이었다.

전철 안에서거나 버스 안에서거나 아이들이 칭얼대면 그녀는 주머니 속에서 한 움큼 별을 꺼내어 우는 아이들의 손바닥에 놓아 주었다. 울던 아이들은 울음을 그치고 짜증스런 표정을 하고 있던 어머니들의 얼굴에는 웃음꽃이 피었다.

언젠가 새로 부임한 처녀 선생님이 그녀의 별을 보고 좋아하자 그날 접은 별을 모두 주어 버리기도 했다. 애써 접은 것인데 아깝지 않으냐고 물었지만, 그녀는 그저 웃을 뿐 달리 말이 없었다.

그다음 해 그녀가 1학년 담임을 맡은 적이 있었다. 그녀는 60명이 넘는 아이들의 생일을 모두 기억해 두었다가 그날이 되면 손수 만든 셀로판지 주머니에 오색이 영롱한 별을 가득히 넣어서 축하 카드와 함께 선물로 주는 것이었다. 방학 동안에 생일이 든 아이들은 행여 못 받을까 봐 조바심을 쳤지만, 개학날이면 그 아이들에게도 어김없이 별이

든 봉지가 안겨졌다.

가난과 무관심 속에서 자라난 그 학교 아이들에게 그 종이별은 그냥 종이별일 수가 없었다. 그것은 따뜻한 사랑이요, 아름다운 꿈이었다. 그리고 먼 훗날까지 잊히지 않고 오래오래 기억의 하늘에서 반짝일 진짜 별이었다. 별이 가득 든 주머니를 받아들고 교무실 문을 나서는 아이들의 두 눈동자가 별처럼 빛나던 것을 나는 지금도 기억하고 있다.

그녀와 마주 앉았던 한 해가 어느덧 지나갔다. 그동안 나의 눈에 비친 그녀는 언제나 처음 인상 그대로였다. 평온하고 따뜻하고 그리고 행복해 보였다. 그녀의 얼굴에는 세파가 남기고 간 어두운 그림자 같은 것은 찾을 수 없었다. 유복한 가정에서 태어나 훌륭한 남편을 만나서 예쁜 아이들이랑 함께 살아가는 그런 여인에서만이 풍기는 분위기가 있었다. 그래서인지 그녀의 주위는 늘 밝고 따스한 기운이 감도는 것 같았다.

그러나 사실은 그렇지 않았다. 그것을 안 것은 그다음 해 봄, 신학기가 되어서 그녀가 다른 학교로 전근을 가고 난 후였다. 그녀는 미망인이었다.

어려서는 일찍 부모를 여의었고 젊어서는 남편을 외국에 보내고 늘 떨어져 살아야 했다. 그러던 어느 날 기다리던 남편이 돌아왔다. 냉동된 시신으로 돌아왔다. 사인死因도 유언도 없었다.

세 번을 죽으려고 했다. 그러나 세 번 다 실패했다. 울 수조차 없었다. 아이들 때문이었다.

언제부터 그녀는 별을 접기 시작했다. 그리고 그 후부터 울지 않게 되었다고 했다. 눈물을 흘리지 않고 우는 법을 깨닫게 된 것이다.

세상에는 아름다운 것이 많다. 그러나 그중 아름다운 것은 눈물 속에서 피어나는 웃음이 아닌가 한다. 나는 그녀에게서 그것을 배웠다.

나의 일요일

 언제부턴가 일요일만 되면 집을 보는 일이 나의 일과가 되고 말았다. 아내는 교회에 나가야 하고, 네 아이들은 그들대로 저마다 외출해야 할 이유가 충분하다. 나는 어쩔 수 없이 '일요 홀아비'가 된다.

 그러나 이 불가피한 배역에 대해서 나는 별로 불평을 해 본 기억이 없다. 너그러워서가 아니라 한 주일 내도록 사람들에게 부대껴 온 나 같은 사람에게는 하루쯤 사람 없이 혼자 지내는 것이 오히려 편하기 때문이다.

 썰물이 밀려간 빈 해변에서 조개껍데기나 줍는 그런 기분으로 나는 빈집에서 자질구레한 일에 마음을 쓰며 하루해를 보낸다.

 장식이 떨어져 나간 아이들 책상에 장식을 달아 주기도 하고, 며칠째 눈에 띄지 않는 귀이개며 손톱깎이 같은 것을 찾아서 이 서랍 저 서랍을 뒤져 본다.

그러다 우연히 서랍 밑에서 웃으며 나타나는 우리 막내의 초등학교 때 증명사진. 이런 날은 잃어버린 시간을 찾은 것만큼이나 기쁘다. 언제 이 녀석이 이렇게 조그맣고 예뻤던 때가 있었던가 싶다. 먼지를 닦아서는 내 수첩 갈피에 끼워 넣는다.

이런 일에 싫증이 나면 아내가 차려 놓고 간 밥상 앞에 앉아 새처럼 밥알을 쪼기도 하고, 냉장고 속을 기웃거리며 군것질거리를 찾기도 한다.

아니면 청마루에 돗자리를 깔고 목침을 높직이 베고 벌러덩 누워 버려도 좋다. 서발 막대를 휘둘러야 거칠 것이 하나 없는 빈 방. 그러나 외로울 것도 부러울 것도 없다.

내려다보이는 마당에는 잡초가 푸르다. 분주한 일상에 쫓겨 그저 무심히 지나쳐 버렸던 작은 풀꽃들도 이런 날만은 제대로 보인다. 눈물 같은 괭이밥꽃, 귀여운 뱀딸기꽃, 씀바귀꽃, 고들빼기꽃 그리고 마당가 한쪽에 수줍은 듯 숨어 피는 별꽃, 개별꽃, 큰개별꽃, 누운아기별꽃, 별꽃은 이름처럼 작고 귀여운 꽃이다. 밤하늘 가에 몰래 떴다가 남이 볼세라 지고 마는 이름 없는 별처럼.

이런 날은 참새 같은 것들도 두려움 없이 손에 잡힐 만한 거리까지 와서 논다. 나를 사람으로 대접해 주지 않는 것이 오히려 고맙다.

어떤 놈은 수석壽石을 앉혀 놓은 수반에 들어가서 파닥거리며 목욕을 한다. 주둥이도 씻고 날개며 가슴팍도 씻고, 심지어 엉덩이까지 씻고 간다. 어떤 때는 볼이 하얀 산새 같은 놈들도 놀다 간다. 그 녀석들이 놀다 간 자리에는 아쉬운 미련처럼 하얀 새똥이 떨어져 있다. 밉지 않다.

혼자일 때 나는 음악을 듣지 않는다. 싫어서가 아니라 이런 때 음악을 들으면 오히려 마음이 울적해질 때가 있어서다. 나의 음악은 댓잎에 이는 바람이거나 뜻 없이 지저귀는 새소리로 족하다. 거기에는 외로움도 슬픔도 아픔도 후회 같은 것도 없다. 그저 순수 그대로다. 무념무상이라고나 할까.

나는 이런 때 마음이 편해진다. 그래서 새소리를 들으며 반쯤 졸음에 잠기거나, 아니면 일어나 먹을 갈면서 화상畵想에 잠겨도 좋다. 어느 고매한 노승의 장삼 자락에 스치는 바람이라고나 할까. 먹 향기는 언제나 나를 경건하게 한다.

나는 옷깃을 여미고 큰 붓에 먹물을 듬뿍 찍어 넉넉하게 연잎을 치기도 하고, 날렵하게 나비며 새 같은 것을 그리기도 한다. 화선지 위에 번지는 먹물을 보고 있으면 맺혔던 감정의 응어리 같은 것이 먹물을 따라 번져 나가듯 마음이 가벼워진다. 하지만 내 그림을 칭찬해 줄 사람이 없는 것이 좀 안됐다. 나는 붓을 던지고 누워 버린다.

아내가 왔을 때는 대개 한숨 자고 난 뒤가 보통이다. 아내는 내가 좋아하는 과일 화채 같은 것을 들고 와서는 환하게 웃는다. 늙어 가는 얼굴이지만 밉지 않다. 그릇을 비우고 밖으로 나간다. 이제 내 차례인 것이다. 대개는 가까운 친구를 불러내어 바둑을 둔다. 7급밖에 안 되는 실력이라 늘 흑을 쥐는 처지지만 그래도 즐겁다. 이기면 더 즐겁다.

 돌아올 때는 몇 잔의 술에도 취한다. 가로등에 비친 내 그림자가 전신주만큼이나 커 보이는 것이 또 즐겁다.

한복을 입는 마음

한복이란 불편한 옷임에 틀림없다. 어쩌다 한번 입을라치면 우선 옷고름을 매는 일에서부터 허둥대게 된다. 입은 다음에도 문제는 또 있다. 조금만 움직여도 괴춤이 흘러내리고, 차에 오르내릴 때면 두루마기 자락을 감싸 안아야 하니, 모처럼 하는 나들이가 여간 번거롭지 않다.

게다가 바둑을 두거나 술을 따를 때 소맷부리를 왼손으로 받치지 않으면 바둑알을 쓸어 버리거나 음식에 소맷부리가 더럽혀지기 십상이다. 이걸 입고 어떻게 사냥을 하고 전쟁을 했나 싶다.

그래서 한 벌 있는 한복도 몇 번인가 입어 보고는 장 속에 넣어 두고 말았다. 그리고 넉넉히 십 년 남짓 지났다.

어쩌다 지난 정초에 입게 되면서 그럭저럭 한 열흘 지냈더니 그렇게 불편한 것만은 아니라는 생각이 들기 시작했다. 나이 탓이거니 하는 생각도 들지만 그런 것만은 아닌 것 같다.

 우선 십 년 동안에 불어난 몸 때문에 다른 옷은 다 못 입게 되었는데, 한복만은 여전히 내 몸을 불평 없이 받아들인다는 사실이다. 그 너그러움이 여간 고맙지가 않다. 오래 사귄 옛 친구를 만난 기분이다.

 옷고름을 매고 대님 치는 일도 별로 불편한 줄 몰랐다. 며칠 입다 보니 곧 익숙해져 처음 넥타이를 못 매서 쩔쩔매던 것에 비하면 그렇게 불편한 것도 아니지 싶었다. 괴춤이 흘러내리는 일도 마찬가지었다. 양복이라고 흘러내리지 않는 것은 아니니까.

 또 술을 따르는 일만 해도 그렇다. 윗사람에게는 두 손으로 정중히 따르는 것이 예의인데, 술자리에서 노상 그렇게 하기란 쉬운 일이 아니다. 그런데 한복을 입으면 그런 문제가 절로 해결된다. 왼손으로 오른손 소맷부리를 받치지 않고는 안 되기 때문에 그 동작이 절로 공손해지고 정중해진다.

 선배들은 예의 바른 사람이라고 칭찬을 아끼지 않고, 동년배들은 "자네 이제야 철이 드는군" 하고 껄껄거리며 놀려댄다. 하지만 내심으로는 기분이 좋다. 약간의 수고로 주위가 모두 흐뭇해지는데 이를 어찌 불편하다고만 하겠는가. 오히려 한복의 미덕이라 해야 할 일이 아닌가 한다. 그러나 이런 것은 약간의 덤에 지나지 않는다.

한복은 우선 사람의 몸과 마음을 편하게 한다. 품이 넉넉해서 몸을 옥죄는 일이 없으니 답답하지 않고, 옷감이 가볍고 부드러워서 옷의 무게를 느끼지 않으니 몸은 항시 구름 위에서 노니는 듯 홀가분하다. 이처럼 몸이 가뿐하고 기분이 삽상한데 마음에 무슨 티끌이 앉으며, 무슨 얽매임이 있겠는가. 유유자적이란 말 그대로다. 한복을 입으면 모르는 사이에 팔짱을 끼거나 뒷짐을 지고 어슬렁거리게 되는 까닭이 모두 여기에 있다.

그러니 버스가 저만큼서 뜬다고 해서 체통 없이 뛰어갈 일인가. 버스 제 놈이 알아서 올 때까지 느긋하게 기다릴 일이다. 신선이 따로 없다. 세상이 아무리 정신없이 돌아간다고 해도 나 같은 사람도 한 오백 년은 좋이 살지 싶다.

"지구야, 멈춰라. 내리고 싶다."

정신없이 돌아가는 세상. 살다 보면 누구나 하루에도 몇 차례씩 이렇게 비명을 지르고 싶어진다. 하지만 아무도 돌아가는 세상을 멈추게 할 수는 없는 것. 방법은 하나, 나를 멈추게 하는 것이다. 그래서 쫓기듯 불안하게 사는 사람을 보면 한복을 입어 보라고 권하고 싶다. 더도 말고 한 열흘쯤 입어 보면 알게 된다. 전보다 세상이 훨씬 천천히 돌아간다는 것을.

하지만 남보다 앞서고 싶은 사람, 남을 끌어내리고 내가 올라가고 싶은 사람은 한복을 입어서는 안 될 것이다. 그런 일에는 여간 거추장스러운 것이 아니니까.

명주옷을 입으면 사촌까지 따뜻하다는 말이 있다. 사촌까지는 몰라도 한복을 입으면 보는 사람까지 느긋해지는 것은 사실이다.

얼마 전이었다. 한복을 입고 택시를 탔더니 거칠게 생긴 젊은 운전기사도 아주 느긋하게 차를 모는 것이었다.

돌확

 우리 집 마당에는 물을 담아 두는 돌확이 세 개 있다.
 하나는 이 집으로 이사 올 때 전 주인에게서 헐값에 물려받은 것이고, 다른 하나는 인사동에서 쌀 두 가마 값을 주고 사 온 것이다. 타원형에 손잡이 같은 것이 달려 있다. 크기는 긴 쪽이 어른 한 발은 좋이 된다. 오랜 풍상으로 모난 데가 없고 청태마저 고색이 창연하다.
 뜰이 좁아서 연못을 가질 형편이 못 되는 나에게 이 돌확은 연못 구실을 한다. 맑은 샘물을 길어다 붓고 가끔씩 가서 수기水氣를 쐬기도 하고, 아니면 부평초를 띄워 두거나 수련 몇 포기를 심어 두고 그 윤기 나는 잎과 청초한 꽃을 즐기기도 한다.
 나머지는 내가 손수 판 것이다. 크기는 앞의 것들보다 작은 편이지만 펑퍼짐한, 강에서 나는 돌을 옮겨다 정으로 쪼아 낸 것이어서 야취野趣가 그만이다.

그동안 몇 번이나 이사를 다녔지만 버리지 못하고 끌고 다닌 것이 있다면, 몇 권 안 되는 내 책과 이민 간 친구가 물려준 늙은 진달래 한 그루와 그리고 이 돌확인가 한다. 장정 둘이 덤벼도 겨우 옮길 수 있는 이 돌덩이를 끌고 다니면서도 귀찮다는 생각이 들지 않은 것은, 내가 손수 파낸 것에 대한 애착 때문이기도 하지만, 그보다는 그것이 내게 베푸는 혜택이 적지 않아서였다고 생각된다.

봄이면 꽃 그림자도 곱게 비춰 주고, 여름이면 메마른 뜰에 서늘한 수기도 뿜어 준다. 옆에 앉아 있으면 더위도 한 발 물러서는 듯, 때로는 지나가던 구름도 쉬어서 가고, 목이 마른 이 동네 새들도 와서 목을 축인다. 둘레에 하얀 새똥이 몇 개 떨어져 있는 것도 밉지 않다.

지금은 제 주인이 찾아가 버렸지만 잠시 길을 잃은 강아지 한 마리가 살다 간 적이 있었는데, 녀석도 제 밥그릇에 담긴 물보다 이 돌확에 담긴 물을 더 좋아했다.

잠이 오지 않는 밤, 뜰을 서성거리다 보면 나도 모르는 사이에 이 돌확에 와서 걸터앉게 된다. 들여다보면 구리거울처럼 잔잔한 물, 그 속에 초롱초롱 별들이 잠겨 있다. 때로는 하현달도 기웃거린다. 흐린 날은 이 돌확 속도 그저 캄캄하기만 하다. 그런 날 밤은 어쩐지 내 마음도 공연히 어두워지는 것 같다.

오래전 일이지만 우리 외가에도 이만한 돌확이 하나 있었다.

작은 샘가였는데 외조부께서 차를 달이거나 글을 쓰기 전에 이 돌확에서 손을 씻곤 하셨다. 그 속에 담겨 있는 물은 언제나 맑고 투명하기만 했다. 그리고 언제나 세월 모르던 나의 검게 탄 얼굴이 그 물속에 들어 있었다. 하지만 지금 나의 돌확 속에는 전혀 다른 얼굴이 들어 있다. 늙어 가는 얼굴이다.

두 차례의 전쟁, 어머니의 죽음, 형제들과의 이별. 그 모든 것이 스치고 지나간 이마에는 깊은 고랑이 패이고 탄력 잃은 피부는 병색이 짙다. 하지만 마른 나의 얼굴에는 욕심이라고 할 만한 것이 없다. 헛된 이름을 위해 분칠한 적이 없고 남의 비위를 맞추기 위해 비굴한 웃음을 팔아 본 적이 없다. 그저 카랑카랑 늙어 가는 얼굴이다. 이왕이면 나도 곱게 늙어 가는 얼굴이었으면 하고 바라던 때가 있었다. 그러나 이제 그런 욕심도 없다.

오늘은 우수. 봄이 멀지 않았다. 겨우내 얼어붙었던 돌확에서 얼음을 따내야겠다. 그리고 거기에 맑은 샘물을 길어다 부으리라. 겨우내 목이 말랐을 이 마을 새들이 목을 축일 것이다.

십 년이란 세월

 십 년이란 얼마나 긴 세월일까. 단순히 일 년을 열 배 한 시간일까, 아니면 백 년의 십분의 일에 지나지 않는 시간일까.

 인생 칠십에서 본다면 십 년이란 그리 짧은 시간만은 아닌 것 같다. 강보에 싸였던 아이가 뛰어나와 제 머리통보다 더 큰 공을 차올리고, 학교 울타리에 심은 손가락만 한 포플러 묘목이 어른 허리통만큼이나 크는 데 충분한 시간이다.

 이십 대에 헤어진 여인이라면 벌써 눈 가장자리에 거미줄 같은 잔주름이 잡혔거나, 아니면 세 아이의 엄마가 되어 나타나기에 부족함이 없는 시간이다.

 새로 입사한 사원이 과장과 부장 서열까지 승진할 수 있는 시간이 십 년인가 한다. 엄숙한 분위기 속에서 그는 십 년 근속 표창을 받을 것이고, 도도하던 고참 선배들의 퇴임 송별연에서는 어엿한 사회자로 마이크를 잡을 수 있는 시간, 그것이 십 년인가 한다.

부부라면 어떨까? 신혼의 단꿈은 이미 사그라들고 서로가 서로를 소 닭 보듯 하는 나이가 되어 있을 것이다. 하지만 슬퍼하지 말자. 그때까지 이혼하지 않았다면 앞으로 오십 년은 보장된 셈이니까. 그리고 마주 보기만 해도 수분이 되는 두 그루의 은행나무 같은 사랑이 되었다고 믿어도 좋을 것이다.

산술적으로 본다면 십 년보다는 이십 년이, 이십 년보다는 오십 년이 더 긴 시간임에 틀림없다. 그러나 실감이란 반드시 그런 수치에 비례하는 것은 아니다. 백보다 아흔아홉이 더 많게 느껴지는 이치로 생각한다면 십 년이 삼십 년이나 오십 년보다 훨씬 의미심장한 실감으로 느껴질 때가 있다는 이야기다.

어떤 사업을 시작한 후 최초로 맞이하는 십 년처럼 가슴 벅찬 감격의 순간은 없을 것이다. 그것이 조그만 개인 사업이든 새 공화국의 건국 사업이든 마찬가지일 것이다. 그래서 언제나 십 주년 기념일은 가장 감격적인 축사로 시작해서 가장 거창한 기념 행사로 끝나게 마련이다. 그다음에 오는 이십 주년이나 오십 주년 기념일은 어차피 한물가기는 마찬가지다.

십 주년에 버금갈 수 있는 것은 백 주년 기념일이라고나 할까. 셰익스피어 탄생 백 주년 기념 강연회니 하는 것이 그것이다. 그러나 백 주년 기념일이라는 것도 알고 보면 그렇게 감격적인 것이 못 된다. 셰익스피어는 이미 이 세상 사람이 아니니 그런 기념일 같은 것이 그에게 무슨 기쁨이 되겠는가.

건국 기념일도 마찬가지다. 건국의 주역들은 이미 가고 없다. 백 주년 기념행사에서 눈물을 흘리는 사람을 나는 아직 본 적이 없다. 그러니 그런 행사란 형식에 지나지 않는다. 실감이 없기 때문이다.

아직도 한 세대의 단위를 삼십 년으로 잡는 사람은 없을 것이다. 요즘같이 급변하는 시대에서는 십 년이 과거의 삼십 년과 맞먹는다. 옛날에는 삼십 년 전쟁도 있고 백 년 전쟁도 있었지만 지금은 단 며칠 아니면 몇 달이면 끝난다. 공산주의가 무너지고 독일이 통일되고 남북이 대립에서 화해로 바뀌는 데 걸린 시간은 불과 오 년 안팎의 일이었다. 그 엄청난 걸프전도 단 몇 달 만에 끝나고 말았다.

앞으로 올 십 년이 기대된다. 남북이 통일되고, 나는 오십 년 만에 고향에 갈 수 있을 것이다. 꿈속에서조차 떨며 휴전선을 넘던 그런 불행한 일은 다시 없으리라.

언젠가 고등학교 동창이 찾아왔다. 반갑고 기쁜 마음에 웬일이냐고 물었더니 그 친구 하는 말이 걸작이었다.

"십 년 동안 소식이 없던 동창이 찾아왔다면 뻔한 일 아닌가. 간첩 아니면 월부 책장수지."

수줍음을 잘 타던 홍안의 내 친구는 십 년이란 세월 동안에 이처럼 걸걸한 생활인이 되어 나타난 것이었다.

나는 매달 일만 원씩 꼬박 열 달 동안 부어야 하는 월부책 한 질을 들고 집으로 돌아오면서 다시 한 번 십 년이란 세월을 실감했다.

아내의 꽃밭

 꽃밭이라야 두어 평 남짓한 땅. 그래도 그게 어디냐고, 봄이면 아내는 한가할 틈이 없다.

 채송화와 금잔화 그리고 데이지같이 키 작은 꽃들은 맨 앞줄에 심고, 과꽃과 봉선화와 백일홍 그리고 마거리트같이 키 큰 꽃들은 그 뒤에 심는다. 그리고 맨 뒷줄은 맨드라미며 코스모스 같은 키다리들의 차지가 된다. 칸나나 달리아는 아내의 꽃밭에 초대받지 못한다. 요란한 것을 좋아하지 않는 성미라서 그렇다.

 나팔꽃은 다른 꽃들을 감고 올라가기 때문에 밉다. 하지만 아침마다 해맑갛게 피는 모습이 예뻐서 아내의 사랑을 받는다. 보라색 나팔꽃은 굴뚝을 따라 올리고, 분홍색 나팔꽃은 흰 창틀을 따라 올라가게 한다. 창문을 열면 신선한 아침 공기와 함께 햇빛에 반짝이는 앳된 웃음. '뚜우우' 하고 나팔 소리라도 경쾌하게 울릴 것만 같다. 이 해맑은 꽃을 보면서 아내는 매일 아침을 늘 그런 신선한 기분으로 시작하고 싶은 것이다.

그의 꽃밭은 언제나 초만원이다. 빽빽하게 자란 모종들을 솎아 내지 않기 때문이다. 더러 솎아 내야 하지 않느냐고 하면 그래야 하겠다고 말하지만 잠시뿐, 뽑아 낸 모종을 안고 서성거리다가 도로 제자리에 심고 만다. 버리자니 아깝고 다른 데 심자니 그럴 만한 공간이 없다. 그냥 놔두면 작지만 제 몫의 꽃을 피울 텐데 왜 매정하게 뽑아 버려야 하느냐는 것이 그녀의 생각이다.

꽃밭이 좀 작고 비좁다고 해서 계절이 무심한 법은 없다. 철 따라 이 꽃밭에도 꽃이 피고 지기를 그치지 않는다.

제일 먼저 피는 것은 제비꽃이다. 심지 않아도 해마다 봄만 되면 어김이 없다. 아직 다른 꽃들이 겨울잠에서 옴쭉도 않을 때 그 가냘픈 잎 사이로 보라색 애잔한 꽃을 피운다. 그 뒤를 이어 차례로 피는 여러 가지 꽃들. 둘째 딸애 같은 황금빛 금잔화, 우리 막내딸 같은 데이지와 채송화, 혀를 낼름 빼물고 웃는, 짓궂은 아들놈 같은 봉선화, 녀석은 제 누나를 보고 언니라고 부르는 바람에 늘 놀림감이 되곤 하는데….

그리고 큰딸애 같은 마거리트의 청순한 모습. 여름내 밑동에서부터 쉬는 일이 없이 층층이 피는 족두리꽃과 늘 바람에 몸을 흔들 때면 애잔한 노랫소리가 흘러나올 것만 같은 코스모스. 아내의 꽃밭은 언제나 웃음과 노래와 삶의 향기가 충만한 공간이 된다.

그러나 아름다운 순간도 잠시뿐, 어느 가을 아침 갑자기 내린 서리는 이 행복한 꽃밭을 금세 폐허로 만들어 버리고 만다. 소금에 절인 배추 잎같이 주저앉고 마는 일년초의 초라한 모습. 더구나 텅 빈 꽃밭에 서 있는 코스모스와 족두리꽃의 쓸쓸한 잔해. 꽃이 없는 아내의 꽃밭에 남는 것은 빈 해변 같은 공허함뿐이다.

겨울 동안 아내는 가끔 문갑 서랍 속에서 싸 두었던 꽃씨 봉지를 꺼내어 방바닥에 차례대로 늘어놓는다. 마치 그것이 진짜 꽃밭이기나 한 것처럼. 그리고 새로 얻어 올 꽃 모종에 대한 이야기와 이웃에 나누어 준 꽃들에 대한 이야기로 길고 긴 겨울밤을 보내기도 한다. 언제나 좀 더 넓은 꽃밭을 가졌으면 하는 아쉬움으로 끝을 맺고 말지만. 겨울은 이제 막 시작인데 아내는 벌써 봄을 꿈꾸고 있다.

몇 해 전이었다. 새로 집을 지으려고 집을 헐고 마당까지 다 파헤친 적이 있었다. 봄이 되었지만 아내에게는 씨를 뿌릴 꽃밭이 없었다. 꽃씨를 안고 며칠을 서성거리던 아내는, 어느 바람이 세게 부는 날 그 꽃씨를 모두 들고 나와 허공에 날려 버리는 것이었다.

어떤 것은 이웃집 담을 넘어 멀리 날아가기도 했지만 거의가 가까운 아스팔트 길 위에 떨어지고 말았다. 그 꽃씨

들은 사람들의 발에 밟히거나 아니면 빗물에 씻겨 하수구 속으로 떠내려가고 말았을 것이다. 예쁜 꽃으로 한번 피어보지도 못하고 만 목숨들. 바람에 날아가는 꽃씨를 바라보고 서 있던 아내의 뒷모습.

가끔 아내가 외출하고 없는 날, 혼자 마당을 서성거릴 때가 있다. 그러다 보면 발길은 절로 아내의 꽃밭에 가서 멈춘다. 거기에는 티 없이 밝은 우리 아이들 웃음 같은 꽃들이 언제나 환히 피어 있다.

바람도 그곳을 지날 때면 숨을 죽이고 구름도 멀리서 기웃이 건너다볼 뿐, 그곳은 언제나 햇빛이 밝았다. 가만히 앉아서 보고 있으면 시름도 저만치 물러나 앉는 듯, 마음의 공허함마저 밝은 빛으로 가득히 채워진다.

우리나라 정원

 우리나라에도 고유의 정원 양식이란 것이 있을까? 이런 의문을 가진 사람들이 적지 않다. 일본식이니 영국식이니 하는 말은 많이 들었지만 정작 '한국식 정원'이란 말은 들어 보지 못했기 때문이다. 수긍이 가는 이야기다.

 하지만, 있다. 지난 백여 년 동안 남의 것을 모방하기에 바빠서 관심이 없었던 탓이요, 애써 찾으려 하지 않았기 때문이지 우리 고유의 정원 양식이 없었던 것은 아니다. 우리 고유의 음식인 '한식'이 있고, 우리 고유의 옷인 '한복'이 있으며, 또 우리 고유의 건축 양식인 '한옥'까지 있는데, 우리 고유의 정원 양식만 없다는 것이 이상한 일이 아닐 수 없다.

 어떤 것이든 마음의 문제다. 마음에 없으면 보아도 보이지 않고 들어도 들리지 않는 법이다. 마음만 있다면 한 폭의 옛 그림이나 한 채의 허물어져 가는 고가古家에서도 우리는 우리의 정원 양식을 어렵지 않게 찾을 수 있을 것이다.

우선 우리네 집터부터 보기로 하자.

뒤에는 산이 병풍처럼 둘러져 있고 앞에는 냇물이 감싸고 흐르는 남향받이가 우리네 집터의 대표적 예인데, 풍수지리에서 말하는 배산임수背山臨水의 명당자리가 바로 이런 곳이다.

일단 이런 곳에 집이 들어서면 이 집을 중심으로 사방四方과, 사시四時와 음양陰陽과, 오행五行의 이치에 따라 우리의 정원이 만들어진다. 다시 말하자면 동, 서, 남, 북의 위치에 춘, 하, 추, 동과 음양과 수, 화, 목, 금, 토 오행의 이치를 좇아 만들어지는 공간이 바로 한국의 정원인 것이다.

동쪽은 오행으로 목木이며, 오행의 진행 순서에 의하면 봄은 동쪽에서 시작된다. 그래서 동쪽에는 제일 먼저 봄을 알리는 나무를 심는 것이 상례. 동쪽 우물가나 텃밭 같은 곳에 앵두나무나 살구나무 또는 복숭아나무 같은 꽃나무가 많은 것은 그래서다.

동에서 시작한 계절은 시계 방향으로 진행해서 남쪽에 이르면 여름이 된다. 남쪽은 오행으로 화火, 즉 불이다. 그래서 삼복염천의 화기火氣를 식히는 데는 수기水氣가 필요하다. 남쪽 대문 밖에 동류수東流水를 끌어다가 개울을 만들고, 거기에 그럴싸하게 다리를 놓는다. 아니면 약간 비껴서 아담한 연못을 판다.

그런데 그 연못의 9할 이상이 네모꼴이고 그 가운데는

우리나라 정원

어김없이 둥근 섬이 들어 있다. 경복궁이나 창덕궁은 물론이고 지방의 관아나 심지어 조선시대 대표적 건물인 강릉 선교장船橋莊 같은 여염집에서도 마찬가지다.

한국 사람들은 곡선을 좋아해서 저고리 깃이나 버선코에서부터 지붕의 추녀와 용마루에 이르기까지 부드러운 곡선을 앉히지 않은 곳이 없는데, 굳이 연못만은 네모꼴을 고집한 것은 뜻밖의 일임에 틀림없다. 그러나 거기에도 그럴 만한 이유가 있다.

예로부터 '천원지방天圓地方'이라는 말이 있다. 다시 말하자면 '하늘은 둥글고 땅은 네모났다'는 뜻이다. 그런데 음양으로 따지면 하늘은 양陽, 곧 남성男性이고, 땅은 음陰, 곧 여성女性이다. 바꾸어 말하자면 둥근 것은 남성이고, 네모꼴은 여성이 되는 것이니, 네모난 연못에 둥근 섬이 들어 있다는 것은 곧 여성 속에 남성이 들어 있다는 뜻이 된다.

남과 여, 곧 음과 양의 화합은 만물의 생성 원리이기도 하다. 우리의 연못은 이런 생명의 생성 원리를 모방한다는 깊은 의미가 거기에 담겨 있는 것이다. 말하자면 집 안에 그런 시설을 만든 것은 그 조화와 생성의 기운이 온 가정에 충만하기를 바라는 주술적인 의도에서 나온 의장意匠인 것이다. 더위도 식히고 집 안에 부귀다남富貴多男의 복도 불러올 수 있다. 게다가 화재가 났을 때는 방화수로 쓰이니 이것이 바로 일거양득이란 것이 아니겠는가.

또 남쪽 마당 어귀에 거의 어김없이 오동나무를 심는데, 오동나무는 물오름이 좋고 잎이 넓어서 여름에는 햇볕을 가리는 데 그만이고, 가지가 성글어서 잎이 지고 난 뒤인 겨울에는 햇볕을 덜 가리기 때문에 마루 안쪽까지 볕이 들어와 집 안이 환하고 또한 따뜻해서 좋다. 게다가 무더운 여름, 오동잎에 듣는 빗소리 또한 상쾌하다. 대청에 누워서 듣고 있으면 온갖 잡념이 다 쓸려 나가는 듯 마음은 신선이 된 기분이다. 한국 사람만이 알고 또 누릴 수 있는 정취가 아닌가 한다.

서쪽은 계절로 치면 가을이고 오행으로는 금金이다. 이제 쇠붙이처럼 싸늘해지는 계절. 그립고 아쉬운 것은 따뜻한 햇볕이라고나 할까. 그래서 서쪽에는 감나무를 심는다. 저물어 가는 11월의 엷은 햇빛에도 뜨겁게 불타는 주홍빛 감, 감, 감…. 그것은 한 알 한 알이 그대로 작은 태양이다. 이 빛나는 태양으로 해서 가을 햇빛도 잠시 더 머물다 가는 듯하다.

이제 북쪽으로 찾아오는 만상이 얼어붙는 엄동. 사위는 적막감 그대로다. 싱그럽던 그 녹음은 다 어디로 갔을까? 잠시나마 여름의 푸른빛이라도 꾸어 오고 싶은 계절이다. 그래서 대나무는 북쪽 뒤뜰에 심는다. 대밭은 촘촘히 들어선 대나무로 북풍을 막아 줄 뿐만 아니라 그 초록색에 의해서 계절을 잠시 착각하게 만든다.

색환色環에서 보면 초록은 중간색인데, 그래서인지 겨울 대밭은 오히려 따뜻한 느낌을 준다. 바람도 막고 추위도 속이고, 그리고 그 초록색에서 변함없는 지조마저 배웠으니, 선인들의 슬기에 새삼 고개가 숙여질 뿐이다.

전설에 나오는 봉황은 오십 년마다 한 번씩 맺히는 대나무 열매를 먹고 오동나무에서 잔다고 한다. 옛 사람들이 반드시 대나무와 오동나무를 함께 심은 뜻은 길조인 이 봉황을 부르기 위함이었을까. 새소리가 듣고 싶으면 새장을 사지 말고 나무를 심으라던 선인들의 말씀이 다시 한 번 귀에 새롭다.

그러나 이런 조경造景의 이치도 어떤 철칙일 수는 없다. 한국 사람은 얽매는 형식을 별로 좋아하지 않는다. 남쪽에 오동을 심는 것과 뒤뜰에 대나무를 심는 것, 그리고 연못을 네모나게 파는 것 외에는 동쪽에 심는 나무와 서쪽에 심는 나무는 바꾸어 심어도 무방하다는 뜻이다. 다시 말해서 동쪽 흙담 밑에 노란 국화를 심을 수도 있고, 서편 담 밖에 살구나무나 복숭아나무를 심을 수도 있다는 말이다. 봄날 서편 담 밖에 핀 살구꽃에 아침 햇빛이 비치는 것을 마루에서 보는 것이 더 인상적일 수도 있고, 저물어 가는 가을 저녁에 동쪽 토담 밑에 비스듬히 떨어지는 석양을 받아 빛나는 국화의 황금빛이 더욱 눈부실 수도 있기 때문이다.

이처럼 한국의 정원은 음양과 오행의 이치와 계절의 순환에 따라 나무를 가려서 적절히 배치하여 만든 주술적 공간이다. 서양 정원이 인공미가 강조된 세계라면 한국의 정원은 자연미가 강조된 세계라고나 할까. 실용과 미감과 철학이 한데 어우러진 세계다.

일본식 정원에는 그런 원리가 없다. 게다가 전체적으로 너무 인위적이고 앙증맞다. 지나치게 공을 들여 다듬기 때문이다. 오밀조밀한 것, 그것은 우리네 취향이 아니다. 무심한 듯하면서도 무심하지 않은 트인 세계, 그 열려진 세계가 바로 한국의 정원이다.

세상 어디에 이만한 특색을 가진 정원 양식이 또 있겠는가. 하지만 어찌 또 이것으로 한국의 정원을 다 말했다 할 수 있겠는가. 겨우 그 한자락을 펼쳐 보였을 뿐이다.

한때 시골에서 교편을 잡은 적이 있다. 그때 나의 하숙집은 옛날 참봉을 지낸 분의 고가였다. 좀 퇴락하기는 했지만 우리 고유의 정원 양식을 잘 갖춘 집이었다고 기억된다.

얼마 전이었다. 근 이십여 년 만에 다시 찾아갔더니 집은 간 곳이 없고, 그 고가가 있던 자리에는 볼품없는 시멘트 건물이 들어서 있었다. 가지 않으니만 못했다.

5

그 촛불 속에는 인간의 가냘픈 숨결이 있고, 선한 마음이 있고, 그리고 간절한 소망이 있습니다. 이런 따뜻한 마음과 온기로 이어가는 수없이 많은 가냘픈 생명의 호흡이 있음을 나는 느낍니다. 생명에 대한 외경과 고통과 연민 속에서 이어지는 사랑.

천사 미카엘 상 앞에서

명동성당을 올라가다 보면 입구 오른쪽에 무성한 가죽나무 한 그루가 눈에 띕니다. 그 가죽나무 아래 몇 그루의 흰 덩굴장미가 있고, 그 가운데 천사상이 있습니다. 등에 큼직한 날개를 단 천사의 표정은 아주 부드럽고 우아합니다. 옷자락 밑으로 나온 발도 아주 아름답습니다. 발가락은 간지럼을 먹이고 싶도록 살아 있는 사람의 그것과 같습니다.

이 천사는 다른 천사와 달리 아주 묵직하게 생긴 칼을 짚고 있는데, 그것으로 보아 천사들의 우두머리 격인 미카엘임을 쉽게 알 수 있습니다. 도전할 수 없는 하늘나라의 권위를 상징하기 위해서인지, 아니면 최후의 심판 날에 쓰기 위한 칼인지 잘 알 수 없지만, 아무튼 이 천사는 명동성당의 수문장 격입니다.

언제부터인가 이 천사상 밑은 사람들의 만남의 장소가

되었습니다. 네 갈래 길이 만나는 곳인데다 주위보다 조금 높아서 그곳을 지나는 사람의 눈에 잘 띌 뿐만 아니라, 거기서 내려다보면 네거리가 한눈에 들어오기 때문에 북적거리는 인파 속에서도 자기가 기다리는 사람을 쉽게 찾을 수 있습니다.

이곳에는 언제나 누군가를 기다리는 사람이 두서너 명씩 있습니다. 어떤 때는 예쁜 여고생이, 또 어떤 때는 잘생긴 청년이 서 있기도 합니다. 기다리던 친구를 만나 얼싸안고 좋아서 깡충깡충 뛰는 여학생들을 보고 있으면 내 마음도 밝아집니다. 그들의 티없는 웃음이 주위 공기까지 정화시키는 것 같습니다.

기다리던 청년이 연인을 만나 팔짱을 끼고 어딘가를 향해 떠나는 뒷모습을 보는 것도 마음 흐뭇한 일입니다. 세상에서 가장 아름다운 것은 젊은 남녀가 나란히 걸어가는 뒷모습이라던 어느 친구의 말이 사실임을 실감하게 됩니다. 천사상도 이런 때는 미소를 머금은 것처럼 보입니다.

그러나 모든 사람이 그들이 기다리는 사람을 만나는 것은 아닙니다. 오지 않는 사람을 기다리다 결국 발길을 돌리고 마는 경우도 있습니다. 혹시 병이 난 것일까. 아니면 무슨 변이 생긴 것일까. 그 사이 마음이 변해 버린 건 아닐까. 나도 모르는 사이에 그 사람의 처지가 되어 공연히 가슴을 졸입니다.

그가 가냘픈 여인일 때 더욱 그렇습니다. 혼자서 고개를 떨구고 돌아가는 뒷모습은 그대로 눈물입니다. 누가 저 여린 가슴을 눈물로 적시게 했는지 안타깝습니다. 여자의 눈물은 한 방울도 놓치지 않고 모두 신께서 헤아리신다고 하는데 말입니다.

저도 가끔 집사람을 여기서 만납니다. 이유를 대자면 집사람은 담배 냄새를 싫어해 다방 같은 데 들어가려고 하지 않고, 또 내 직장에서 가깝기 때문입니다.

어느 겨울인가 저를 한 시간 가까이 기다리게 한 적이 있습니다. 그런데 평소와 달리 짜증 같은 것이 나지 않았습니다. 너그러워서가 아니라 마침 눈이 내렸기 때문입니다. 천사와 함께 눈을 맞으며 서 있다는 생각은 저를 낭만적 기분에 빠져들게 했습니다. 아니, 그보다는 어느 날인가 집사람과 처음 만났던 일이며, 함께 눈 속을 거닐다가 통금시간이 지나는 줄도 몰랐던 일(물론 그날은 파출소에 잡혀가서 시말서를 쓰고야 풀려났지만)이 어제 일처럼 눈앞에 선하게 떠올라서였습니다. 결국 그날은 저녁도 못 먹고 연주회에 가야 했습니다.

천사 미카엘 상은 이런 만남의 장소로만이 아니라 제게 생활의 자세를 가다듬게 하는 구실도 한답니다. 사실 하루하루 일상에 쫓기다 보면 즐거울 때보다 슬플 때가 많습니다. 병고와 죽음 같은 것 말고도 삶에 대한 지나친 집착이라든가, 이유 없이 일어나는 증오나 혐오감 같은 것들 때문에 마음을 상하는 일들이 한두 가지가 아니지요. 이런 인간적인 갈등으로 삶의 의미가 희미해지고 까닭 없이 감정에 부대낄 때 천사 미카엘 상은 제게 조용히 이렇게 타이릅니다.

삶에 집착하지 말게.
삶을 미워하지도 말게.
사는 동안 잘 살 일이요,
목숨이 길고 짧은 것은
하늘에 맡길 일일세.

최초의 인간 아담이 그가 지은 죄로 낙원에서 쫓겨날 때, 그래서 죽음의 공포에 떨고 있을 때, 천사 미카엘은 아담을 멀리 낙원이 끝나는 곳까지 배웅하면서 이렇게 위로의 말을 해 주었던 것입니다. 물론 이 말은 밀턴의 《실낙원》에 나오는 것이지만, 저는 이 천사상을 매일 대하면서 이 말을 되뇌어 보게 되고, 그 말은 어느덧 제 삶의 길을 비추어 주는 좌우명이 되었습니다.

저는 신자가 아닙니다. 그래서 원죄와 낙원에 대한 기독교적 믿음은 가지고 있지 않습니다. 그보다는 이 말이 좌절과 실명과 노쇠로 생명의 불꽃이 꺼져 가려는 밀턴이 자기 자신에게 한 말이기 때문에 인간적으로 더욱 절실하게 공감하고, 그래서 그런 깊은 의미로 받아들이고 있는지도 모르겠습니다.

그런데 십 년 전으로 기억합니다. 출근길이었는데 지나다가 보니 글쎄, 이 천사의 오른쪽 날개가 없어졌습니다. 살펴보니 떨어진 오른쪽 죽지가 발밑에 뒹굴고 있었습니다. 자연적인 도괴倒壞인지, 아니면 어떤 취객의 짓인지는 알 수 없었지만, 아무튼 날개가 부러진 천사란 차마 볼 수 없는 것이었습니다. 죽지가 부러진 새를 보셨지요? 바로 그런 기분이었습니다.

아무리 생명이 없는 시멘트 소상塑像이지만, 그날 저는 날갯죽지에서 피가 흐르는 것을 보았습니다. 하얀 시멘트에서 벌건 피를 말입니다. 과장이 지나치다고 나무라진 말았으면 합니다. 때로는 사실보다 더 강렬한 실감으로 다가서는 상징도 있으니까요.

코펜하겐 항구에 세워져 있는 인어공주 상이, 지금으로부터 수십 년 전 밤사이에 누군가에 의해 쇠톱으로 목이 잘려나간 적이 있었습니다. 그 후 다시 복원되기는 했지만, 그때 《라이프》 잡지는 이 사건을 '머리가 잘린 현대인'이라고 표현했습니다. 현대인의 비인간성을 꼬집은 말이었지요.

저는 이 천사상에서 '날개 잃은 현대인'을 보는 것 같았습니다. 꿈과 낭만을 잃은 현대인 말입니다. 얼마 후 천사는 다시 날개를 회복했습니다만, 이 천사를 볼 때마다 그 기억이 되살아나서 기분이 개운치 않습니다.

 언젠가 다시 아름다운 신화의 시대가 오고, 그래서 이 천사가 그 아름다운 순백의 날개를 치며 하늘 높이 비상하는, 그런 꿈을 꿀 때가 있습니다. 영영 이루어질 수 없는 꿈으로 끝나고 말겠지만 말입니다.

꺼지지 않는 촛불

미카엘 상이 있는 곳에서 건너다보면 성모병원 옆 벼랑에 성모굴이 있습니다. 동굴 입구에는 늙은 담쟁이덩굴이 발처럼 드리워 있어서 한결 깊숙한 맛을 줍니다.

그리고 동굴 위쪽 언덕은 장미와 목련과 그리고 진달래, 개쉬땅나무 같은 것들로 작은 숲을 이루고 있어서 마치 어느 야산 기슭에 와 있는 듯한 느낌이 듭니다.

계절에 따라 이곳에도 여러 가지 꽃들이 피고 집니다. 그 가운데서 가장 인상적인 것은 개쉬땅나무입니다. 키는 사람 크기 정도인 관목인데 언덕의 반 이상을 덮고 있습니다. 이 관목 숲은 5월 말에서 6월 사이에 흰 꽃을 피웁니다. 멀리서 바라보면 눈이 덮인 것 같지만 가까이서 보면 한 그루 한 그루가 흰 레이스 미사포를 씌워 놓은 것 같습니다.

성모 마리아에게는 백합이 더 잘 어울릴지 모르지만 우리나라에서는 야생할 수 없는 꽃이어서, 어느 사려 깊은 신부가 대신 이 흰 꽃나무를 옮겨다 심은 것인지 모릅니다. 아니면 원래부터 이곳에 자생해 온 나무인지도 모르고, 아무튼 아름다운 꽃임에는 틀림없습니다.

이 꽃이 피기 시작하는 5월은 계절로 봐서 가장 아름다운 달이요, 가톨릭에서는 또 성모를 흠모하는 성모의 달이기도 합니다. 그래서 매년 5월 마지막 토요일은 이 굴 앞에서 '성모의 밤' 행사가 거행됩니다.

5월의 밝은 햇빛이 인왕산 너머로 사라지고 장안에 어둠이 깔리기 시작하는 일곱 시쯤이면 성모를 찬미하는 성가가 울리면서 손에 촛불을 밝혀 든 샬트르 성 바오로회 수녀들이 흰옷 차림으로 줄을 지어 이 성모상 앞에 모여들기 시작합니다.

성모상 주위에는 백합과 장미와 안개꽃으로 꽃동산이 이루어지고, 수백 개의 촛불은 어둠이 짙어질수록 더욱 밝게 빛을 냅니다. 그리고 5월의 훈풍을 타고 성가가 울려 퍼집니다.

성모의 성월이여 제일 좋은 시절
사랑하는 성모를 경배할지어다.

활짝 핀 백합화와 같은 흰 코르넷 밑에 숨겨진 수녀들의 티없이 맑고 청순한 얼굴에는 미풍에 흔들리는 촛불이 가냘픈 파문을 짓고, 짙게 드리운 비로드 커튼같이 부드러운

5월의 어둠 속으로 희고 성스러운 천상의 빛이 곱게 내리는 듯한, 이 아름다운 정경은 보는 사람의 마음만이 아니라 주위 공기마저 성화聖化시켜 주는 듯합니다. 신비로 넘치는 이 성스러운 밤의 정경은 명동성당 주변에 사는 사람들의 가슴속에 오래오래 잊히지 않는 하나의 영상으로 남기에 충분합니다.

그러나 우리 생활이 항상 기쁨만으로 이뤄질 수 없듯이 이 성모굴에도 언제나 성모의 밤과 같은 황홀한 시간으로만 채워지는 것은 아닙니다.

성모상 밑에는 언제나 무릎을 꿇고 두 손 모아 기도하는 여인들의 모습을 볼 수 있습니다. 그들이 반드시 신자인 것은 아닙니다. 그들은 성호를 그을 줄도 모릅니다. 다만 그들의 힘으로는 어쩔 수 없는 고난이 어떤 커다란 힘에 의해 해결되기를 빌 뿐입니다.

그들의 기도 내용이 무엇인지 저는 알지 못합니다. 하지만 제가 생각하기에는 자기 자신의 부활이나 영생은 아닌 것 같습니다. 그런 것은 어쩌면 너무나 한가로운 사람들의 소망일지 모릅니다. 그보다는 더 절박한 소망이 그녀들의 표정에 나타나 있습니다. 지금 눈앞에서 숨져 가고 있는 어린 딸이나 사랑하는 남편의 생명을 그들은 빌고 있는 것입니다. 남루한 옷차림, 초췌한 얼굴이 그것을 말해 줍니다.

밤늦게 퇴근하는 길에서나 새벽 출근길에서 저는 이런

여인의 모습을 자주 봅니다. 새벽 찬이슬을 맞으며, 때로는 쏟아지는 빗줄기 속에서, 또 어떤 때는 무릎까지 빠지는 눈 속에서 기도하는 그런 여인들의 모습에서 저는 오랫동안 잊었던 어머니의 모습을 봅니다.

성모상 앞에 놓인 대리석 제대에는 그래서 언제나 이런 어머니들이 바친 촛불이 유리컵 속에서 타고 있습니다. 때로는 여남은 개씩, 때로는 두서너 개씩. 지난 이십 년 동안 제가 보아 온 바로는 그 개수는 변해도 한 번도 꺼진 일은 없었습니다. 몰아치는 폭우 속에서도 시름없이 내리는 눈발 속에서도 꺼질 줄 모르고 타오르는 가냘픈 불꽃을 보는 것이 저에게는 큰 위안이 됩니다. 세상이 메말라도 성스러운 모정만은 변함이 없구나 하는 안도감에서라고나 할까요.

그 촛불 속에는 인간의 가냘픈 숨결이 있고, 선한 마음이 있고, 그리고 간절한 소망이 있습니다. 이런 따뜻한 마음과 온기로 이어가는 수없이 많은 가냘픈 생명의 호흡이 있음을 저는 느낍니다. 생명에 대한 외경과 고통과 연민 속에서 이어지는 사랑.

저는 사시사철 이 꺼지지 않는 촛불에서 그것을 배웁니다. 이제 성모병원은 다른 곳으로 이사간 지 오래지만, 비바람 속에서도 이 생명의 촛불은 여전히 타오르고 있습니다.

K신부와 크리스토폴 성인 상

　미카엘 상을 지나서 왼편 발치에 성모굴을 두고 언덕길이 나 있습니다. 길 가운데에 여기저기 향나무와 측백나무가 서 있고 길 양편에 쇠난간이 있습니다. 경사가 좀 가파른 편이어서 이 언덕을 오를 때는 될수록 천천히 그리고 느긋한 마음으로 걸어야 합니다. 공연스레 서둘러 봤자 숨만 차고 다리만 팍팍할 뿐입니다.

　게다가 미사를 드리러 가는 사람이 불을 끄러 가는 사람처럼 허둥대서야 되겠습니까. 조용히 참회하는 마음으로 올라가야 할 겁니다. 그런 의미에서 이 가파른 언덕길은 성미가 급한 분들에게 좋은 진정제 구실을 합니다.

　만약에 이 언덕이 없다면 어떨까 상상해 볼 때가 있습니다. 우선 이 언덕을 오르내리는 육체적인 수고가 덜어지겠지요. 그리고 훨씬 쉽게 성당 문을 두드릴 수 있을 겁니다. 마치 다방이나 슈퍼마켓에 드나들 듯이 말입니다. 그러나 그 대신 성당만이 가지는 독특한 분위기인 정숙함과 신성함은 많은 손상을 입고 말 것입니다.

기독교의 사명은 민중 속에 파고들어 그들의 고통을 덜어주고, 부활과 영생에 대한 믿음을 주어야 하는 것임을 잘 알고 있지만, 그렇다고 교회당이나 성당까지 시장 바닥에 세워져야 한다고는 생각지 않습니다. 일상의 번잡에서 벗어나 생활의 수면에 올라와서 한 번쯤 생을 되돌아보기 위해서도 성당이나 교회는 시정에서 떨어져 있거나, 적어도 평지보다 높이 솟아 있어야 할 필요가 있지 않을까 하고 생각해 봅니다.

그런 의미에서인지는 모르지만 저는 오래전부터 성당이 있는 이 종현鍾峴을 좋아했습니다. 이십 년 전만 해도 이곳은 성역다운 면모를 갖추고 있었습니다. 서울 어디서든지 우뚝 솟은 성당의 위용을 잘 볼 수 있고, 반대로 이 성당 마루에 올라서면 서울 장안 구석구석을 다 볼 수 있었습니다. 그런데 지금은 모든 것이 달라졌습니다. 주위에 솟은 고층 건물에 가려서 이제 성당은 날로 낮아지고 있습니다. 정신적 우위의 시대는 가고 물질적 우위의 시대가 온 것이라고 할까요.

이제 마루에 다 올라왔습니다. 잠시 걸음을 멈추고 숨을 돌려야 합니다. 천천히 숨을 고르면서 성당의 종탑을 쳐다봅니다. 종탑 때문에 하늘이 더 아득하게 보입니다. 한 떼의 비둘기가 주위를 선회하는 것과 마주치게 된다면 그날 일진은 아주 좋은 편입니다. 새벽길에 비둘기의 환영을 받는다는 것은 여간 기분 좋은 일이 아니거든요.

그리고 성당 뜰에서 제가 얻을 수 있는 또 하나의 기쁨은 본당 K신부를 만나는 일입니다. 비둘기가 종탑 위를 말없이 선회하듯이 이분은 성당 주위를 말없이 거닙니다. 평상복 차림에 언제나 파이프를 물고 있는 그분은 중키이고 마른 편인데, 굽은 어깨에 안경을 썼습니다. 한 번도 이야기를 나누어 본 적은 없으나, 저는 그분의 성격이며 취미며 그밖의 모든 것을 알 것 같습니다. 매사에 깐깐하고 주관이 뚜렷하며 카랑카랑하지만 마음 깊은 곳에는 따뜻한 감정이 흐르는 그런 분이라고 말입니다.

그분은 꽃을 사랑합니다. 성당 뜰에는 하얀 칠을 한 꽃받침대를 놓고 그 위에 철철이 화분을 갈아 놓습니다. 봄에는 팬지나 데이지 같은 귀여운 꽃을, 여름에는 베고니아나 페튜니아를, 그리고 가을에는 국화 분을 놓습니다. 검붉은 데다가 육중한 느낌을 주는 성당 건물에 이 꽃들은 빛과 생기를 줍니다. 어떤 때는 시든 장미 가지를 치고 벌레를 잡는 뒷모습을 바라보고 있으면 마음이 흐뭇해집니다. 꽃을 사랑하는 사람치고 악한 이는 없다고 들었습니다.

저도 이분처럼 꽃 가꾸는 것을 좋아합니다. 봄부터 가을까지 저의 일요일은 언제나 바쁩니다. 가지치기에서부터 겨울에

짚으로 옷을 해 입히기까지 한가할 틈이 없지요. 아름다운 꽃을 보기 위해서는 그만한 노력이 필요합니다. 그리고 그런 속에서 자연처럼 정직한 것은 없다는 사실을 늘 되새기게 됩니다. 우리가 들인 공만큼 자연은 되돌려 주니까요.

이제 신부님이 가는 길을 따라가 봅시다. 그분은 아침 산책을 끝내면 성당 왼쪽 언덕 아래로 나 있는 돌계단을 내려갈 것입니다. 이 길은 주교관으로 나 있습니다. 이 돌계단이 시작되는 곳에 소상塑像이 하나 서 있는데, 이것에 대한 재미난 이야기가 있습니다.

이 사나이는 아주 건장하게 생겼으나 무성한 구레나룻 속에 숨은 표정은 아주 인자합니다. 오른손에는 지팡이를 짚고 왼쪽 어깨 위에는 어린애가 걸터앉아 있습니다. 아이 무게 때문인지 허리가 앞으로 약간 굽었습니다. 아랫도리는 훌쩍 걷어 올려서 막 강을 건너고 있는 중임을 보여 주고 있습니다. 다리 근육이 아주 탄탄합니다. 그리고 그는 고개를 돌려 아이와 말을 하고 있습니다.

저는 얼마 전까지 이분을 성 요셉으로 착각하고 있었습니다. 그런데 마리아 삐아 수녀님으로부터 그것이 아니라 크리스토폴 성인이며, 그가 왜 그렇게 등이 굽었는가에 대해 이야기를 들었습니다.

크리스토폴은 힘이 장사였답니다. 그는 예수님을 만나는 것이 소원이었는데, 누군가가 그러려면 좋은 일을 많이 해야

2024.3.1. SOHN·K·S

한다고 했습니다. 그래서 그는 사람들이 건너기 어려운 강가 나루터로 갔습니다. 그리고 사람들을 업어 건네주기 시작했습니다. 그렇게 오랫동안 착한 일을 했는데도 예수님은 영 나타나지 않는 것이었습니다.

그러던 어느 날 밤이었습니다. 비바람이 몰아치고 있었습니다. 그는 종일 사람들을 업어 나르느라 지쳐서 곤히 잠들어 있었습니다. 그런데 누가 밖에서 그를 찾는 것이었습니다. 만사가 귀찮아 그대로 자려고 했지만 문을 두드리는 소리는 그치지 않았습니다. 할 수 없이 그는 문을 열어 주었습니다.

문밖에는 한 꼬마가 서 있었습니다. 그 아이는 강을 건너게 해 달라고 했습니다. 착한 그는 할 수 없이 아이를 업고 강을 건너기 시작했습니다. 그런데 어찌 된 영문인지 조그만 아이가 바윗덩어리보다 무거웠습니다. 그래서 혼자 중얼거렸습니다.

"웬 아이가 이렇게 무겁담!"

그러자 그 아이가 대답하는 것이었습니다.

"나는 온 세상 사람들의 짐을 대신 지고 있습니다. 그런 나를 당신이 업고 있으니 무거울 수밖에 없겠지요."

그 꼬마가 바로 그가 오랫동안 만나기를 원했던 아기 예수님이었습니다. 그리고 이 일을 통해서 예수님이 얼마나 무거운 짐을 지고 계시는가를 알았다고 합니다. 이 소상은 바로 이런 순간을 표현한 것입니다.

이제 이 성인 상을 자세히 보면 아기 손에 사과만 한 지구의地球儀가 들려 있는 것이 눈에 들어옵니다. 그 지구의는 인류가 지고 있는 모든 고통의 무게를 상징하고 있는 것입니다. 온 인류의 고통을 합친 무게, 그것을 지고 있으니 무거울 수밖에 없겠지요?

주교관 발코니에 붉은 제라늄을

크리스토폴 성인 상에서 너무 많은 시간을 지체한 것 같습니다. 이제 신부님의 뒤를 따라가 보겠습니다.

신부님은 소나무와 아카시나무 사이를 지나 주교관 앞뜰을 걸어가고 있습니다. 곧 후박나무가 서 있는 현관 입구에서 걸음을 멈추고 신발에 묻은 흙을 털 것입니다. 그러고는 붉은 벽돌로 지은 낡은 주교관 안으로 들어가겠지요.

생각 같아서는 따라가 보고 싶습니다만 그럴 수가 없습니다. 저야 신부님을 잘 알고 있지만 그분은 저를 모릅니다. 원래 저라는 사람이 붙임성이 없어서 이야기 한번 나눈 적이 없습니다. 하지만 이웃에서 오래 같이 살다 보면 언젠가 그런 기회가 오겠지요. 저는 그렇게 믿습니다.

지금은 그저 성인 상이 있는 언덕 잔디에 앉아 정적과 신비로 가려진 이 건물을 내려다보거나 그 안에서 일어날지도 모르는 신부님의 여러 가지 생활에 대하여 상상이나 해

보는 것으로 저의 호기심을 달랠 수밖에 없습니다.

세면대에서 흙이 묻은 손을 씻은 신부님은 지금쯤 삐걱거리는 낡은 떡갈나무 층계를 하나씩 밟으며 이층 자기 방을 향해 올라가고 있을 것입니다. 삐걱거린다고 한 말은 이 건물의 나이가 백 살도 넘기 때문에 제 나름대로 듣는 상상의 소리지요. 물론 그렇지 않을 수도 있겠지요. 제때 수리만 잘 되었다면 말입니다.

그러나 제 생각이 틀림없을 겁니다. 낡은 건물이란 아무리 잘 고친다 해도 얼마 안 있어 도로 아미타불이거든요. 저도 꽤나 오래된 집에서 살고 있기 때문에 그런 집에 대해서는 누구보다도 잘 아는 편이랍니다. 그리고 가톨릭이란 원래 개혁 같은 것에는 별 관심이 없다는 것이 제 생각입니다. 게다가 수도자에게 물질적인 풍요나 안락은 별로 중요한 것이 못 되니까요.

지금 신부님은 자기 방에 들어가 계십니다. 숨이 좀 찹니다. 그러나 견디지 못할 정도는 아닙니다. 방금 밖에서 들어왔기 때문에 방안에 있는 물건들이 잘 보이지 않습니다. 전지가위를 단단한 호두나무 콘솔 위에 놓고 손때로 곱게 길든 나무의자에 가 앉습니다.

이제 서서히 어둠 속에서 가구들이 주인 앞에 제 모습을 드러내기 시작합니다. 방이라야 아주 협소합니다. 책상이 하나, 벽에 기대 놓은 쇠침대 한 대, 다갈색으로 윤이 나는 간편한 책장이 전부입니다. 책장에는 이 방 주인의 연륜과 인품을 말해 주듯, 낡기는 했으나 아직 금박이 선명한 라틴어 고서들이 가지런히 꽂혀 있습니다. 이 책들은 이 방 공기를 한층 더 무겁고 답답하게 하는 것 같습니다. 그리고 책상 앞 벽에는 예수님 고상苦像이 걸려 있습니다. 이것이 전부입니다.

그러나 이런 가구들을 소박하다고 소홀히 보아 넘길 수는 없습니다. 대대로 선배 사제들에게서 물려받은 것으로 거기에는 그들의 손때가 절어 있기 때문이지요. 그리고 언젠가는 젊고 유망한 후배 사제들이 물려받을 가구들이기도 합니다. 실팍하고 손때가 배어 있는 오래된 가구를 저는 좋아합니다. 증조할아버지나 할머니가 쓰시던 연상硯床 하나 손거울 하나라도 있었으면 하는 것이 저의 바람이랍니다.

침침하고 엄숙하고 정적만이 담겨 있는 이 방에 그래도 약간의 빛과 생기를 불어넣어 주는 것이 있다면 책장 한쪽 귀퉁이에 놓여 있는 포도주 한 병과 성당 쪽으로 나 있는 창입니다. 현관 앞에 있는 후박나무 가지가 이 창의 삼분의 일을 가리고 있습니다. 그 시원하고 무성한 잎 사이로 밝은 햇빛이 몇 줄기 비치는 것이 인상적이지요.

이 조용한 방에서 그분은 대부분의 시간을 보냅니다. 간단한 외출이나 미사 집전을 제외하고는, 쓰고 생각하는 일들이 모두 이 작은 방에서 이루어집니다. 어떻게 생각하면 퍽 답답할 것 같은 생각이 듭니다. 티끌 하나 섞이지 않은 유리 속 정적이라든지, 늙고 야윈 몸을 의지하기에는 너무 딱딱하고 싸늘한 나무의자라든가 하는 것이 말입니다. 부엌에서 설거지를 하는 소리며 그릇과 그릇이 부딪히는 잡음과 그리고 부산하게 뛰놀며 떠드는 아이들 소리에 익숙해진 제 생활에 비해서 말입니다.

그러나 신부님에게는 오히려 이런 생활이 마음에 들 것이고, 또 거기에 아주 익숙해 있겠지요. 영적 생활에 있어서 넓은 공간이란 필요한 것이 아니며 가정적인 단란함 같은 것은 차라리 방해가 되면 되었지 별 보탬은 되지 않을 테니 말입니다.

평온함과 고요함 속에 파묻혀서 고매한 사상이 담긴 고전을 뒤적이거나, 고통과 슬픔 속에 빠진 사람들을 위해 기도하고, 미워하기보다는 사랑하기를 더하고, 소유하는 기쁨보다는 주는 기쁨을 더 소중히 여기는 생활 속에서, 그는 내밀한 기쁨을 누리며 살고 있을 겁니다. 때때로 일어나서 창가를 거닐거나, 정원에서 장미를 가꾸며 새로 돋는 새순에서 생명력의 강인함과 신의 은총에 대해 감사할 것입니다. 그리고 기나긴 겨울밤에는 난로에 불을 지피고 포도주 잔을 불빛에 비추면서 그 아름다운 빛을 음미하는 조그만 사치를 소중히 여길 것입니다.

저는 이런 평온과 명상과 기도가 있는 생활을 몹시 동경했던 시절이 있었습니다. 맹목적 집착이라든가 본능적이라 할 만큼 어리석은 질투심이라든가 또는 너무나 속물다운 욕망들에 의해 부대낄 때, 저는 신부가 되어 볼까 하는 생각을 했습니다. 그렇게만 된다면 이 모든 갈등과 허무 속에서 놓여나고, 그래서 거기서 참다운 나를 키워 갈 수 있으리라고 말입니다.

그러나 지금 생각하면 모두 구름 잡는 이야깁니다. 저는 배를 못 탑니다. 항구만 벗어나도 금방 멀미가 나서 부대끼고 구토를 일으킵니다. 그러면서도 저는 한때 뱃사람이 되려고 했습니다. 결국 실패하고 말았지만 말입니다. 어쩌면 다행한 일이었는지 모릅니다.

태평양이나 인도양 같은 외로운 바다 한가운데 떠 있으면서 제가 간절히 바라는 것이 무엇이었겠습니까. 단란한 가정과 한가로운 일상의 즐거움에 대한 동경이었을지도 모릅니다.

만일 제가 용케 애쓴 보람이 있어서 수도자가 되었다고 가정해 볼 때가 있습니다만, 제대로 해낼 수 있을지는 의문입니다. 겉으로는 다른 사제들처럼 보이도록 행동할 수는 있을 것입니다. 그러나 진정한 의미의 목자牧者가 될 수 있을지 자신이 서지 않습니다.

고통받는 사람에게 형식뿐인 위로를 주고, 가슴을 저미며

토하는 고해를 귓전으로 흘려버리고, 부활에 대한 확신도 없으면서 헛되이 남을 설득하려 드는 그런 어리석고 나태한 성직자가 되지는 않았을지. 그리고 그저 안일과 평온을 즐기면서 세월을 덧없이 흘려 보내지는 않았을지 말입니다.

사실은 이제 이런 걱정도 필요없게 되었습니다. 저는 아직 신자도 못 되는 형편이니까 말입니다. 그저 이 성당 길을 오르내리면서 이곳에 있는 모든 것들에 대해 좀 더 알고 그런 사소한 것들에나마 정을 쏟으며 끔찍이 사랑하며 살고 싶습니다.

이제 곧 봄이 올 것입니다. 그러면 이 낡은 주교관 베란다에는 주홍색 제라늄 화분이 놓일 것입니다. 퇴락하고 엄숙한 이 고딕식 건물 발코니에 피는 제라늄은 더욱 붉습니다. 금욕과 절제 속에서 피는 꽃이라서 더 그런 것일까요?

6

결핍 속에서 느끼는 충만감, 승리가 아니라 패배 뒤에 오는 안도감 같은 것. 낯선 도시의 거리를 걷고 있을 때 느끼는 부드러운 우수와 쓸쓸한 해방감. 11월에는 언제나 그런 체념의 그림자와 알 수 없는 미래에 대한 예감의 기이한 빛이 서려 있다.

아름다운 소리들

 소리에도 계절이 있다. 어떤 소리는 제철이 아니면 제맛이 나지 않는다. 또 어떤 소리는 가까운 곳에서 들어야 하고 다른 소리는 멀리서 들어야 한다. 어떤 베일 같은 것을 사이에 두고 간접적으로 들어야 좋은 소리도 있다. 그리고 오래전에 우리 곁을 떠난 친구와도 같이 그립고 아쉬운 그런 소리도 있다.

 폭죽과 폭포와 천둥소리는 여름에 들어야 제격이다. 폭염의 기승을 꺾을 수 있는 소리란 그리 많지 않다. 지축을 흔드는 태고의 음향과 '확' 하고 끼얹는 화약 냄새만이 무기력해진 우리 심신에 자극을 더한다. 뻐꾸기며 꾀꼬리들은 다 어디로 갔을까. 폭염 아래서는 새들도 침묵한다. 매미만이 질세라 태양의 횡포와 맞서는데, 파도처럼 밀려오는 그 힘찬 기세에 폭염도 잠시 저만치 비껴 선다.

 낮에는 마루에 누워 잠을 청해 본다. 야윈 잠결. 문득 지나가는 한 줄기 소나기. 파초 잎에 듣는 빗소리가 상쾌하다.

밤에는 가벼운 옷차림으로 물가를 거닌다. 달이 비친 수면은 고요한데 이따금 물고기가 수면 위로 솟았다 떨어지면서 내는 투명한 소리. 그 투명한 음향이 밤의 정적을 지나 우리 가슴에 가벼운 파문을 던진다. 살아 있다는 것은 언제나 이처럼 절실한 것을.

흔들리는 아지랑이 속으로 아득히 비상하는 종달새의 가슴 떨리는 소리는 언제나 꿈, 사랑, 희망과 같은 어휘로 우리 가슴을 설레게 한다. 상앗빛 건반 위로 달려가는 피아노 소리는 5월의 사과꽃 향기 속으로 번지고, 이발사의 가위질 소리는 나른한 졸음에 금속성의 상쾌함을 더한다. 이런 소리는 초여름의 부드러운 대기 속에서 들을 때 더 아름답다.

대체로 청각은 시각보다 감성적이다. 그래서 우리 영혼에 호소하는 힘이 크다. 때로는 영적이며 계시적인 힘을 지니기도 한다. 향기가 그러하듯 소리는 신비의 세계로 오르는 계단이요, 우리 영혼을 인도하는 안내자가 된다. 그만큼 소리와 향기는 종교적이다. 신자가 아니면서도 성가가 듣고 싶어서 명동성당에 들어가 한참씩 차고 딱딱한 나무 의자에 앉아 있다가 돌아오기도 했다. 독경 소리가 좋아서 출가하고 싶은 충동을 느낄 때도 있었다. 성가는 나의 마음을 승화시키고 독경 소리는 나의 마음을 비운다. 가을 하늘처럼 비운다.

　나는 특히 사람의 소리를 좋아한다. 파바로티의 패기에 찬 목소리를 좋아하고, 휘트니 휴스턴의 소나기 같은 목소리도 좋아한다. 그녀는 그래미상 시상식에서 한꺼번에 여섯 개의 트로피를 안고 화면 가득히 웃고 있었다. 그러나 무엇보다 나는 나나 무스쿠리의 목소리와 케니 지의 소프라노 색소폰 소리를 좋아한다. 애수 어린 그런 소리를 듣고 있으면 나는 내 나이를 잊고, 내 차가 낡았다는 사실을 잊고, 젊은이처럼 빗속을 질주할 때가 있다.

　개 짖는 소리와 닭 울음소리는 멀리서 들어야 한다. 대금 소리와 거문고 소리도 마찬가지다. 그림자가 비친 창호지 저쪽에서 들려오거나, 아니면 저만치 떨어진 정자에서 달빛을 타고 들려올 때가 제격이다. 적당한 거리는 베일과 같은 신비스러운 효과를 낸다. 그런 간접성, 그것이 아니면 깊은 맛을 느낄 수 없는 것이 우리 국악인지도 모른다.

　음악뿐이겠는가. 그림도 그렇고 화법話法도 그렇다. 산수화를 그릴 때는 안개로 산의 윤곽 일부를 흐리게 함으로써 비경秘景의 효과를 얻는다. 같은 지령적 언어라도 완곡어법을 우리는 더 좋아한다.

　새소리를 들을 때도 그렇다. 온전히 깨어 있을 때보다 반쯤 수면 상태에서 들을 때가 행복하다. 풀잎에는 아직 이슬이 맺혀 있고, 아침 햇살은 막 퍼지려고 하는데, 창문 틈으로 들려오는 새들의 지저귐. 그 청아한 소리를 들으면서도 지난밤의 악몽에 시달릴 사람은 그리 많지 않을 것이다. 새소리로 열리는 새 아침은 언제나 새 희망 속에 우리를 눈뜨게 한다.

봄이 꽃과 새의 계절이라면 가을은 낙엽과 풀벌레의 계절이다. 낙엽이 굴러가는 소리와 풀벌레 소리는 언제나 우리에게 잠들 수 없는 긴 밤과 텅 빈 가슴을 마련한다.

누구였더라? 가을밤에는 은하수에서도 풀벌레 소리가 들린다던 사람이. 그러나 문득 이 모든 소리를 압도하는 하나의 소리가 있다.

빈 방, 창 밖에는 밤비 내리고
어디선가 산과山果 떨어지는 소리

빈 산에 떨어지는 산과 한 알이 문득 온 우주를 흔든다. 존재의 뿌리까지 울리는 이 실존적 물음을, 천 년 전에는 왕유王維가 들었고 지금은 내가 듣고 있다. 이런 소리는 빈 방에서 혼자 들어야 한다. 아니면 들어도 들리지 않는다.

겨울은 무채색의 계절. 자연은 온통 흰색과 검정으로 수렴된다. 하지만 소리는 그렇지 않다. 겨울에는 겨울만이 낼 수 있는 다양한 소리가 있다. 싸락눈이 가랑잎에 내리는 간지러운 소리와 첫눈을 밟고 오는 여인의 발걸음 소리. 이런

소리는 언제나 나를 향해 오는 것 같다. 얼음장이 '쩡' 하고 갈라지는 소리와 지축을 흔드는 눈사태의 굉음과 굶주린 짐승들의 울부짖음. 이 모든 소리는 겨울이 아니면 들을 수 없다.

눈이 많이 오는 나의 고향에서는 아름드리 원목을 실은 기차가 가파른 함경선 철로를 오르지 못해서 밤새 올라갔다가는 미끄러지고, 다시 올라갔다가는 또 미끄러져 내려왔다. 그런 날 밤은 언제나 그 소리를 들으며 잠이 들었는데, 꿈속에서도 기차는 올라갔다가 미끄러지고, 미끄러지고, 미끄러지고…. 그러나 아침에 깨어서 나가 보면 기차는 어디로 갔는지 보이지 않았다.

소리 가운데는 언제 들어도 좋은 소리가 있다. 부엌에서 들려오는 도마 소리와 반쯤 졸음 속에서 듣는 속삭임 소리가 그렇다. 병마개를 따고 첫 잔을 따를 때 술병에서 나는 소리처럼 듣기 좋은 소리도 드물다. 그것은 가난한 시인에게도 언제나 '꿈, 꿈, 꿈' 하고 노래한다. 그리고 여인의 치맛자락이 스치는 소리와 조용히 미닫이가 열리는 소리와 내 이름을 부르는 소리. 찾아올 이도 없는 빈 하숙방에서 책을 읽다가 가끔 이런 환청에 놀라 뒤를 돌아다보던 그런 젊은 날도 있었다.

그리고 한때는 우리 가까이 있었지만 지금은 사라진, 그래서 영영 돌이킬 수 없는 그리운 소리들이 있다. 다듬이 소리, 대장간의 해머 소리, 꿈 많던 우리에게 언제나 '떠나라! 떠나라!' 외쳐 대던 증기 기관차의 기적 소리. 목이 잠긴 그 소리가 얼마나 우리 가슴을 두근거리게 했던가.

그리고 울긋불긋한 천막과 원숭이들과 누런 이를 드러내고 웃으며 외발자전거를 타던 난쟁이가 있던 곡마단의 나팔 소리. 나의 단발머리 소녀는 아직도 아득히 높은 장대 위에서 물구나무를 서고 있는데, 내 머리칼은 벌써 반이나 세었다.

안개 낀 어느 항구의 썰렁한 여관방에서 홀로 듣던 우수 어린 무적霧笛 소리와 한 떼의 갈가마귀들이 빈 밭에서 날아오를 때 내던 무수한 깃털들이 부딪히는 소리와 하늘 한복판을 유유히 지나가던 기러기의 아득한 울음소리.

이제 이 모든 소리들이 그립다. 돌이킬 수 없는 유년의 강물처럼, 우리 곁을 떠나 버린 옛 친구의 다정했던 목소리처럼 그렇게 그리운 것이다.

상추쌈

 쌈은 마루에서 먹어야 제맛이다. 아파트의 좁은 방이라고 해서 안 될 것은 없지만 이왕이면 널찍한 청마루가 더 좋다. 마루 널빤지는 아귀가 좀 덜 맞아도 무방하다. 마루 밑에서 시원한 냉기가 올라오기 때문이다. 한옥의 구조가 대개 그렇지만 마루 북쪽은 탁 트여 있어야 한다. 거기에 대숲이라도 있어 이따금 시원한 바람이 불어온다면 그야말로 금상첨화다.

 다른 음식도 그렇지만 쌈은 혼자서 먹을 것이 못 된다. 궁상맞아 보인다. 독상보다는 겸상이 낫고 겸상보다 온 가족이 모여 앉아서 여보, 당신, 엄마 하면서 왁자지껄 떠들며 먹어야 제격이다. 식욕도 분위기를 탄다는 것을 모를 사람은 없을 것이다. 그러니 소반은 폈다 접었다 하는, 옛날 우리가 어렸을 적에 늘 둘러앉아 먹던 그런 두리소반이면 더 좋을 것이다.

쌈을 싸는 밥은 찬밥이어야 한다. 그러나 질어서는 못쓴다. 더운밥은 찬 상추와 궁합이 맞지 않고 진밥은 질척거려서 개운한 맛이 덜하다. 차라리 된 편이 낫다. 흰쌀밥이라고 아니 될 것은 없지만, 3할 정도는 보리가 섞인 것이 구수하다.

장은 고추장보다 된장에 참기름이며 갖은 양념을 섞은 쌈장이 최고다. 맛도 그편이 구수하다. 세상이 바뀌어도 변할 줄 모르는 것이 더러 있다. 어려서 먹던 음식에 대한 향수가 그것이다.

토종인지 어떤지는 알 수 없지만 우리가 어려서부터 먹던 상추가 있다. 조선상추라고 하는데 자르면 잎자루에서 흰 유액이 나오는 것이다. 잎 가장자리가 붉은빛이 돈다고 해서 붉은상추라고도 한다. 붉지 않은 것을 흰상추라 하고, 치마처럼 생겼다고 해서 치마상추라고도 하는데 나중에 들어온 것이다. 요새는 양상추가 들어와서 많이들 먹는다. 치마상추는 잎도 넓고 물기도 많아서 시원한 맛이 재래종보다 낫다.

양상추는 마요네즈에 찍어 먹으면 그만이다. 사각거리는 소리는 청각을 상쾌하게 하고 우리의 지친 미각에 생기를 더한다. 기름기 많은 양식에 잘 어울린다. 하지만 쌈에는 맞지 않는다. 바스라지기 쉬워서 쌈을 쌀 수가 없다. 시원하기는 하지만 싱겁기는 치마상추도 마찬가지다. 부드럽고 뒷맛이 은근하기로는 조선상추를 따를 것이 없지 싶다. 신토불이身土不二다.

요새는 겨울에도 상추가 나온다. 상추뿐인가. 꽃도 제철을 잃은 지 오래다. 사람도 마찬가지다. 지조니 절개니 애국이니 하면 웃는다. 그러니 음식쯤이랴. 이제는 시식時食이란 말조차 모르는 사람이 많다. 상추쌈의 풍미는 어디까지나 초여름과 초가을이다. 가을 상추는 문을 잠그고 먹는다는 말은 사실이다. 겨울에는 섬뜩해서 손이 가지 않고 장마철에는 풀 냄새가 나서 맛이 덜하다.

세상에서 우리처럼 쌈을 좋아하는 민족도 드물 것이다. 무엇이든 싸서 먹기를 좋아한다. 어떤 사람은 우리 음식 문화를 '탕湯'의 문화라고 하지만, '쌈'의 문화라고 해도 무방할 것이다. 그만큼 우리는 쌈을 좋아한다.

상추쌈만이 아니다. 배추 잎으로도 싸고 호박잎으로도 싸고 김을 가지고도 싼다. 삼겹살도 싸서 먹고 불고기와 등심도 싸서 먹어야 직성이 풀린다. 게다가 요새는 생선회까지 깻잎에 싸서 먹는다. 김치에도 보쌈김치라는 것이 있다.

그뿐인가. 우리 조상님들께서는 여자도 쌈을 싸 오고 남자도 쌈을 싸 왔다. '보쌈'이라는 약탈혼 풍습이 바로 그것이다. 로마 사람들이 사비니족 여인을 약탈했듯이, 다른 나라에도 약탈혼이라는 것이 일찍부터 있었지만 그것을 쌈이라는 개념의 말로 표현했다는 소리는 아직 들어 보지 못했다.

양식에도 쌈에 해당하는 것이 있을까? 있다. 햄버거가 그것이다. 그런데 햄버거는 상추가 속으로 들어가고 빵이 겉으로 나와 있다. 동서양 문화의 차이는 밥과 상추의 위치와 역할마저 뒤집어 놓고 말았다. 그런데 이것을 쌈이라는 범주에 넣어야 할지 어쩔지 나는 아직 결정을 내리지 못하고 있다.

나는 상추쌈을 쌀 때 될 수 있는 대로 크게 싼다. 우선 한 식기의 밥을 네 등분으로 나눈다. 그다음 찬물로 갓 헹군 상추에 쌈장을 넉넉히 바른 후에 나누어 놓은 밥의 4분의 1을 담는다. 그 위에 콩자반이며 어리굴젓이며 굴비 같은 것을 얹고 상추잎을 여민다. 그 크기가 송구공만큼은 아니지만 큰 배만큼은 좋이 된다.

그것을 두 손으로 움켜쥐고 우적우적 먹어 들어간다. 좀 야만스럽게 보일지 모르지만 맛은 그만이다. 음식이란 입으로만 먹는 것이 아니라 눈으로도 먹고 손으로도 먹는다는 사실을 모를 사람은 없을 것이다.

한 입씩 먹어 들어가노라면 요 대목 조 대목 지날 때마다 별미와 만나게 된다. 콩자반이 씹힐 때의 고소한 맛이 있는가 하면, 어리굴젓의 짜릿한 맛이 있다. 굴비는 상추의 상큼한 식물성과 대조를 이루면서 묘한 맛을 창조한다. 상추쌈이 아니고서는 맛볼 수 없는 맛의 새로운 경지가 아닌가 한다. 거기에다 뜨거운 아욱국이라도 훌훌 마시면 그렇게 시원할 수가 없다.

다만 조심할 것이 있다면 다 먹을 때까지 쌈에서 입을 떼어서는 안 된다는 것과 쌈을 먹으면서 쳐다보지 말아야 한다는 점이다. 입을 떼는 순간 밥이며 콩자반이 쏟아져 내리고, 쳐다보는 순간 상대방을 흘겨보는 것처럼 보이기 때문이다.

이렇게 먹고 나면 뿌듯하다. 뭔가 제대로 먹었다는 기분이 든다. 나머지 4분의 1은 먹지 않는다. 다른 욕망도 그렇지만 식욕도 마찬가지다. 3할 정도 미달이라고 생각할 때가 가장 알맞은 때다.

나는 여름을 별로 좋아하지 않는다. 하지만 여름이 아니면 맛볼 수 없는 즐거움이 세 가지가 있다. 창가에 앉아 조용히 빗소리를 듣는 기쁨과 퇴근 후에 냉수로 샤워를 하는 상쾌함, 그리고 일요일 점심 같은 때는 소매를 걷어붙이고 상추쌈을 싸는 기쁨이다. 찬밥이 남아서 걱정인 아내의 이마에서는 주름살이 펴지고 아이들은 별식이라고 깔깔거리며 좋아라 한다.

우리는 물과 쌈장으로 얼룩진 입언저리를 서로 손가락질하며 마냥 웃어도 좋은 것이다. 저만치 물러서는 삼복 더위, 이것이 여름이 아니면 맛볼 수 없는 또 하나의 즐거움인가 한다.

이 가난한 11월을

 11월은 가을이 아니다. 겨울도 아니다. 11월은 늦가을과 초겨울이 만나는 그 언저리 어디쯤이다. 입동立冬과 소설小雪이 들어 있지만 그것은 달력 속의 절후에 지나지 않는다.

 비가 오다가 눈이 되기도 하고, 눈이 다시 비로 변하는 달, 진눈깨비의 달, 노란 산국화도 보랏빛 쑥부쟁이며 구절초도 11월에는 모두 빛을 잃는다.

 도요새와 기러기와 갈까마귀 같은 철새들이 날아오고 또 날아가는 계절. 초록이 바래 버린 덤불에서 작은 열매들이 마지막 햇볕을 즐기고 있을 때, 새들은 높이 날아 멀리 길을 떠난다.

 떠나는 것이 어디 철새들만이겠는가. 11월이 되면 마음이 먼저 길을 떠난다. 무엇을 잃은 것 같아 차표를 사고 누군가 기다리고 있는 것 같아 밤차에 몸을 싣는다. 어느 간이역 자판기에서 뽑은 한잔의 커피가 주는 따스한 온기,

플랫폼에 서 있는 이국 여인의 쓸쓸한 뒷모습, 철로 위에 부는 바람, 역사(驛舍) 옆으로 길게 늘어선 쥐똥나무 울타리의 야트막한 침묵.

11월에는 모든 것이 침묵한다. 벌레 소리가 침묵하고 나뭇잎들이 침묵하고 사람들이 침묵한다. 비밀스럽게 바지 주머니에 손을 찌른 채 목을 움츠리고 어딘가를 향해 종종걸음을 친다. 감시자의 눈을 피하듯 굳게 닫힌 창문에는 두꺼운 커튼이 내려진다. 동화 속에 나오는 거인의 발걸음처럼 머지않아 성큼 겨울이 다가서리라.

이제 떠날 준비를 해야 한다. 여름내 분별없이 늘어놓은 헛된 약속은 모두 낙엽과 함께 떨어 버리고, 감정의 겉치레도 하나씩 떨어 버리고, 연민과 미련 같은 것조차 조용히 떨어 버리고, 그리고 조금씩 가벼워져야 한다. 11월이 오면 질경이며 수크령이며 강아지풀이며 명아주 같은 것조차 버릴 줄을 안다. 씨앗을 털고 여름 동안 턱없이 비대해진 줄기 같은 것도 풍장하듯 바람에 맡긴다.

석양을 등지고 서 있는 하얀 억새의 저 가벼운 몸짓처럼, 구름이 가벼워지고 그 위를 날아가는 철새들의 깃털이 가벼워지고 그리고 우리도 가벼워진다.

11월이 오면 털실로 짠 목도리를 하고 안개가 피어오르는 강으로 가고 싶다. 제일 먼저 날아온 도요새와 목줄기가 파란 청둥오리와 노랑부리갈매기와 관우(冠羽)가 멋진 댕기물

이 가난한 11월을

떼새들을 만나고 싶다.

갈대밭 위로 부는 바람에 고개를 끄덕이다가, 아득히 멀어져 가는 먼 산을 보며 또 고개를 끄덕이다가, 돌아오는 길에 불빛이 아늑한 어느 목로木櫨에 앉아 한잔의 술로 식어 가는 가슴을 데우고 싶다.

추수가 끝난 빈 들판, 로버트 오웰의 우수어린 눈빛 같은 하늘, 조금은 수척해 보이지만 슬퍼 보이지는 않는 이 가난한 11월을 나는 사랑한다. 그리고 한 해가 다하기까지는 아직 한 달이란 시간이 남아 있다는 사실에 감사한다. 얼마 남지 않은 저금 통장의 잔고를 아끼듯이 나는 나의 이 마지막 여유를 아끼고 싶다.

12월은 언제나 후회 속에 보내야 했다. 돌아다보면 아무것도 이룬 것이 없는데 시간은 벌써 저만치서 꼬리를 감추고 있었다. 정월과 2월은 너무 추웠다. 3월은 언제나 스산한 바람. 4월과 5월은 일 년 가운데 제일 아름다운 달이요 기대와 희망의 달이지만 나에게는 언제나 불안한 달이었다. 4·19와 5·18이 들어 있는 달. 나의 어머니가 돌아가신 달. 4월과 5월은 꽃을 피게도 하고 또 지게도 했다.

11월은 내가 좋아하는 바바리코트를 입을 수 있는 달이고, 첫눈을 밟을 수 있는 달이며, 술과 담배와 그리고 커피가 제 맛을 내는 달이다.

무엇보다 11월은 혼자 여행하기에 좋은 달이다. 새벽 4시반에 가방 하나를 들고 몰래 집을 빠져나와 흔들리는 기차에 몸을 싣는다. 차창으로 펼쳐지는 빈 들판. 깊은 사념에 잠긴 산맥을 배경으로 줄을 지어 서 있는 앙상한 낙엽송의 숲들. 갈색 털실 뭉치 같은 몇 개의 까치둥지와 아득히 높은 가지 끝에 앉아 있는 검은 새가 있는 풍경. 이 까칠한 풍경 속에서 나는 공복과도 같은 편안함을 느낀다.

결핍 속에서 느끼는 충만감, 승리가 아니라 패배 뒤에 오는 안도감 같은 것. 낯선 도시의 거리를 걷고 있을 때 느끼는 부드러운 우수와 쓸쓸한 해방감, 11월에는 언제나 그런 체념의 그림자와 알 수 없는 미래에 대한 예감의 기이한 빛이 서려 있다.

11월은 이미 흘러가 버린 일에 대하여 후회하기에는 너무 많은 시간이 지나갔음을 알게 하고 새로운 미래를 설계하기에는 남은 날이 얼마 되지 않음을 깨닫게 한다.

그러나 그냥 잠들기에는 아직 이른 시간. 가볍게 떠나는 모든 것들에게 목례를 보내고 어두운 방에 불을 밝힌다. 그리고 가만히 기다린다. 공복처럼 편안한 11월의 마지막 밤을.

장작 패기

장작을 패는 일만큼 남성적 노동도 드물지 싶다. 힘이 든다는 점에서 그렇고, 위험이 따른다는 점에서 그렇다. 해서 장작을 패는 일만은 언제나 남자들의 몫이었다. 그렇다고 힘으로만 되는 일도 아니다.

훌륭한 요리사는 한 달에 한 번 칼을 갈고 서툰 요리사는 하루에도 몇 차례씩 칼을 간다. 이치를 알고 일을 하는 사람과 그렇지 못한 사람의 차이다. 장작을 패는 일도 그렇다. 경험 위에 약간의 안목과 요령이 필요하다. 아니면 도끼날을 버리기 쉽다. 심하면 제 도끼에 발등 찍히는 경우도 없지 않다.

장작을 패려면 우선 도끼부터 볼 줄 알아야 한다. 도끼라고 다 같은 도끼가 아니다. 볼이 얇고 날이 넓은 것이 있는가 하면, 반대로 볼이 두텁고 날이 좁은 것이 있다. 볼이 얇고 날이 넓은 것은 나무를 자르는 데 편리하도록 되어 있다. 산판山坂에서 벌목할 때 주로 이런 도끼를 쓴다. 서양 도끼와 비슷하다. 볼이 두텁고 날이 좁은 것은 나무를 쪼갤 때 쓴다. 날이 좁아서 나무의 결을 파고드는 데 유리하고 볼이 두터워서 쐐기 역할을 하기 때문에 나무가 잘 쪼개진다. 장난감같이 작은 도끼도 있는데 이것은 부엌에서 불쏘시개를 만들 때 쓴다. 모양에 따라 용도가 달라진다는 말이다.

나무도 그렇다. 종류에 따라 패기 쉬운 것도 있고 그렇지 못한 것도 있다. 참나무와 낙엽송은 자르기는 어려워도 쪼개기는 쉽다. 대쪽처럼 갈라진다. 소나무는 무른 편이어서 자르기도 쉽고 쪼개기도 쉽다. 밤나무나 대추나무는 만만한 상대가 아니다. 대추나무 방망이란 말이 있을 정도다.

나무의 건조 상태도 문제다. 갓 베어 낸 생나무는 물러서 좋지만 시원스럽게 쪼개지는 맛이 덜한 것이 흠이다. 생나무라고 해도 언 것은 수월하다. 도끼날을 받자마자 제풀에 놀라서 갈라지고 만다.

그러나 광산에서 쓰던 갱목같이 물을 많이 먹어 거죽이 썩은 나무는 종류에 상관없이 패기가 힘이 든다. 겉은 스펀지처럼 무르지만 속은 옹이처럼 단단해서 한번 도끼날을 물면 놓지 않는다. 갈라질 때도 통쾌한 맛이 적다. 꼭 패야 하는 것이 아니라면 피하는 편이 현명하다. 이미 썩은 것은 썩게 하라. 이것이 경험자의 첫 번째 충고다.

장작 패기

이제까지 말한 것은 작업에 대한 전망을 내리는 데 약간의 도움이 되는 정도에 지나지 않는다. 장작 패기는 이제부터 시작이다.

도끼를 옆에 세워 두고 우선 모탕부터 살펴야 한다. 모탕은 도끼를 보호하기 위한 받침대기 때문에 될 수 있는 대로 움직이지 않게 단단히 고정하는 것이 안전하다. 말하자면 뿌리째 파낸 나뭇등걸 같은 것이 안성맞춤이라는 이야기다.

그러나 모탕이 잘 고정되어 있다고 해도 그 위에 나무토막을 잘못 놓으면 만사 헛수고가 되고 만다. 헛수고 정도가 아니라 낭패를 보는 수도 없지 않다. 도끼날이 닿는 순간 나무토막이 옆으로 몸을 피하면서 정강이를 걷어찰지도 모른다. 아니면 튕겨 오르면서 손등을 깨물거나 이마를 받아 버리든가, 심하면 아예 코를 으깨 버리는 수도 있다. 나무를 깔보지 말라. 나무가 당신을 깔볼까 두렵다. 경험자의 두 번째 충고다.

나무토막을 놓을 때는 결과 모양을 잘 살핀다. 아무리 작은 나무라도 밑동은 단단하고 질기다. 나무토막은 굵은 쪽을 자기 앞으로 오도록 놓는다. 나무의 종류에 관계없이 지켜야 할 원칙인가 한다. 그래야 잘 쪼개진다. 소나무처럼 옹이가 크고 많은 경우도 마찬가지다.

세상에는 어떤 힘에도 굴하지 않는 그런 사람이 있다. 나무의 경우도 마찬가지다. 나무라고 해서 모두 도끼 앞에서 무릎을 꿇는다고 생각하면 잘못이다. 그럴 경우 굳이 고집할 필요가 없다. 득보다 실이 많다고 판단되면 언제고 유능한 외교관처럼 한발 물러서는 지혜를 발휘해야 한다. 슬그머니 마당 한쪽으로 밀어 두었다가 화분 받침대로 쓰거나, 아니면 걸터앉는 의자로 사용하면 더없이 좋을 것이다. 여름밤 같은 때 나무토막에 걸터앉아 담배를 피우면서 별을 쳐다보는 장면 같은 것을 상상해 보자. 번잡한 세상살이에 이만한 여유와 낭만이 또 어디 있겠는가. 경험자의 세 번째 충고다.

모든 일이 다 그렇듯이 요령만 터득하고 나면 장작 패기도 그렇게 고달픈 노동만은 아니다. 생각하기에 따라서 즐거운 운동이 될 수도 있다. 서양 사람들은 장작 패기 시합도 한다. 우리나라 초대 대통령 이승만 박사는 일요일이면 경무대 뒤뜰에서 장작을 팼다. 그것이 그의 취미요 스포츠였다.

잔뜩 웅크리고 있는 나무토막을 마주하고 섰을 때의 그 팽팽한 긴장감, 두 다리로 버티고, 두 손은 도끼 자루를 움켜쥔다. 그리고 잠시 침묵의 순간이 흐른다. 이제 호흡을 고르면서 서서히 도끼를 들어올릴 차례다. 이때 도끼의 높이가 머리 위에서 멎느냐, 아니면 그 이상까지 가느냐 하는 것은 전적으로 공격하려는 나무토막의 부피와 강도에 비례

한다.

  그러나 너무 긴장한 나머지 어깨에 무리한 힘이 들어가는 일이 있어서는 아니 된다. 경직된 어깨로는 표적을 제대로 맞힐 수가 없다. 도끼 높이가 가장 높이 올라왔을 때 도낏자루를 잡은 손에서 힘을 빼야 한다. 다시 말하면 도끼가 잠시 허공에 떠 있는 듯한 기분이 들 정도로 도낏자루를 잡은 손이 느슨해야 한다는 이야기다. 훌륭한 검객은 칼을 가볍게 잡는다고 들었다. 칼은 새와 같아서 너무 꽉 잡으면 질식하고 너무 느슨하게 잡으면 날아간다. 도끼도 마찬가지다.

  그리고 도끼날이 나무토막에 닿는 순간, 모든 힘은 하나의 접점에 모아져야 한다는 점도 잊어서는 안 된다. 대부분의 경우 응집되지 않은 힘은 힘이라고 할 수가 없다. 경험자의 네 번째 충고다.

  드디어 떨어지는 도끼의 무서운 파괴력. 완강하게 버티던 나무토막이 일도양단一刀兩斷 둘로 갈라진다. 날카로운 파열음은 가라앉은 주변 공기를 격동시키며 벼락 치듯 하늘을 가른다. 몇 십 년 또는 몇 백 년 동안 나무 속에 갇혀 있던 인고의 침묵이 드디어 경악한다. 정복자의 기쁨이라고나 할까. 한마디로 통쾌하다.

  그 뒤를 따르는 송진 냄새의 저 신선함. 이 건강한 남성적 향기에는 향락적 인상도 관능적 자극도 없다. 그것은 살아 있는 숲의 체취요, 승자에게 바치는 축배의 향기다. 아니, 그것은 어떤 성소聖所에서 스며 나오는 신비로운 향기라고 하는 것이 더 적절한 표현일지도 모른다.

고대 이집트의 사원에서 아침마다 송진을 태웠다는 사실을 상기하면서, 잠시 과거로 돌아가 제관祭官이 된 기분으로 도낏자루에 몸무게를 의지하고, 눈을 감은 채 그 향기의 물살에 몸을 맡겨 보는 것도 괜찮을 것이다. 일상에서 오는 모든 대립과 갈등은 그 부드러운 향기 속에 용해되어 나가고, 우리는 비로소 마음의 평온을 찾게 될 것이다.

햇빛에 번들거리는 청동빛 어깨, 온 세계라도 움켜쥘 듯한 단단한 주먹, 그리고 상기된 이마 위에 흐르는 구슬땀. 이 건강한 땀이 우리 육체를 정화시킨다. 눈물이 우리 마음을 정화하듯이. 이제 에머슨처럼 이렇게 외쳐도 좋으리라.

나에게 건강한 하루를 달라.
제왕의 영광도 일소에 부치리라.

돈으로 해결할 수 있는 일까지 손수 처리하기에는 인생은 너무 짧다. 그러나 나는 꽃을 가꾸는 일과 장작을 패는 일만은 돈으로 해결할 생각이 없다. 그런 것까지 양보하기에는 인생이 누릴 수 있는 기쁨이란 그리 많지 못하기 때문이다. 경험자인 나의 마지막 충고다.

6·25 직후 겨울만 되면 나는 거의 매일 두 시간씩 장작을 패야 했다. 아직 구공탄조차 없던 시절이었다. 그동안 몇 트럭의 통나무가 나의 손에 의해서 장작이 되어 나갔는지 모른다. 지금은 나의 팔이 지난날의 그 힘과 탄력을 잃고 말았다. 하지만 그때의 그 기쁨과 활기만은 아직도 생생하게 기억하고 있다.

아, 장작이 패고 싶다.

달팽이

달팽이를 보고 있으면 걱정이 앞선다. 험한 세상 어찌 살까 싶어서다. 개미의 억센 턱도 없고 벌의 무서운 독침도 없다. 그렇다고 메뚜기나 방아깨비처럼 힘센 다리를 가진 것도 아니다. 집이라도 한 칸 있으니 그나마 다행이다 싶지만, 찬찬히 뜯어보면 허술하기 이를 데 없다. 시늉만 해도 바스라질 것 같은 투명한 껍데기. 속까지 비치는 실핏줄이 소녀의 목처럼 애처롭다.

달팽이는 뼈도 없다. 뼈가 없으니 힘이 없고 힘이 없으니 아무에게도 위협이 되지 못한다. 하물며 무슨 고집이 있으며 무슨 주장 같은 것이 있으랴. 그대로 '무골호인'이다. 여리디 여린 살 대신에 굳게 쥔 주먹을 기대해 보지만 아무래도 무리인 것 같다.

그렇다고 감정마저 없다는 이야기는 아니다. 민감하기로는 미모사보다 더하다. 사소한 자극에도 몸을 움츠리고 이마를

JOHN·K·S 서지도 半花 999이니
2024. 2. 5.

스치는 바람에도 고개를 숙인다. 비겁해서가 아니다. 예민해서요 수줍어서다. 동물이라기보다 식물에 가깝다.

누구를 찾고 있는 것일까? 달팽이는 늘 긴 목을 치켜들고 주위를 두리번거린다. 그러나 그의 이웃은 아무 데도 없다. 소라, 고동, 우렁 그리고 다슬기 같은 것들이 있긴 하지만 그들은 이미 그의 이웃이 아니다. 아득히 먼 물나라의 시민들이다.

모든 생물이 다 그러하듯 달팽이의 고향도 바다였던 때가 있었다. 그런데 먼 조상들 중 호기심이 많은 한 마리가 어느 날 처음 뭍으로 올라왔다가 그만 길을 잃고 말았다. 물달팽이가 육지 달팽이로 바뀌는 기구한 역사가 그렇게 해서 시작된 것이다.

잃어버린 고향에 대한 그리움 때문일까? 육지에 사는 달팽이의 목과 눈은 물달팽이의 그것보다 가늘고 길다. 슬픔도 내림이라, 수많은 세월이 흘렀는데도 조상들의 슬픔으로부터 그들은 자유로울 수가 없는 모양이다. 실향민의 후예. 달팽이는 늘 외로움을 탄다.

어디 좋은 친구 하나 없을까? 달팽이는 개구리에게 다가가 본다. 개구리도 습지를 좋아하니 벗이 되어 줄 법도 한 일이다. 하지만 그들은 너무 크고 너무 빠르다. 도무지 따라잡을 수가 없다. 벌이나 개미는 어떨까? 부지런한 것은 더없이 좋은 일이지만 배타적인 것이 좀 마음에 걸린다. 제

동족이 아니면 자기들 먹이로밖에 생각하지 않으니 말이다.

시인이 죽으면 나비가 된다는 말이 있다. 나비가 죽으면 무엇이 될까. 아니, 달팽이가 죽으면 무엇이 될까.

달팽이는 나비 곁으로 다가간다. 그냥 사귀기만이라도 했으면 싶다. 그러나 나비는 잠시도 한곳에 머물러 주지 않는다. 설사 머문다 해도 걱정이다. 어떤 때는 환희에 넘쳐 춤을 추다가도 금세 침울해져서는 두 날개를 접은 채 마른 나뭇잎처럼 조용하다. 그 엄청난 감정의 기복을 감당할 자신이 없는 것이다.

아, 배추벌레하고 놀아야지. 달팽이는 그들 옆에서 잠시 외로움을 달래 본다. 외모는 좀 그렇지만 벌처럼 시끄럽지도 않고 나비처럼 팔랑대지도 않아서 좋다. 한데 한 가지 안된 것은 그들은 탐식가라는 사실이다. 옆에 가서 등을 대고 누워도 눈 한번 거들떠보는 일이 없다. '나는 먹는다, 고로 나는 존재한다'는 식이다. 달팽이는 풀이 죽어서 돌아온다.

달팽이는 날카로운 이빨도 없다. 그의 입은 먹기 위한 기관이라기보다 이목구비를 갖추기 위한 필요에서 생긴 것 같다. 살아 있는 것을 보면 뭐든 먹기는 먹는 모양인데 그런 순간을 거의 볼 수가 없다. 게다가 짝짓기를 하는 장면도 들키지 않으니 말이다. 귀여운 금욕주의자, 이 모든 쾌락보다 더 절실한 어떤 문제가 있다는 말일까.

달팽이는 언제나 긴 목을 치켜들고 길을 떠난다. 현실로부터 탈출할 수 있는 어떤 비밀의 문이라도 찾고 있는 것일까. 방황하는 영혼, 고독한 산책자.

그러나 달팽이는 감정을 드러내지 않는다. 기쁨을 노래하지도 않고 슬픔을 울지도 않는다. 매미에게는 일곱 해 동안의 침묵과 극기를 보상하고도 남을 이레 동안의 찬란한 절정의 순간이 있지만, 달팽이에게는 그런 눈부신 순간이 없다. 그렇다고 종달새 같은 황홀한 비상의 기회가 마련되어 있는 것도 아니다.

다만 가시며 그루터기며 사금파리 같은 현실, 맨살로 밀며 살아갈 수밖에 없는 그런 현실이 그 앞에 놓여 있을 뿐이다. 육체의 고통이 때로는 영혼의 해방을 가져온다고 믿는 어느 고행승과도 같은 그런 표정으로 그저 묵묵히 몸을 움직일 뿐이다.

오체투지五體投地의 말없는 순례. 지나간 자리마다 묻어나는 희고 끈끈한 자국들. 배설물일까. 낙서일까. 아니면 그들끼리만 통하는 상형 문자일까. 끝내 판독되기를 거부하는 암호들.

여름도 다 끝나려는 어느 늦은 저녁 무렵이었다. 그때 나는 달팽이의 이상한 몸짓을 보았다. 억새풀의 제일 높은 끝에 한 방울의 이슬처럼 위태롭게 맺혀 있었다. 목은 길게 솟아올랐고, 조그만 입은 약간 벌어졌으며, 꽃 수술 같은 두 개의 눈은 긴장되어 있었다. 마치 노래를 부르려는 순간의 어떤 가수처럼, 나뭇가지를 떠나려는 순간의 새의 자세처럼 보였다. 가늘고 긴 목에서 벌레 소리 같은 어떤 슬픈 소리가 나올 것 같았다. 그러나 달팽이는 끝내 아무 소리도 내지르지 못했다. 투명한 달빛이 조그만 몸을 비추고 있었다.

 밀폐된 유리벽의 저편에서 키가 작은 한 남자가 울고 있는 것을 나는 보고 있었다.

감자 타령

 흙먼지에 돌멩이 같아도 속살 한번 되게 여리다. 가지 끝에 높이 앉아 보란 듯이 뽐내도 될 것을, 잘못도 없이 왜 자꾸만 흙 속으로 몸을 숨기는가.

 볼이 빨간 사과가 못 되어 미안한가. 솜털이 보송보송 앳된 계집애 같은 복숭아라도 되었으면 싶었나. 하다못해 조선호박이라도 되어 흐벅진 엉덩이 청마루에 깔고 앉아서 인심 좋은 웃음이라도 지으며 한생이든 반생이든 호의호식 호강할 걸 그랬나.

 언제나 토방 속에 숨어 사는 여인네. 지분脂粉 같은 것도 모르고, 매니큐어에 파르스름한 그믐달 그림자 같은 아이섀도는 더더욱 모르는, 영락없는 농사꾼의 아내.

 하지만 찬물에 한 번 씻고 나면, 저것 보게, 보얗게 빛나는 계집의 단단한 무르팍. 살살 문지르면 솔솔 벗겨지는 얇디얇은 껍질 밑으로 수줍은 듯 드러나는 말간 속살.

배꼽티라도 한 장 사 주랴?
배꼽이 예쁜 감자야.

뜨거운 솥에 쪄내도 포실포실 웃고, 잿불에 구워 내면 더 포실포실 웃는구나.

갈아서 짜면 어머니 젖처럼 하얀 즙을 내고, 말리면 눈보다 더 빛나는 녹말가루라. 찬물에 반죽해서 국수틀에 눌러서 끓는 물에 삶아 설렁설렁 건져 내면, 면발도 고운 냉면 사리가 좋구나.

당근, 파 마늘, 버터, 쇠고기, 돼지고기, 닭고기에 갖은 양념 갖추갖추 갖추어도 다 소용 없지. 감자 없이는 아무도 맛 좋은 스튜를 만들 수 없으니까. 요새 애들 잘 먹는 아삭아삭 포테이토칩도 감자 없인 못 만들지.

우리 식으로 좀 걸쭉하게 먹고 싶으면 말이지, 돼지 뼈다귀와 감자 넉넉히 넣고 뭉근한 불에 오래오래 고아 내면 구수한 감자탕이 되지.

"주모, 여기 쐬주 하나 추가!"

양주, 청주, 포도주, 매실주, 동동주, 죽엽주, 경주 법주, 이동막걸리 다 해싸도 걸쭉한 남도 육자배기 같은 감자탕에는 서울 계집같이 톡 쏘는 '쐬주'가 제격이라.

밥에 얹어서 쪄 내도 구수하고 잘게 채 썰어서 기름에 자글자글 튀겨 내면 고소한 감자튀김.

강판에 곱게 갈아서, 애호박 송송 썰어 넣고, 들기름 알맞추 두르고, 검정 무쇠 솥뚜껑에 지글지글 지져 내면, 사람들이 즐겨 찾는 감자전이 좋구나.

 삶은 감자 먹기 싫으면 떡판에 모아 놓고 떡메로, 비 오시는 날 게으른 놈 일 나가기 싫어라 아랫목에서 궁싯궁싯 궁뎅이 뭉개듯이, 이리 뭉깃 저리 뭉깃 뭉개다가 철썩철썩 쳐 내고 보면 감자찰떡이 별미로다.

 하다못해 감자는 얼어도 버리는 법 없지. 언 감자는 찬물에 우려서 햇볕에 말려 돌절구에 쿵쿵 빻아서 강낭콩 송송 박아 적당히 빚어서 아무렇게나 쪄 내도, 산골 처녀같이 가무잡잡 쫄깃쫄깃한 언감자떡이 좋을시고.

 세상에 먹거리 먹거리 혀도, 값 싸고 맛 좋고 쓰임새 많고 몸에 좋기로야 감자만 한 것 또 어디 있을라고. 높고 먼 안데스 산맥에서 가난한 이 땅에 시집온 안데스 댁아! 어려운 사람들 양식이 되어, 주린 배 넉넉히 채워 주고도 유세 한번 떤 적 없건만 무엇이 미안코 죄스러워 남이 볼세라 노상 땅 속으로만 몸을 숨기는가.

 감자야, 못생겨서 예쁜 감자야. 우리네 수더분한 맏며느리 같은 감자야. 가난한 식탁에서 아침저녁으로 살신성인 하는 우리의 보살님아.

비 오는 날

비가 내린다.

비가 내리는 날은 마음이 가라앉는다.

낮게 떠 있는 구름, 명주실처럼 부드러운 빗줄기, 그리고 나직한 빗소리. 창가에 턱을 괴고 앉아 빗속을 들여다보고 있으면 부풀어 있던 감정의 보풀도 비에 젖어 차분히 가라앉는다.

화창한 날에 느끼던 그런 외로움 같은 것도 없다. 비는 창가에 와서 속삭이고, 마음은 귀를 열어 그 속삭임을 듣는다. 전에 아무도 그처럼 내밀한 이야기를 들려준 적이 없기에 온몸을 기울여 받아들이고 싶은 것이다.

이런 날은 오래전에 끊었던 담배도 예외로 해 두고 싶다. 그리고 한잔의 커피. 이따금 바람에 실려 오는 물보라의 찬 기운 속에 느끼는 커피의 따스한 온기와 그 진한 향기. 잠시 커피잔 언저리에 어리는 우수의 그림자. 희미한 그림자와 함께 빗줄기 사이로 꼬리를 끌며 사라지는 긴 담배 연기의 여운. 마음의 어느 후미진 곳에 응결되어 있던, 알 수 없는 감정의 응어리가 이제 비를 맞아 서서히 풀려 나가는 것일까? 아니면 이루지 못한 꿈의 잔해일까? 비는 가끔 우리를 철학자로 만든다.

그러나 사변思辨의 나선형 계단보다는 감성의 부드러운 오솔길이 우리를 이끈다. 우산을 받쳐 들고 문을 나서 본다. 비와 함께라면 어디든 갈 수 있을 것만 같은 기분. 이런 때는 인적이 드문 뒷골목보다는 바닐라 냄새가 향기로운 빵집이 있는 거리가 더 좋다. 젊었을 때 이런 날은 강둑을 따라 거닐거나, 아니면 영영 돌아오지 않을 사람처럼 긴 철길을 따라 걷고 또 걸었는데…. 그러나 불행하게도 도심에 사는 우리 대부분은 그런 혜택으로부터 소외된 지 오래다.

하지만 세월이 흘러도 비의 감촉만은 변함이 없는 것 같다. 발을 옮길 때마다 우산 속으로 들어와 얼굴을 비벼 대는 이 가벼운 존재들. 눈썹에 닿으면 이슬로 맺히고 입술에 닿으면 싸늘한 감촉으로 남는다. 비에 젖은 입술의 싸늘한 감촉. 영화 〈애수〉의 한 장면, 또는 〈쉘부르의 우산〉의 포스터에 실린 사진(우산 밑에서 여인은 발돋움을 한 채 연인과 입을 맞추고 있었다). 또는 젊은 날의 오랜 기억의 창고에 숨어 있던, 빛이 바랜 몇 장의 스냅 사진. 이런 때는 우산 위에 듣는 빗소리조차 정겹다.

그러나 이런 달콤한 회상도 그리 오래가지는 못한다. 짓궂은 물웅덩이가 우리의 진로를 가로막기 일쑤다. 예기치 않은 도전 앞에 걸음을 멈춘다. 옆으로 돌아갈까? 아니면 뛰어넘을까? 돌아가는 지혜보다는 뛰어넘는 용기 쪽을 택한다. 우리 감정은 이미 비가 상기시킨 회상 때문에 조금쯤 들떠 있는 상태니까.

두 발이 허공에 머무는 짧은 순간. 그 짧은 순간, 가슴 저 밑에서부터 일어나는 가벼운 흥분. 타다 남은 젊은 날의 낭만이 아직 우리 몸의 어딘가에 조금쯤은 남아 있다는 사실이 기쁘다.

아, 길가 철책 너머에서 비를 맞고 있는 풀꽃들. 찬물에 샤워를 하고 나온 애들처럼 싱그럽다. 단발머리같이 깔끔한 개망초꽃, 참 많이 아쉬운 듯 피어 있는 청보라색 달개비꽃, 그리고 키 작은 민들레꽃의 환한 모습, 무심한 사람에게는 얼굴을 내밀지 않는, 너무 작고, 그래서 더 안쓰러운 아기별꽃과 누운아기별꽃, 어딘가에 분홍색이 은은한 메꽃도 몇 송이쯤 피어 있으리라.

명아주 줄기 사이에 걸려 있는 거미줄도 아름답다. 정연하게 짜 놓은 그 은실 그물에는 수많은 물방울이 방사선으로 달려 있다. 어느 이집트 여왕의 목걸이보다 더 정교하게 세공된 순수의 결정체들. 보고 있으면 자신도 모르는 사이에 가느다란 탄성이 일어난다. 어쩌면 우리의 심금은 이런 작고 순순한 것에 부딪혔을 때 더 크게 울리는 것인지 모른다. 비가 만들어 놓은 이 걸작품 앞에 잠시 쭈그리고 앉아 본다. 지나가던 시간도 옆에 와서 멈추어 선다.

다시 일어서서 걸음을 옮길 때쯤이면 이미 풀밭은 끝이 보이기 시작한다. 도회에 사는 우리가 누릴 수 있는 자연의 혜택이란 그리 많지 못하다는 사실에 잠시 실망한다. 하지만 불평하지 않는다.

오히려 이런 때는 잘려 나간 풀밭을 아득히 먼 곳까지 연장시키기 위해서, 언제인가 한번 가 본 적 있는 추억의 공간으로 여행을 떠나 보는 것이다. 누구에게나 아름다운 풍경화 몇 폭은 기억의 미술관에 소중히 소장되어 있게 마련이니까.

7월에 들른 월정사月精寺. 울창한 전나무 숲에는 소리 없이 비가 내리고, 간간이 들려오던 독경 소리도 비에 젖고 있었다.

문경새재 박달나무 숲에 물보라를 자욱이 일으키던 소나기. 우산도 받지 않고 그 소나기를 맞으며, 제1관문에서 제3관문까지 친구들과 함께 걷던 어느 여름 한나절의 싱싱한 기억. 무슨 이야기 끝엔가 우리는 배를 잡고 웃었다. 무슨 이야기였을까? 빗물에 젖고 있는 상대방의 얼굴을 보고 우리는 또 웃었다. 스무 해 하고도 또 다섯 해, 지금 그들은 모두 어디서 무엇을 하고 있는지?

7월의 지리산 노고단은 온통 안개와 구름과 가랑비 세상이었는데, 그 자욱한 물안개 속에는 보라색 비비추가 수줍게 피어 있었고, 그 옆에 신부처럼 고개를 숙이고 있던 노란 각시원추리의 환한 얼굴과 비에 젖어 주홍색이 유난히 곱던 동자꽃 운무는 순식간에 사라졌다 다시 일어나고 가는 빗방울이 얼굴을 적셨다.

그리고 1년 365일 가운데 200일이나 비가 온다는 러시아의 드넓은 초원에 내리던 비, 라인 강 연안 구릉 지대의 포도밭과 밀밭에 내리던 빗줄기. 7월의 초원에 내리는 비는 언제나 풀빛처럼 푸른색이었다. 현실보다 상상 속에서 우리는 더 풍요로울 수 있는 것은 아닐까?

비가 오고 있다. 7월의 풀밭에 푸른 비가 내리고 있다. 공원 벤치에도 무성한 잣나무 숲에도 그리고 아스팔트 위에도 달려가는 자동차 보닛 위에도 비가 내리고 있다. 한 사흘 내릴 듯이, 아니, 한 열흘 내릴 듯이, 오이 냄새를 풍기며 푸른 비가 내리고 있다.

돌절구

얼마 전에 답십리에서 오래된 돌절구를 하나 사 왔다. 몇 달 전부터 눈여겨 두었던 것이라 싣고 오는 동안 트럭 조수석에 앉아서도 뒷문으로 자꾸만 눈이 갔다. 예쁜 색시 가마 태워 오는 신랑의 마음이 그러지 싶었다.

보고 있으면 나도 모르는 사이에 '흠흠!' 하고 절로 감탄사가 나온다. 마음에 살며시 와서 안기는 것이 그렇게 살가울 수가 없다. 잘 빠진 안성 유기 술잔처럼 오붓하고, 반만 핀 튤립같이 우아하다. 얼핏 보면 범상한 것 같아도 실은 그렇지 않다.

앞쪽 운두는 살짝 낮추고 뒤쪽은 그만큼 높였다. 앞을 낮춘 것은 앞턱에 절굿공이 부딪히는 것을 막을 요량인 것 같고, 뒤를 높인 것은 확 속에 든 곡식이나 가루가 밀려서 넘치는 일이 없도록 하기 위한 배려에서 나온 듯싶다. 그 때문에 약간 기우뚱하지만 전체의 균형을 깨뜨리지 않은 범위 안에서의 파격이고 보니 그 불균형이 오히려 단조로움을 깨는 효과를 내서 놀라운 생기와 여유를 연출해 낸다.

배는 너무 나온 것도 아니고 그렇다고 너무 홀쭉한 것도 아니다. 잉태한 지 네댓 달은 좋이 되어서, 눈에 거슬리지 않게 알맞추 부른 그런 여인의 배 같다.

운두의 가장자리에서 시작된 선이 조용히 내려가는가 하면, 어느새 다리께쯤에서 저고리 깃 선처럼 동그스름하게 휘어진다. 그 휘어진 선이 다시 한 번 빠른 속도로 꺾이면서 직선으로 되돌아간 채 서서히 바닥까지 내려가서 멈춘다. 직선이 주는 날카로움을 곡선이 부드럽게 감싼다. 두 다리의 직선과 복부의 부드러운 곡선의 경계에서 이루어지는 오묘한 아름다움. 마치 토르소를 보는 것 같다. 그렇다고 아무 데서나 볼 수 있는 그런 흔한 토르소가 아니고, 천에 하나 만에 하나나 될까 말까 한 그런 드문 기회가 아니고는 볼 수 없는 토르소. 그러니까 미의 여신상이거나, 아니면 풍요의 여신상 같은 그런 토르소라는 이야기다.

선은 부드럽지만 고려자기처럼 애조를 띤 것은 아니다. 이조 자기처럼 튼실하다. 절제하면서도 사람의 체취가 그대로 묻어나는 그런 선이다. 가락으로 치자면 진양조는 아니고 중모리거나 중중모리쯤이나 될까? 웃음으로 말할 것 같으면 저 삼화령三花嶺 협시보살 두 분 가운데서 왼쪽에 서 있는 애기보살의 웃음만큼이나 무구하다. 소박한 듯 단아하고 단아하면서도 속이 따뜻한 여인. 보고 있으면 마음이 편하다. 슬며시 다가가 지그시 안아 보고 싶어진다.

이렇게 기찬 물건을 만들어 낸 이는 어떤 사람이었을까? 아무리 보아도 석공은 아니었던 것 같다. 재주를 자랑한 흔적도 없고 돈 냄새를 풍기지도 않는다. 도무지 계산속이 보이지 않는다. 열흘도 좋고 한 달도 좋다. 마음속에 잠든 고운 님을 모셔 내듯, 그런 정성으로 쪼아 낸 작품이다.

그렇지 않고서는 저렇듯 구구절절이 사람의 마음을 잡고 놓지 않을 리가 없다. 어찌 보면 어떤 착한 머슴이 마음속으로 흠모하던 주인집 젊은 마님을 위해 만든 것도 같고, 또 어찌 보면 길을 가던 나그네가 하룻밤 묵은 주막집 여주인의 정이 하도 따스워서 그냥 떠날 수는 없고, 마음의 한 자락이나마 남기고자 한 조각 한 조각 쪼아서 만들어 놓은 것도 같다.

그것도 아니라면 나이 지긋해서 결혼한 한 지아비가 첫 애기를 잉태한 아내의 몸매가 하도 대견스럽고 고마워서 이렇게라도 돌에다가 옮겨 놓지 않고는 못 배길 것 같은 그런 절실한 마음에서 만들어 놓은 것인지도 모를 일이다.

한 편의 정겨운 시 같다.

무심한 듯하면서도 은근하고 은근하면서도 다정한 저 표정과 몸매. 한 남자가, 그것도 20대는 아니고 30대쯤 되는, 뭘 좀 알기는 아는 나이가 된 남자가 그의 사랑하는 사람을 위해서나 만들 수 있는 그런 것일 수밖에 없는 작품이다.

이 돌절구를 보고 있으면 가끔 갓 시집온 셋째 형수님이 생각날 때가 있다. 불을 켜지 않아도 방 안이 훤하다던 중매쟁이 할머니 말씀처럼 달덩이 같던 형수님은 늘 절구통 옆에서 뭔가를 찧고 계신 모습으로 내 기억 속에 남아 있다. 어머니를 일찍 여읜 어린 나를 귀여워해 주셨는데, 안타깝게도 우리는 6·25 때 헤어져야 했다.

갑산으로 가신다고 떠난 형님은 석 달이 지나도 소식이 없었다. 폭격은 날로 심해지고, 우리는 피란길을 떠나야 했다. 형수님은 친정으로, 나는 아버님이 계신 둘째 형님 댁으로 가고 있었다. 빨갛게 익어 가는 사과밭을 지나면 갈림길이 나온다. 우리는 거기서 헤어져야 하는 것이다. 나는 걸음을 재촉하고 있었다. 조금만 더 가면 정자나무가 나오고 그 정자나무만 지나면 내 모습이 보이지 않으리라. 뒤통수에 자꾸만 마음이 쓰였다. 내가 막 정자나무 뒤로 사라지려는 순간, 멀리서 형수님의 목소리가 들렸다.

"되련님, 몸 조심하셔요…. 아버님 말씀도 잘 듣구요…."

나는 돌아다보지 않았다. 저녁 해를 등지고 계시리라. 목소리가 떨리는 것 같았다. 울고 계실까. 나는 고개만 끄덕였다.

바로 어제 일 같다. 그러나 벌써 마흔 하고도 또 네 해가

지나고 있다. 험한 세상 어떻게든 살아 계시기나 했으면 싶다.

 나는 이 돌절구를 현관 입구에 모셔 놓았다. 굳이 그렇게 한 것은 드나들면서 자주 눈맞춤이라도 하는 동안에 내 마음도 그처럼 오붓하고 단아해지리라는 믿음에서다. 그리고 거기에 늘 맑은 물을 담아 둔다. 기도하는 마음이라고나 할까.

 저승 갈 때는 누구나 빈손. 나도 언젠가 이 돌절구를 누구에겐가 주고 가기는 가야겠지마는 다 주어 버리기는 싫고, 그 아름다움만이라도 내 눈 속에 고이 간직해 두려고 한다. 저승 가서도 심심하면 우리 집에서 늘 하던 버릇대로 가끔씩 꺼내 볼 생각이다.

서른한 번째 장미

 남대문 꽃시장에 간 것은 네 시가 조금 지나서였다. 세 시면 파장이라는 것을 알고 있었지만 어떻게 하다 보니 그리되었다.
 생각했던 대로 꽃가게들은 거의 문을 닫은 뒤였다. 살 형편도 못 되면서 보석 가게 앞에서 공연히 서성거리다가 시간을 너무 많이 보낸 것이 잘못이었다. 불이 켜져 있는 집은 대여섯 집. 그나마 다행이다 싶었다. 아내가 좋아하는 노랑 장미를 살 생각이었다. 그러나 다 팔리고 없었다. 대신 분홍 장미를 사기로 했다.
 열 송이 한 다발에 4천 원. 내게 필요한 것은 서른 하고 한 송이니까 세 다발을 사고 한 송이는 덤으로 받으면 되었다. 지갑을 꺼내면서 꽃집 주인에게 말했다.
 "아주머니, 세 다발을 주세요."
 아주머니가 꽃을 싸고 있었다. 이제 한두 송이 덤으로 끼워 넣으리라. 두 송이를 준다면 한 송이는 사양할 생각이었다.

그러나 세 다발을 다 싸고도 덤을 줄 생각을 하지 않고 나를 보고 서 있는 것이었다.

"덤 없어요? 아주머니."

내가 낼 수 있는 가장 부드러운 목소리로 말했다. 그러나 꽃장수 아주머니는 아무 감정도 섞이지 않은 목소리로 대답했다.

"없는데요."

처음에는 농담인 줄 알았다. 서른 송이나 사는데 덤이 없을 수 없기 때문이었다. 잠시 기다렸다. 그래도 아무 반응이 없었다. 내가 다시 말했다.

"서른 송이나 샀는데, 덤이 없어요?"

나는 '서른 송이'란 말에 조금 힘을 주었다. 그러나 이번에도 대답은 마찬가지였다. 그렇게 못한다는 것이었다. 기분 좋게 덤으로 한 송이를 더 받고 싶었지만 안 된다니 어쩔 수 없는 일이었다. 나는 천 원짜리를 내밀었다.

"한 송이 더 주십시오."

내가 들어도 내 말투가 좀 딱딱해져 있었다. 야박하다는 생각을 하고 있어서 그랬던 모양이다. 그런데 이번에도 대답은 마찬가지였다.

"그렇게 못 하는데요."

"돈을 드리는데두요?"

"네."

기가 막힐 노릇이었다. 돈을 주어도 팔 수 없다니. 이유를 물었다. 대답은 간단했다. 열 송이짜리 한 단에서 한 송이를 빼고 나면 그 남은 아홉 송이는 한 단 구실을 못하기 때문에 다른 손님에게 팔 수 없다는 것이었다. 그러면서 하는 말이, 꼭 필요하다면 한 단을 더 사면 되지 않겠느냐는 것이었다.

무슨 말인지 알아들었지만 내가 필요한 것은 서른 송이도 아니고 마흔 송이도 아니었다. 꼭 '서른한 송이'여야 했다. 그렇다고 그 한 송이 때문에 한 다발을 더 산다는 것도 그렇지만, 설사 그런다고 해도 남은 아홉 송이를 어떻게 하느냐가 문제였다. 아무에게나 주어 버릴 수도 없는 노릇이었다. 싱싱한 꽃을 사려고 일부러 멀리 온 것까지는 좋았는데 여기가 도매상이란 사실을 미처 생각지 못한 것은 나의 불찰이었다. 나는 잠시 머뭇거리고 있었다.

그때였다. 내 등 뒤에서 한 여인의 목소리가 들려왔다.

"아주머니, 제가 한 다발을 살 테니 이분께 내 것에서 한 송이를 드리세요. 그 한 송이에 깊은 뜻이 있는 것 같네요."

돌아다보니 바바리코트를 입은 중년 부인이 웃고 있었다. 처음부터 꽃집 주인과 내가 꽃 한 송이를 놓고 실랑이를 벌이는 것을 보고 있었던 모양이다. 너무 뜻밖의 일이라 잠시

멍한 기분이었다. 주인 여자가 장미 한 송이를 덜어 내어 내 꽃묶음에 넣었다.

 나는 그제야 겨우 정신을 가다듬고 감사의 말을 건넬 수 있었다. 좀 쑥스럽기도 하고 고맙기도 한, 뭐 좀 그런 어정쩡한 기분이었다. 그렇다고 그냥 덥석 받기도 좀 그래서 아까부터 쥐고 있던 천 원짜리를 주저하면서 그녀에게 내밀었다. 받을 리가 없었다. 그러면서 이렇게 말하는 것이었다.

 "제 동생이 꽃가게를 하고 있습니다. 오늘은 바쁘다기에 제가 나온 것입니다."

 그러시냐고 하면서 나는 고개를 주억거렸다. 그러자 그녀가 다시 말을 이었다.

 "어떤 소중한 분의 생일인가 보지요. 서른한 살 되시는?"
 "아, 네, 그게 실은…."

 좀 쑥스러운 일이었지만 나는 그날이 우리 부부의 서른한 번째 되는 결혼기념일이라는 것을 밝히지 않을 수 없었다.

 그녀는 가볍게 고개를 끄덕이면서 웃었다. 그러고는 한 송이가 모자라는 장미 다발을 받아 들고 다음 가게로 걸음을 옮기는 것이었다.

 어쩌면 그 장미는 그녀가 찾고 있던 색깔도, 또 그녀가 사려고 하던 종류도 아니었을지 모른다.

 버스를 타고 오는 동안에 내내 가슴이 두근거렸다. 뭔가 알 수 없는 향기라도 맡은 그런 기분이었다.

아내에게 꽃을 건네었다. 아내는 덤덤한 표정으로 받았다. 우리는 며칠째 냉전 중이었다. 그러나 내가 그 서른한 번째 장미에 대해서 이야기를 하자 꽃을 꽂고 있던 아내의 얼굴에 환한 웃음이 번지는 것이었다. 며칠 만에 보는 아내 웃음.

이제 그 서른한 번째 장미도 다른 장미들과 함께 시들고 말았다. 하지만 그 빛나는 장미 한 송이는 우리의 기억 속에 시들지 않고 오래오래 피어 있으리라 믿는다.

쐐기나방을 보내며

 지난해 늦가을이었다. 매화분을 들여놓는데 가지 사이에 이상한 것이 붙어 있었다. 새알같이 생겼지만 크기는 강낭콩만 하고, 짙은 갈색에 희끄무레한 얼룩무늬까지 조심스럽게 나 있었다. 쐐기집이 틀림없었다.

 매일 물을 주면서도 보지 못한 것이 이상했다. 잎사귀에 가려서 그랬던 모양이다. 처음에는 떼어 버릴까 하고 생각했다. 그러나 좁은 통 속에 작은 몸을 오그리고 아기처럼 곤히 잠들어 있을 녀석을 생각하니 차마 그럴 수가 없었다.

 그대로 마루에 들여놓기로 했다. 하지만 걱정이었다. 번데기란 밖에서 월동을 하는 법인데, 따뜻한 방 안 온도 때문에 봄인 줄 알고 나올지도 모를 일이었다. 나뭇잎 하나 없는 엄동에 녀석을 기를 수도 없는 일이고, 그렇다고 매화분을 그냥 밖에다 내버려둘 수는 더욱 없는 일이고, 결국 들여놓기는 했지만 좀 찜찜한 기분이었다.

자꾸 방 안 온도에 신경이 쓰였다. 화분에 물을 줄 때도 조심스러웠다. 녀석의 숙면을 방해하고 싶지 않아서였다. 어쩌다 잘못하여 물줄기가 쐐기집에 쏟아지면 녀석이 냅다 소리를 지를 것만 같았다.

"제기랄, 어떤 놈이야? 이 추위에 찬물을 끼얹는 놈이."

그때마다 나는 얼른 물줄기를 다른 데로 돌렸다.

그렇게 조심하는 사이에 어느덧 해가 바뀌었다. 다른 해와 마찬가지로 올해도 정초를 지나면서 매화는 가지마다 가득히 흰 꽃을 피웠다. 이만치 누워서 한쪽 눈을 지그시 감고 문갑 위에 놓인 매화분을 보고 있으면 문득 봄 언덕 위에 누워 있는 듯한 그런 기분이었다. 그러나 녀석은 자기 집이 온통 꽃 속에 파묻혀 있다는 사실을 아는지 모르는지 그 조그만 통 속에서 그저 잠잠할 뿐이었다.

매화도 어느덧 지고 매섭던 겨울도 그럭저럭 지나갔다. 진달래와 라일락이 분홍과 보랏빛으로 물들기 시작한 4월 세 번째 토요일, 나는 다시 매화분을 베란다에 내다 놓을 수 있었다. 별 탈 없이 겨울을 넘긴 것이 다행이다 싶었다. 이제 봄 나비들이 날아다닐 때쯤이면 녀석에게서도 무슨 소식이 있겠지 싶었다.

하지만 진달래가 지고 라일락이 지고 모란까지 졌는데도 녀석에게서는 아무런 낌새도 느낄 수 없었다.

혹시 방이 더워서 속에서 곯아 버린 것은 아닐까 하는

생각이 들기 시작한 것은 6월에 접어들면서부터였다. 그렇지 않고서야 그렇게 오랜 시간을 두고 잠잠할 수가 없는 일이었다. 잠시만 같은 자세로 앉아 있어도 엉덩이가 배겨서 못 견딜 판인데 몇 달씩이나 그러고 있다니, 인내의 한계를 넘어선 녀석의 그 수도승 같은 참을성에 그만 슬그머니 화가 나기 시작했다.

'쪼개 버려?'

나는 몇 번이나 면도칼을 들고 녀석의 집 앞에 앉아서 망설였는지 모른다. 그러나 결국 참는 쪽으로 결론을 내렸다. 이미 곯았다면 그래 봐야 소용이 없는 일이고, 살아 있다면 공연히 한 목숨 죽이는 결과가 되기 때문이었다. 아니, 어쩌면 놈의 그 질긴 인내에 슬그머니 약이 올라서 어디 누가 이기나 두고 보자는 심정에서 그랬는지도 모른다.

지난 6월 27일은 지자체 선거 투표일이었다. 일찍 투표를 마치고 집으로 돌아왔다가 화분에 물을 주지 않은 것이 생각나서 베란다로 나갔다. 그런데 번데기집 위쪽이 좀 수상했다. 칼로 참외 꼭지를 베어 낸 듯이 반듯하게 뚜껑이 잘려 나간 것이었다. 드디어 녀석이 오랜 칩거를 끝내고 세상 밖으로 나온 모양이었다. 아무튼 죽지 않고 살아 있었다는 사실이 고마웠다.

나는 나뭇잎을 뒤졌다. 녀석이 거기 있었다. 크기는 손톱만한 것이 마치 조그만 갈색 비로드 리본같이 앙증스러웠다. 아침 햇빛에 눈이 부신 때문인지, 아니면 처음 보는 세계에 대한 두려움 때문인지 가늘게 몸을 떨고 있었다.

나는 그 대단한 녀석을 좀 더 잘 봐 두고 싶었다. 확대경을 가지러 방으로 들어갔다. 다시 돌아왔을 때 녀석은 조금씩 움직이면서 날갯짓을 하고 있었다. 내가 확대경을 들이대자 녀석은 날개에 힘을 주더니 가지를 떠나 허공으로 날아올랐다. 잠깐 사이에 베란다 난간을 넘어 곧장 남쪽으로 방향을 잡으면서 가볍게 날아가는 것이었다.

마음 한구석이 잠시 찡하는 것 같았다. 일곱 달 동안이나 우리는 같이 지내던 사이였다. 친구를 보내는 그런 기분으로 나는 녀석을 배웅해 주었다. 짧은 일생이나마 어디서고 잘살다 가기를 빌면서.

그것이 암놈인지 수놈인지 나는 알지 못한다. 하지만 지금쯤 녀석은 어디선가 짝짓기를 하고 있을 것이 틀림없고, 얼마 후에는 내 마당의 어느 나무엔가에 알을 잔뜩 슬어 놓을 것이고, 그리고 또 얼마 후에는 그것들이 모두 애벌레가 되어 마당에 있는 나뭇잎이란 나뭇잎은 죄다 갉아먹을 것이다.

그리고 어느 날 대추를 따기 위해 나무에 올라간 나를 사정없이 쏘아 댈 것이 분명하다. 그러나 녀석을 보내는 순간만은 그런 끔찍스러운 생각이 전혀 떠오르지 않았다.

바다

바다는 물들지 않는다. 바다는 굳지도 않으며 풍화되지도 않는다. 전신주를 세우지 않으며 철로가 지나가게 하지 않으며, 나무가 뿌리를 내리도록 내버려두지 않는다. 품 안에 진주조개를 품고 식인상어를 키우더라도 채송화 한 송이도 그 위에서는 피어나지 못한다.

칼에 허리를 찔려도 금세 아물고 군함이 지나가도 그 흔적을 남기지 않는다. 바다는 무엇에 의해서도 손상되는 법이 없다. 사람들이 국경선을 긋지만 지도 위에서일 뿐이다. 무적함대를 삼키고도 트림조차 하지 않았다.

어떤 지배도 인정할 수 없는 바다는 무엇에 대한 자신의 군림君臨도 원치 않는다. 그는 항상 낮은 곳에 머물며 모든 것은 평등의 수평선 위에서 출발하기를 바란다.

바다는 기록을 비웃으며 역사를 삼킨다. 땅은 영웅들의 기념비로 더럽혀졌지만 아직 바다는 그런 것에 의해 오염되지

않았다.

어부들은 그물을 던지지만 고기만 넘겨 줄 뿐 바다는 언제나 그물 밖에 서 있다.

바다는 두 손으로 뭉쳐도 뭉쳐지지 않고 잘라 내도 조그만 술잔 하나도 만들 수 없다. 그것은 무엇에 의해서도 구속되지 않으며 어떤 형태로도 규정되고 싶지 않은, 자유로운 영혼. 길들기를 거부하는 야성. 모든 것은 시작도 끝도 없으며 단지 하나의 과정임을 말하고 싶은 것이다.

바다는 언제나 뒤척이고 한숨짓고 몸부림친다. 상승과 추락, 승리와 패배, 욕망과 좌절, 그 두 사이를 일상의 우리처럼 반복한다. 밤마다 고민하는 도스토옙스키의 바다.

바다는 자신을 꾸미지 않는다. 가식과 허세로 장식하지 않으며 가면을 벗고 순수를 드러낸다. 자신이 실오라기 하나 걸치지 않은 알몸인 것처럼 그 앞에서는 사람들도 그렇게 하기를 바란다.

우리를 흥건히 적시는 끈끈한 체취, 햇빛에 번득이는 윤택한 피부, 그리고 언제나 출렁이는 풍만한 젖가슴, 한 번도 손상된 적이 없고 앞으로도 또 그러할, 저 관능의 출렁임이 언제나 우리를 부른다.

육지가 끝나는 곳에서 바다는 시작한다. 바다는 또 다른 세계를 향한 길이요 가능성이다. 기록되기를 거부하는 태초의 말씀이요, 얼굴을 가린 종교다. 그의 깊고 푸른 눈동자를 들여다보고 있으면 우리는 우리의 눈물이 얼마나 작고 초라한 것인지를 안다.

더는 갈 곳이 없는 도망자들이 찾아가고, 더는 살고 싶은 마음이 없는 사람들이 찾아가고, 까닭 없이 가슴이 답답할 때 우리가 찾아가는 바다. 바다는 물 한 모금 주지 않고도 우리의 갈증을 풀어 준다. 우리의 수척한 어깨를 그의 부드러운 어깨로 감싸 안는다.

삶에 대한 회의 앞에서 바위에 부딪치는 파도로 대답하고, 사랑에 대한 의문 앞에서 퍼렇게 멍든 가슴을 헤쳐 보이다가도 그리움 앞에서는 아득히 수평선으로 물러나 가느다랗게 실눈을 뜬다.

사람보다 먼저 취하고 사람보다 먼저 깨는, 슬픔의 눈물만이 아니라 기쁨의 눈물까지를 함께한 그는, 모든 만灣과 항구와 운하를 가득 채우고도 오히려 넘친다. 때로는 맹수처럼 포효하고 때로는 절벽 같은 해일이 되어 인간의 노작勞作들을 한순간에 쓸어버리지만, 그것은 악의에서라기보다 인간이 자랑하는 그런 것이 얼마나 공허하며 또 얼마나 사소한 것인지를 일깨워 주기 위함인지도 모른다.

설혹 바다가 인간이 이룬 모든 것들을 무화無化시켜 버린다 해도 우리는 성낼 것이 못 된다. 바다로부터 건져 올린 그 많은 전체에 비한다면 우리가 잃은 것이란 극히 작은 부분에 지나지 않기 때문이다.

바다

깊이도 무게도 잴 수 없는 하나의 물방울이면서 모든 물방울인 바다. 어린아이의 조그만 손에 의해서도 가끔 가볍게 들릴 줄 아는, 꿈과 환상을 함께한 동심의 바다. 그러나 영리한 바보들은 그것을 모른다.

여덟 살 때 내가 본 최초의 바다는 하나의 경이驚異였다. 스물이 되었을 때 바다는 어느새 늘 함께하고 싶은 갈망의 대상이 되어 있었다. 이제 노년의 고갯마루에서 지금 나는 다시 나의 바다를 본다. 바다는 그의 젊음으로 내 나이를 지우고 그의 커다란 눈물 속에 나의 작은 눈물을 받아들인다. 그리고 마침내 바다는 그의 품 안에 나의 존재마저 말없이 보듬는다.

7

작지만 용기 있는 저 한 마리의 도미처럼, 나도 날고 싶다. 모든 허망의 바다로부터, 몸을 휘감는 잡다한 일상의 해초로부터 벗어나고 싶다. 한순간에 모든 것을 건, 저 도미의 도전은 작지만 얼마나 눈부신가.

수박 예찬

여름철 과일의 대명사는 수박이 아닌가 한다. 자두니 참외니 토마토니 하는 것들도 좋지만 부피로나 무게로나 그 시원한 맛으로나 역시 수박을 당할 것이 없다.

거기에 비하면 다른 과일들은 구구한 변명 같다. 한 통으로 온 가족이 둘러앉아 먹고도 남는 것은 역시 수박뿐이다. 여름은 수박으로 시작해서 수박으로 끝난다 해도 지나친 말이 아니다.

수박이 대단한 것은 그 크기 때문만은 아니다. 그 겉모습이 또한 시원해서 좋다. 연두색 바탕에 짙은 초록색의 얼룩무늬. 어찌 보면 풀밭에서 포복하고 있는 예비군의 엉덩짝 같다.

다른 과일들은 겉모습을 눈부시게 하여 동물들의 시선을 끌어들이는데, 수박은 무엇을 숨기고 싶어서 저런 위장술까지 써야 하는지 모를 일이다.

하지만 수박을 쪼개 놓고 보면 안다. 분홍색 속살이 자못 선정적이다. 그렇게 뜨거운 속내를 지녔으니 그것을 그대로 드러냈다가 그 뒤끝을 어찌 다 감당하랴. 위장을 해야 하는 이유가 충분하다.

게다가 적당히 박힌 검은 씨앗의 악센트는 보는 이의 시각을 즐겁게 한다. 나면서부터 매력 포인트가 무엇인가를 알고 있는 여인네라고나 할까. 마릴린 먼로의 입가에 찍힌 검은 애교점 같다.

그러나 이 정도로 수박의 미덕을 다 예찬했다고 말할 수는 없다. 한번 베어 물었을 때 씹히는 과육의 감촉, 이어서 입속을 적시는 과즙과 가득히 퍼지는 상큼한 향기. 수박이 왜 여름 과일의 대명사인지 비로소 알게 된다. 풍부한 과즙은 여름의 갈증을 순식간에 해갈시키고도 남는다.

시원하기로 말하면 어떤 과일도 수박의 맞수가 되지 못한다. 두어 쪽만 먹어도 샤워를 한 차례 한 것만큼이나 심신이 상쾌하다. 입속이 상쾌하고 가슴이 상쾌하고 그래서 정신이 온통 상쾌하다. 식당에 가면 왜 수박이 후식으로 자주 등장하는지 그 이유를 알 만하다.

여름이 되어서 수박이 여는 것이 아니라, 수박이 열어서 비로소 여름인 것이다.

좋은 이웃이란

 나는 장위동 291번지에서 스무 해하고도 여섯 해를 더 살았다.

 옆집 신철균 씨는 내가 이사 갔을 때 이미 그곳에 살고 있었으니까, 우리는 야트막한 블록 담장을 사이에 두고 결국 그 긴 세월을 이웃하고 산 셈이다.

 두 집 모두 대지 70평에 열여섯 평짜리 재건주택이라서 누가 더 잘살고 못살고 할 것이 없었다. 내가 자랑할 것이 있었다면, 마당 북쪽에 서 있는 20년도 더 된 대추나무였고, 그분이 자랑할 것이 있었다면 집 서쪽에 서 있는 왕벚나무였다고나 할까.

 우리 집에도 벚나무가 두 그루나 있었지만 꽃만 예쁠 뿐 열매는 신통치 않았다. 그의 집 왕벚나무에는 5월이면 대추알만 한 버찌가 푸짐하게 열리곤 했다.

 해마다 5월 말쯤 되면 담 너머에서 나를 부르는 소리가 들리곤 했다. 내다보면 담장 너머로 그의 상기된 얼굴이 해처럼 쏙 솟아 있곤 했다. 그리고 버찌가 담긴 작은 소쿠리가 넘어왔다. 검붉을 정도로 잘 익은 버찌, 능금보다 더 고운 빛깔, 향도 아주 달았다.

추석 때쯤 되면 우리 대추가 익었다. 나는 주로 일요일 아침에 대추를 땄다. 아침 이슬이 묻은 대추를 소쿠리에 담아 담 너머로 보냈다. 꽃을 구경하거나 잔디를 깎던 그가 손을 털고는 환하게 웃으며 받았다.

그렇다고 우리는 그렇게 친한 이웃은 아니었던 것 같다. 술 한번 같이 마신 기억이 없다. 그저 버찌가 익을 때 버찌가 담긴 바구니가 넘어오고, 대추가 익을 때 대추가 담긴 소쿠리가 넘어갔을 뿐이다.

우리는 그 정도의 연례행사를 통해서 그저 편안한 이웃으로 남기를 서로 바랐는지 모른다. 물론 큰소리치며 다툰 적도 없이 이웃으로 살았다. 좋은 이웃이란 권커니 잣커니 하는 각별한 사이여야만 하는 것은 아닌 것 같다. 자칫하면 서로에게 짐이 될 때가 없지 않으니까. 불가원 불가근이라고나 할까.

가끔 그 집 숟가락이 몇 개인 것까지 아는 사이라고 자랑하는 이웃을 본다. 그러나 내 생각에 그건 자랑이 되지 못할 것 같다. 좋은 이웃이란 마음에 야트막한 담 하나 정도는 사이에 두고 사는 것이 좋을 듯싶어서다.

지난 5월, 슈퍼에 들렀다가 잘 익은 버찌가 나왔기에 그분 생각이 나서 사 왔다. 그것을 그림으로 그렸다. 담 너머에서 그가 넘겨다보며 '엄지 척' 하며 환하게 웃고 있었다.

작지만 얼마나 눈부신가

 여기 붉은 도미가 한 마리 있다. 혼신의 힘을 다해 하늘을 향해 솟구치고 있는 중이다. 무엇을 위한 도약일까? 먹이를 위한 것일까, 아니면 바다로부터 일탈을 위한 것일까?

 먹이는 물속에 더 많을 터이니, 아마도 바다라는 일상으로부터 탈출하고 싶어서인지도 모른다.

 누군가 그에게 이렇게 일러주면 어떨까. 대기란 물고기가 살 만한 곳이 못 된다, 조금만 지체해도 숨이 막힐 것이고, 껍질과 지느러미가 마를 것이고, 그래서 죽고 말 것이라고.

 그래도 그의 도약은 계속될까? 그럴지도 모른다. 물고기들 중에도 빵만으로 살 수 없는 그런 특별한 놈이 있을 수 있으니까. 그런 녀석에게 지금 절실한 것은, 새우나 멸치 같은 하찮은 먹이가 아니라, 이 숨 막히는 허망의 바다로부터 탈출하는 것이리라.

거세게 몰아치는 파도, 막힘 없이 트인 저 아득한 수평선, 지느러미를 스치는 신선한 바람, 눈이 부시도록 작열하는 7월의 태양, 그리고 머리 위에 떠 있는 뭉게구름과 그 옆을 날고 있는 노래하는 갈매기들. 이런 것은 바닷속에서는 한 번도 경험할 수 없었던 감각이요 전율이 아닌가.

만약 자기 세계에 안주하고 말았더라면 그는 바다 밖의 세계는 알지 못한 채 짧은 생을 마쳤을 것이다.

그러나 감히 모험을 했고, 그 모험은 그에게 바다보다 더 넓고 더 아름답고 더 찬란한 세계가 따로 존재한다는 사실을 알려 주었다. 잠시 후 그는 다시 바다로 추락할 것이다. 그리고 그에게 돌아갈 보상은 다만 상처와 고통일지 모른다.

그렇다고 해도 그의 비상은 앞으로도 계속될 것이다. 짧은 생을 마감할 때까지. 참된 삶이란 예속이 아니라 자유이며, 안주가 아니라 도전이라는 것을 알았기 때문이리라. 한 번 진실의 빛을 보아 버린 눈은 결코 그것을 외면할 수 없으니까.

작지만 용기 있는 저 한 마리의 도미처럼, 나도 날고 싶다. 모든 허망의 바다로부터, 몸을 휘감는 잡다한 일상의 해초로부터 벗어나고 싶다. 한순간에 모든 것을 건, 저 도미의 도전은 작지만 얼마나 눈부신가.

블루스카이

비가 내리는 초여름 어느 날 저녁, 울적한 기분으로 오랜만에 바에 들렀다.

무엇을 마실까 망설이는데, 메뉴 제일 위에 적혀 있는 술 이름이 들어왔다.

'데킬라!'

'드라큘라?'

뭔가 끝내줄 것 같은 엽기적인 어감이 좋았다. 소주잔보다 조금 큰 유리잔에 들어 있는 맑은 술. 한 숟갈의 소금과 두 쪽의 레몬 안주. 나는 술 한 모금에 소금 한 번씩 핥았다. 그때 비로소 목구멍을 탁 쏘는 통증으로 술이 말을 걸어왔다.

"이래도 우울한가?"

"아직은…."

이번에는 블랙 러시안Black Russian을 시켰다. 메뉴 중간쯤에 있었다. 10년 전 페테르부르크에 갔을 때 본 네바 강 물빛이 생각났다. 흑인의 피부 같은 술빛. 맛도 괜찮았다. 보드카의 탁 쏘는 맛에 이어지는 칼루아의 맛과 향기. 속정 깊은 여인의 품속같이 편안했다. 나는 연거푸 두 잔을 마셨다. 사랑이 이런 맛일까? 아주 취해 버리고 싶었다.

신이여, 차라리 시험에 들게 하소서!

밖은 여전히 비가 내리고 있었다. 그런데 아직도 뭔가 미진했다. 그때 메뉴 제일 끝에 적혀 있는 이름이 들어왔다.

"블루스카이Blue Sky!"

그래 이거야. 정답을 맞히는 순간, '땡' 하고 울리는 필링. 울적한 하루의 피날레로 그만일 것 같았다.

바텐더가 내민 깔때기 잔 밑의 3분의 1은 투명한 보드카이고 나머지는 하늘빛 술이었다. 유백색이 도는 세룰리언 블루! 표면에는 거품이 떠 있었다. 바텐더가 말했다. 그건 구름이라고.

성냥을 그어서 잔에 댔다. 화약을 쟁긴 대포에 불을 댕기듯이. 순식간에 술잔에 불이 붙기 시작했다.

아니, 하늘이 불타기 시작했다. 그가 재촉했다. 어서 빨대로 불어서 끄라고. 서툰 소방관처럼 너무 세게 부는 바람에 구름과 함께 하늘이 반이나 날아가 버렸다.

순간 터지는 웃음소리.

아까운 내 술!

내 구름!

내 하늘!

나는 남은 구름과 남은 하늘을 모두 마셔 버렸다. 원샷으로. 밖은 여전히 비가 내리고 있었다.

하지만 푸른 하늘을 삼킨 내 마음은 이미 블루스카이!

당신에게도 권하고 싶다. 울적한 날은 블루스카이 한잔 어떠시냐고.

금붕어도 때로는 외로움을 탄다

어항에 금붕어를 넣어야 할 때면 나는 가끔 선택에 어려움을 겪곤 한다. 두 마리를 넣자니 너무 단조롭고, 네 마리를 넣자니 너무 많아 번잡스럽다.

세 마리를 넣으면 많지도 적지도 않고 꼭 알맞다. 구도상으로 봐도 변화가 있어 보기 좋다. 하지만 한 녀석이 꼭 외톨이가 되는 게 문제다. 처음 얼마 동안은 외톨이도 그럭저럭 잘 견뎌 내는 것 같다. 다른 금붕어의 행복에는 관심이 없다는 그런 무심한 표정으로 가장자리를 겉돈다. 아니면 자신의 생각에 침잠해 있는 것같이 가만히 한곳에서 멈춘 채 숨을 고르고 있다.

하지만 어느 날 아침 깨어 보면 번번이 죽어 있기 일쑤다. 배를 위로 하고 어항 한쪽 가장자리에 붙어 있는 것이다.

금붕어도 외로움을 탄다는 사실을 안 것은 요즘 들어서다. 이런 말을 들은 내 생물학자 친구는 걱정 말라고 타이른다. 금붕어의 기억은 고작 3초뿐이라고. 하지만 내 생각은 좀 다르다. 그 3초 동안에도 얼마든지 외로울 수 있는 것이라고.

이런저런 생각을 하면서 그리다 보니 어느새 금붕어 세 마리가 되고 말았다. 화면 구도로 봐서 어쩔 수 없는 일이다. 게다가 이것은 그림이니까 외톨이가 외로워서 죽을 일은 없을 것이다.

그런데 어쩐 일일까. 떨어져 있는 한 녀석에게 자꾸 신경이 쓰인다. 어쩐지 춥고 외로워 보이기 때문이다. 한 마리를 더 그릴까 하는 생각을 해 본다.

그러나 그만두기로 한다. 세상에는 짝 없는 외톨이가 언제나 있게 마련이니까. 몸으로서가 아니라 마음으로서 말이다.

고흐를 추모하며

 가끔 해바라기를 보면 고흐가 생각날 때가 있다. 그처럼 해바라기에 집착했던 화가가 없었기 때문이리라.
 그는 죽을 때까지 모두 열세 점의 해바라기 그림을 남겼다. 자신의 초상화를 제외하면 한 가지 소재를 그렇게 반복해서 다룬 예는 없다.
 경제적인 궁핍, 세 번에 걸친 사랑의 실패 그리고 간질병의 주기적 발작과 죽음에 대한 예감. 이런 것으로부터 벗어나기 위해 그에게는 밝은 태양이 필요했다.
 그는 드디어 비와 구름의 나라인 고향 네덜란드를 떠나 프랑스 남부 아를에 정착한다. 죽기 2년 전이었다. 거기서 밤하늘의 별과 한낮의 태양을 만난다. 그리고 태양의 지상적 표상이라고 할 수 있는 해바라기에 몰두한다.
 삶에 대한 애착과 예술에 대한 열정을 표현하는 데 해바라기가 가장 알맞은 소재라고 생각한 것일까. 거친 붓놀림과 공격적인 색채와 무기교의 솔직함 같은 고흐적 특성이 잘 나타난 것도 해바라기를 통해서였다.

고흐는 황색과 군청색을 즐겨 썼다. 특히 환각증적인 황색에 대한 집착은 그가 죽을 때까지 따라다닌다. 아를의 그의 화실은 온통 황색으로 칠해져 있었다. 밤하늘의 별도 한낮의 태양도 마찬가지다. 죽음의 순간까지 이와 같은 황색에 대한 집착은 계속된다.

어느 날 까마귀가 떼를 지어 날아다니는 누런 보리밭을 그린 다음 그 보리밭에서 그는 자신의 가슴에 총을 겨눈다. 그리고 서서히 방아쇠를 당긴다. 1890년 7월 27일 황혼 무렵이었다. 이틀 후인 29일 그는 숨을 거둔다. "살아 있다는 것 자체가 고통"이라는 마지막 말을 남기면서 한 많은 그러나 서른일곱이라는 짧은 생애에 마침표처럼 총알을 박은 것이다.

오래전에 본 영화의 마지막 장면이 지금도 잊혀지지 않는다. 고흐의 전기영화였다.

하늘은 잔뜩 흐려 있다. 검은 상복을 입고 둘러서 있는 사람들, 깊이 패인 구덩이 속으로 흰 천으로 묶은 관을 내리고 있다. 관이 땅에 닿자 관뚜껑 위에 한 송이 해바라기가 던져진다. 그때 굵은 빗방울이 검은 관과 목이 잘린 해바라기 위에 떨어진다. 마치 그가 이 세상에서 다 울 수 없었던 마지막 눈물처럼. 그리고 그 위에 좌르르 뿌려진

흙알갱이들이 내던 소리. 그 여운과 함께 영화는 끝났다.

  오늘은 2003년 7월 27일. 213년 전 그가 자기 자신을 쏜 날이다. 그를 추모하는 의미에서 해바라기를 그리고, 이 글을 쓴다.

동해 작은 섬 물가에

이시카와 다쿠보쿠石川啄木를 처음 안 것은 내 나이 스물여섯 되던 해 여름이었다. 스물여섯이란 눈부신 나이. 그 나이에 그는 죽고, 나는 그를 알게 된 것이다. 우리 사이에는 반세기라는 시간의 갭이 놓여 있지만 젊음은 그것을 뛰어넘기에 충분했다.

1961년, 나는 그때 시골 중학교 교사였다. 5월에 군사혁명이 터지자 6월에 사표를 내야 했다. 병역미필이 그 이유였다. 군에 지원했다. 그러나 입영 날짜까지는 3개월이라는 시간이 남아 있었다.

석 달이라는 유예된 시간 속에서는 아무 일도 손에 잡히지 않았다. 아침 먹고 나가면 다방에서 오전을 죽이고, 점심을 먹고 나면 극장에서 오후를 죽였다. 매일 대한극장이나 단성사 같은 개봉 극장에 갈 형편이 아니어서 두 편씩 동시 상영하는 삼류 극장을 이용했다. 〈심야의 탈출〉이니

〈OK목장의 결투〉니 하는 것은 모두 고마운 그런 삼류 극장에서 본 영화들이다. 어떤 장면도 예외 없이 비가 내리고, 어떤 결정적인 장면도 예외 없이 허옇게 끊기고 말던, 한물간 영화들. 내 젊음만큼이나 남루했다. 때로는 세 번이나 같은 것을 보기도 했다. 시간은 게으른 소였다.

1961년 여름은 그렇게 지루하게 지나갔다. 흥미 위주의 책을 택했지만 내용이 들어오지 않았다. 《채털리 부인의 사랑》을 읽은 것도 그때였다. 그때만 해도 금서목록에 들어 있어 번역된 것이 없었다. 영문판도 일본에서 몰래 들여온 것을 복사한 해적판이었다.

그러던 어느 날 종로서점에서 얄팍한 잡지 한 권을 샀다. 《문장》이라는 잡지였다. 어떤 글을 읽다가 인용된 시 한 편을 만나게 된 것이다. 그 시를 읽는 순간 나도 모르게 신음 소리가 나왔다. 그 글의 내용도 필자도 지금은 기억에 없다. 다만 다쿠보쿠의 시만 오랫동안 내 기억 속에 남아 있을 뿐이다.

세 개의 연으로 된 한 편의 시처럼 인용된 이 시가 실은 각각 독립된 세 편의 단가短歌라는 것을 안 건 나중이었다. 그러나 나는 지금도 그것을 한 편의 시로 외곤 한다.

동해 작은 섬 물가에
내 홀로 눈물 지으며 게와 노닌다

모래섬 모래 위에 엎디어서
첫사랑의 아픔을 생각하는 날에

벗들이 모두 훌륭해 보이는 날엔
꽃을 사다 아내와 즐긴다

 직역이 아니라 의역이다. 하지만 나는 어떤 번역본보다 이 번역시를 좋아한다. 근 반세기 동안 내 영혼과 함께해 온 때문이다. 특히 "벗들이 모두 훌륭해 보이는 날엔/ 꽃을 사다 아내와 즐긴다"는 대목에 와서 매번 목이 메곤 했다.
 이 시를 통해 나는 슬픔을 굴절시키는 법을 처음 배웠다. 그건 마치 눈물이 흐르려고 할 때 먼 산을 바라보는 자세와도 같은 것이다. 그는 또 늘 향수에 젖어 있었다. "고향이 그리울 때면 역에 나가서 고향 사투리를 듣는다"는 그의 이야기 속에서 나는 그리움을 삭이는 법을 배웠다. 나도 고향을 떠난 사람이었기에 더 깊은 감동을 받았는지도 모른다.
 이시카와 다쿠보쿠는 그런 의미에서 내 젊은 날의 친구이자 스승이었다. 아니, 그 후에도 좌절의 순간마다 나를 어루만져 주는 부드럽고 따뜻한 손이었다. 부자가 줄 수 있는 것이란 그리 많지 못하다. 노상 빚에 쪼들리던 가난뱅이 시인이 더 많은 것을 줄 수 있었다.

나는 그가 그처럼 그리워하던 그의 고향 시부타미渋民에 가 보고 싶었다. 갈 수 없는 내 고향 대신 갈 수 있는 그의 고향이라도 가고 싶었다. 혼자 걸었을 그 많은 오솔길을 그의 외로운 마음과 나란히 걸어보고 싶었다.

그러나 나의 일본 여행은 오랫동안 미루어졌다. 시부타미에 간 것은 2004년 5월. 그러니까 마음먹은 지 43년 만이었다. 그가 잠시 임시교사로 재직했던 학교의 삐거덕거리는 나무 층계를 한 발 한 발 디디며 올라갔다. 그리고 그가 열정을 바쳐 가르치던 교실에서 그의 학생이 되어 딱딱한 나무의자에 앉아 보았다. 열세 살에 사랑을 시작하고 열세 살을 더 살다간 시인. 자살하려고 갔던 하코다테 바닷가에서 결국 자살을 하지 못하고 게와 놀다 돌아온 어린애 같은 마음. 나는 그런 그가 좋았다.

비록 무책임하다는 비난을 받을 만큼 생활력도 성실성도 부족했지만, 그의 이런 맑은 마음을 나는 지금도 사랑한다. 그래서 그의 시를 그림으로 그려 보았다. 게를 한 마리 그려 그의 고독했던 심정을 대신할 수도 있었지만, 나는 굳이 두 마리를 그렸다. 왼쪽에 있는 한 마리는 시인이고, 그 옆에 있는 한 마리는 나라고 해 두고 싶었다. 내 젊은 날 절망의 순간마다 나를 죽지 않고 일어설 수 있게 해 준 그의 슬픈 지혜에 감사하는 의미로 이 그림을 그에게 바친다.

수줍음을 타는 부처님

편안한 미소 때문일까. 불자佛子도 아니면서 나는 가끔 불두佛頭 하나를 가졌으면 했다.

그러나 좀처럼 마음에 드는 것을 만날 수가 없었다. 근엄한 표정이 아니면 뭔가 설교하려는 것이 대부분이었다. 그러던 어느 날, 그러니까 눈발이 날리던 지난 3월 초사흘 오후였다. 나는 할 일 없이 인사동 거리를 거닐다가 어느 골동품 가게에 들어갔다. 그때 선반 위에서 내 시선을 끄는 것이 있었다.

머리를 들어 보니 불두 하나가 수줍게 미소 지으며 나를 내려다보고 있는 것이었다. 순간 눈앞이 환히 열리는 것 같았다. 손이라도 덥석 잡고 싶은 심정이었다. 크기는 어른 주먹만 한데, 눈꺼풀이 좀 부은 듯한 것이 전형적인 동양 사람의 눈이었다. 그런데 눈은 웃지 않았다. 다만 입술만 웃고 있었다. 도톰한 아랫입술. 조금은 육감적이면서도 아주 부드럽다.

　미륵보살반가사유상은 입술이 얇고 그 웃음이 좀 화사한 편이어서, 수평선을 손가락으로 만지는 것 같은 그런 간지러운 느낌을 주지만, 이 부처님의 웃음은 그저 소박하기만 하다. 있는 듯 없고 없는 듯 있다.

　밝은 조명 속에서는, 그래서 자주 날아가 버리곤 한다. 조금은 어두운 조명, 그러니까 촛불이거나 아니면 석양이나 아침 여명 같은 희미한 빛 속에서만 웃음을 드러내신다. 생각을 단전 깊숙이 모으고 있는 듯한 표정이 그렇게 편안할 수가 없다. 운반 도중에 부딪혔는지 이마에는 두 군데나 상처가 나 있고, 왼쪽 귓바퀴도 살점이 크게 떨어져 나갔다. 멀고 먼 티베트에서 오시느라 고생이 많았을 부처님.

　그런데 예까지 아니, 나에게까지 오신 연유가 궁금하다. 표정으로 봐서 나에게 뭔가 말하고 있는 것 같긴 한데, 아직 그 뜻을 읽어 낼 재간이 없다. 내게 설법 같은 것을 할 의도는 없으신 것 같고, 어찌 보면 자기 웃음을 따라가다 보면 모든 갈등으로부터 놓여날 수 있는 그런 청정한 세계에 당도할 수 있을 것이라고 암시하시는 것도 같다. 나를 의식하지 않는, 나마저 놓아 버린 채 무아의 깊이 속으로 가라앉아 있는, 저 편안한 표정. 분명 무명의 석공이 만든 것일 터인데도 조용히 살아 숨 쉬고 있는 것이다.

　나는 이 불두를 머리맡에 두고 있다. 아무래도 내 생애의 마지막 순간까지 나와 함께할 몇 안 되는 애장품 가운데 하나가 되지 싶은 예감이다. 무료한 어느 날 불두를 그려 봤다.

  하지만 그 미묘한 웃음을 표현하기에는 내 실력이 턱없이 부족함을 느낀다. 아니, 이 부처님은 오욕으로 때묻은 나에게 무구無垢한 자신의 미소 그리기를 허락하지 않는 것인지도 모른다.

사랑한다는 것은

　사랑한다는 것은 가슴에 그리움을 키우는 일이 아니지. 사랑한다는 것은 가슴에 기다림을 가꾸는 일도 아니고.

　사랑한다는 것은 어둠의 골짜기를 건너고 가시덤불 들판을 가로질러 내가 나를 만나러 가는 길이지. 네가 너를 만나러 오는 길이고.

　네 안에 떨고 있는 나를 내가 허위단심 만나러 가는 길이지. 내 안에 떨고 있는 너를 네가 허위단심 만나러 오는 길이고.

　사랑한다는 것은 네 안에 떨고 있는 나를 내가 찾아낸 기쁨의 눈물로 안아 주는 일이지. 내 안에 떨고 있는 너를 네가 찾아낸 기쁨의 눈물로 안아 주는 일이고.

　아무리 두 팔을 크게 벌려 봐도 우리는 우리 자신을 안아 줄 수는 없지. 그리하여 사랑한다는 것은 너와 내가 떨고 있는 우리를 서로 안아 주는 일이지.

2024. 2. 5. 回歸芽松999에서
SOHN.K.S

놓칠 뻔했던 아찔한 몇몇 순간, 내가 나를 찾는 행복한 아픔, 네가 너를 찾는 아픈 행복, 사랑한다는 것은 그것이지, 그런 것이고.

여우 사냥

내가 여우를 처음 본 것은 열두 살 때였던 것 같다.

아침에 깨어 보니 밤새 내린 눈으로 마을은 하얗게 변해 있었다. 아침을 먹자 어슬렁거리며 정자나무가 서 있는 마을 어귀로 내려갔다. 눈이 내린 날은 좀이 쑤셔서 그냥 배길 수가 없었다. 그곳에 당도했을 때 이미 아이들이 와 있었다. 나중에 몇 명이 더 왔는지 기억에 없지만 택수 형이 제일 늦게 온 건 분명한 것 같다. 모두 예닐곱 명이 되었을까. 하지만 여자애는 없었다.

모이면 무슨 일이고 저질러야 직성이 풀리는 같은 또래의 아이들. 더구나 그날은 눈까지 왔으니 몸이 근질거려 가만히 있을 수가 없었다. 궁리 끝에 나온 결론은 여우 사냥을 가자는 것이었다. 지난가을 땔감을 지고 오다가 여우가 들어가는 굴을 봤다는 아이의 제안이 받아들여진 것이다.

우리는 여우 고개를 향해 길을 떠났다. 가슴속에서 북소리가 둥둥거렸다.

밤새 쌓인 눈이 무릎까지 올라왔지만 그런 것들이 무슨 대수랴 싶었다. 눈 속에서 저마다 자기에게 맞는 몽둥이를 하나씩 찾아 들었다. 대장인 택수 형 뒤에는 마른 짚단을 겨드랑이에 낀 아이가 따라붙었다.

얼마를 갔을까 여우굴이 가까워졌는지 조용하라는 신호가 앞에서 왔다. 시끌벅적하던 아이들이 조용해졌다. 그러자 눈이 갑자기 더 하얗게 보였다. 그렇게 또 얼마를 더 가서 일행은 멈춰 섰다. 굴이 나타난 것이다.

우리는 대장의 지시에 따라 부챗살 모양으로 진을 쳤다. 큰 바위가 시옷 자처럼 엇비슷하게 맞물린 밑으로 뚫린 굴은 커다란 동물의 입처럼 열려 있었다. 입구에서 푸른 연기 같은 것이 조금씩 피어오르고 있는 것 같았다. 우리 마을의 어둠은 모두 그 속에 숨었다가 밤이 되면 나오는 것인지도 모른다는 생각이 들 정도로 깊고 어두웠다. 짚단을 든 아이와 택수 형이 앞으로 나갔다.

나는 다른 아이들과 함께 제일 뒤쪽에 서 있었다. 긴장감으로 오그라드는 기분이었다.

대장이 굴에다 짚단을 쑤셔 넣더니 불을 지폈다. 마른 짚단이 순식간에 타들어 갔다. 그 위에다 생솔가지를 꺾어다 얹자 푸른 연기가 구름처럼 피어올랐다. 순간 나는 가슴이 뛰기 시작했다. 연기 때문만은 아니었다. 금세 그 불길을 헤치고 여우가 튀어나올 것 같아서였다. 언젠가 밤에 군불을 땔 때 느닷없이 아궁이에서 고양이가 튀어나왔던 기억이 되살아났던 것이다. 그때처럼 여우가 나를 향해 달려들면 더 낭패일 거라는 생각이 퍼뜩 스치고 지나갔다.

병아리 목 하나도 비틀지 못하는 겁쟁이였다. 더구나 몽둥이로 그놈의 대가리를 내려친다는 것은 상상조차 하기 싫었다. 붉은 피가 눈밭을 벌겋게 물들일 광경이 끔찍했다. 더럭 겁이 나면서 갑자기 오줌이 마려웠다. 그렇다고 도망칠 수도 없는 노릇이었다. 애들의 놀림감이 될 것이 뻔했으니까.

다른 아이들은 오히려 숨을 죽인 채 극적인 순간을 기다리는지 여기저기서 침 삼키는 소리가 들렸다.

생솔가지는 더 세차게 타들어 갔다. 한동안 그렇게 불질을 했다. 하지만 웬일인지 여우는 나오지 않았다.

그때 누군가 말했다. 굴이 산 너머로 마주 뚫려 있어서 벌써 여우가 그쪽으로 도망간 것이 틀림없다는 것이었다. 그럴지도 모를 일이었다. 아니, 그랬으면 하고 간절히 바랐다.

얼마 남지 않은 햇빛이 산마루를 비추고 있었다. 하지만 불이 다 사그라질 때까지 아이들은 굴 앞을 떠날 줄 몰랐다. 시커멓게 연기에 그은 굴을 망연히 바라보던 택수 형이 먼저 돌아섰다.

그는 좀 화가 나 있는 것 같았다. 눈 위에 된침을 퉤퉤

뱉었다. 다른 아이들도 침을 뱉었다. 나도 침을 뱉어서 내가 겁쟁이가 아니라는 것을 증명해 보이고 싶었지만 잘 되어 주지 않았다. 더구나 나 때문에 여우 사냥을 망친 것 같은 생각에 기분이 찜찜했다. 그때 누군가 소리쳤다.

그 애가 가리키는 쪽으로 모두 고개를 돌렸다. 눈이 덮인 여우 고개에 붉은 여우 한 마리가 우리를 내려다보고 서 있는 것이었다. 우리도 여우를 올려다보았다. 얼마를 그렇게 서로 마주 쳐다보고 있었는지 모른다. 이윽고 여우가 몸을 움직이더니 마치 우리를 딱하다는 듯이 내려다보다가 천천히 싸리나무숲으로 들어가는 것이었다.

이제 반세기라는 세월이 흘렀다. 그러나 붉은 털을 햇빛에 빛내며 눈 덮인 고개에 우뚝 서 있던 그 여우의 모습은 그날 그 순간처럼 생생하게 살아 있다. 마치 액자 속에 넣어 놓은 천연색 사진처럼.

8

편히 쉬어라. 노년의 머리카락 빛내며 떠나는 것들아, 다 내주어서 편안한 가슴들아. 잃지 않으면 다시 얻을 수 없음을 우리는 묵묵히 아나니. 흔들리고 또 흔들려서 더 강해지는 것들아, 아름다운 갈대들아.

도다리의 친절

 도다리를 보고 있으면 절로 웃음이 나온다. 한쪽으로 몰려 있는 두 눈 때문에 그렇고, 냉소하고 있는 듯한 삐딱한 입 때문에 또 그렇다. 게다가 납작 엎드린 몸매는 무엇을 위한 겸손인지 모르겠다.

 도다리를 보고 있으면 좀 답답하다. 수조 바닥에 배를 깔고 있으면서 통 움직이려 들지 않는다. 사람의 시선 같은 것을 즐겁게 하기 위해서라면 아무것도 하고 싶지 않다는 그런 표정이다. 내가 자기를 관찰하고 있어도 좋고 싫증이 나서 돌아서 간다 해도 그만이다.

 눈을 맞추려고 해도 시선을 주는 법이 없다. 녀석의 눈은 언제나 나의 어깨 너머로 허공을 보고 있다. 때로는 내가 답답해서 손가락으로 그의 눈을 겨냥하고 찌르는 시늉을 해 보지만 끄떡도 하지 않는다. 내 손가락과 자기 사이에 유리라는 투명 벽이 있다는 사실을 알 턱이 없는데도 그렇다.

체념일까, 무관심일까, 아니면 권태일까.

같은 처지에 있는 도미며 민어 같은 고기들이 수조 속을 분주히 돌아다니며 먹이를 찾고 출구를 탐색하느라 여념이 없어도 그는 오불관언이다. 돋보기를 닦듯이 다만 두 눈을 가끔씩 끔벅거릴 뿐, '왜 이렇게 수선들이지?' 하는 그런 표정이다. 나가도 죽고 가만히 있어도 죽을 바에야 무엇 때문에 심신을 수고롭게 할 것이냐는 그런 시큰둥한 얼굴. 자기가 무슨 소크라테스라고 그러는지 모르겠다.

도무지 식욕이란 있어 보이지도 않는 저 작은 입과 홀쭉한 배, 거식증에 걸린 것인지, 아니면 타고난 금욕주의자인지 알 수가 없다. 그는 적게 먹고 적게 움직인다. 아니, 적게 움직이고 적게 먹는다. 입과 식욕의 함수 관계. 분주하게 움직이는 놈일수록 큰 입과 큰 배를 가지고 있다는 사실에 나는 놀란다.

그러나 이것은 어디까지나 고기들의 세계에나 해당하는 것이다. 사람들은 그렇지 않다. 몇 천 억씩 뇌물을 먹는 사람도 보통 사람보다 더 큰 입을 가진 것은 아니었다.

도다리를 보고 있으면 좀 헷갈린다. 세상 사물들이 모두 대칭 구조인데 녀석들만은 그것을 거부하고 있다. 자기들끼리야 어떨지 모르지만 보는 사람이 우선 피곤하다. 어느 쪽이 배이고 어느 쪽이 등인지 알 수가 없다. 또 내가 보기에는 같은 가자미과인데 왜 넙치는 왼쪽에 눈이 몰려 있고

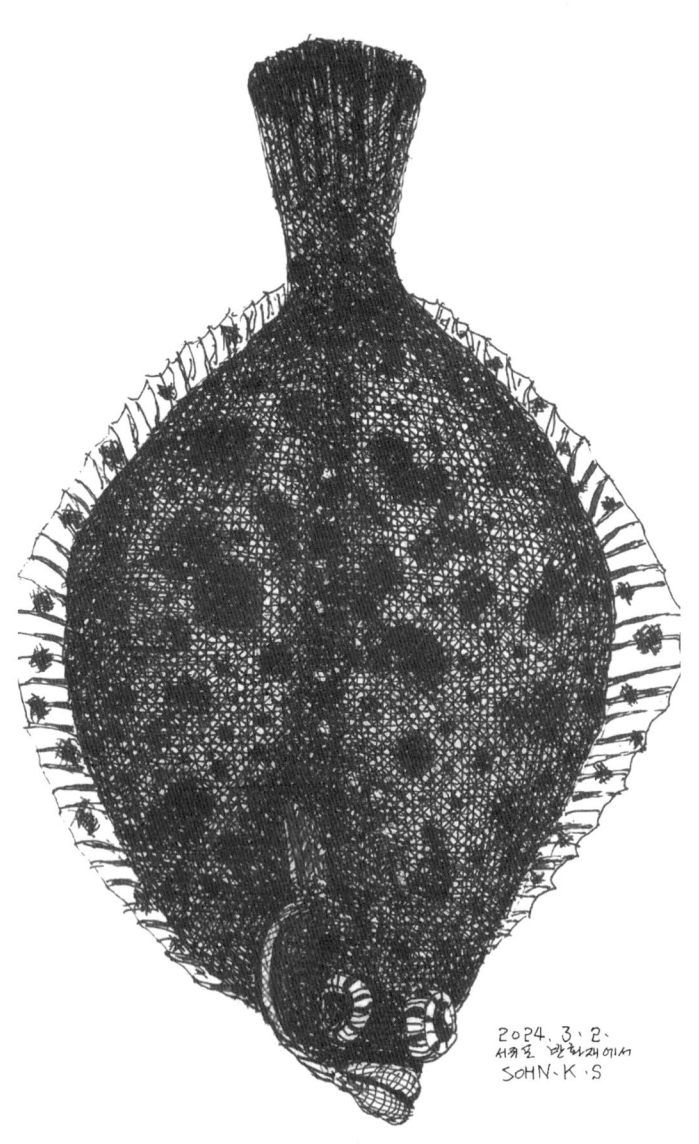

도다리는 오른쪽으로 몰려 있어야 하는 것인지 설명이 되지 않는다. 넙치가 정통이고 도다리가 이단이란 말인가. 아니면 그 반대일까. 같은 족속끼리도 저러하니 그들 세계에도 한때 좌니 우니 하는 이데올로기의 갈등 같은 것이 있었다는 말일까.

아니면 마땅치 않은 세상 한번 비틀어 버리고 싶었는데 그것이 안 되니까 아예 자신을 비틀어 버린 것일까.

그것만이 아니다. 도다리는 길들여지는 것도 거부한다. 광어 같은 것들은 양식이 가능하지만 도다리는 그렇지 않다. 맛은 못하면서도 값은 광어보다 더 비싸게 치는 까닭은 어쩌면 도다리의 그런 오기 때문인지 모른다.

"저 늑대를 가두어 보시오. 그러면 나도 그대의 양어장에 들어가리다."

도다리가 하고 싶은 말은 혹시 이런 것은 아닐까?

방관자, 반항아, 길들지 않는 야성.

도다리는 오늘도 나의 퇴근길 길목에 있는 횟집 수조 속에서 세상과 나를 비틀어 보고 있는지도 모른다. 아니, 생존을 위하여 허둥대고, 일상에 길들여지기 위해 가시도 지느러미도 다 잘라 버리고 사는 나를 그는 비웃고 있음이 틀림없다.

그런데 사람들이 구워 먹기 좋도록 저렇게 납작한 것은 대체 무슨 엉뚱한 친절인지 모르겠다.

부채의 미학

 누가 사 왔는지는 모르지만 여름이면 우리 집 마루에도 서너 자루의 부채가 굴러다니게 마련이다. 예쁜 여배우가 웃고 있는 선전용 비닐 제품이거나 아니면 격식을 갖춘 탄탄한 태극선 같은 둥근 단선團扇이 보통이다. 어설프게나마 대나무를 켜서 만든 합죽선이 끼어 있을 때도 더러 있다.

 대개 이런 합죽선의 선면扇面에는 서툰 필치로나마 사군자나 산수화 같은 그림이 그려져 있다. 한가로이 들여다보고 있으면 먼 산마루에서 솔바람이라도 불어올 듯 한결 소쇄한 기분이 들게 한다. 단오절을 지나면서부터는 늘 가까이 두고 싶은 납량 용구임이 틀림없다.

 그러나 옛날에는 단순한 납량 용구로만 쓰인 것은 아니었던 모양이다. 선비들은 겨울철에도 부채를 가지고 다녔다. 허전한 손 처리를 위해서 또는 하나의 장신구로 애용되었던 모양이다.

하인배를 부리는 주인의 손에 들리면 지휘봉이 되고 뜨거운 햇볕 아래서는 차일이 되어 주는 이 부채는, 길을 가다가 보기 싫은 놈을 만나면 얼굴을 가리는 멋진 휴대용 은신구隱身具가 되기도 했다. 혜원惠園의 풍속도를 보면 길을 가던 선비가 합죽선으로 코밑만 가리고 마을 아낙네들이 개울에서 미역 감는 광경을 흉물스럽게 훔쳐보는 장면이 나온다.

그러나 주인이 바뀌면 부채의 구실도 바뀐다. 여인의 섬섬옥수에 들리면 그것은 어느덧 남성을 유혹하는 액세서리로 변신한다. 아침 안개같이 아련한 사선紗扇 너머에서 웃음을 머금은 단순호치의 자태를 상상해 보자. 한 꺼풀 베일을 드리움으로 해서 자신을 신비스러운 존재이게 하는 비밀을 여인들은 나면서부터 터득하고 있었던 모양이다. 여인들의 애끓는 정한을 노래한 연가에서도 으레 부채는 빠질 수 없다.

달 같은 부채로도
여윈 얼굴 못 가리리.
뇌성인 양 수레 몰아
오셔야 할 님이여.

상사일념으로 여윈 얼굴은, 은은히 비치는 달 같은 비단 부채로 해서 한층 더 읽는 이의 마음을 애틋한 감정에 젖게 한다.

이런 장신구로서의 기능을 떠나서 잠시 심리적인 면에서 보더라도 부채의 표정에는 미묘한 뉘앙스가 있다. 부채의 이런 표정과 역할은 우리의 고전 예술에서 특히 훌륭하게 발휘되고 있는 것 같다. 부채춤도 그렇지만 판소리에서 부채의 역할은 매우 다채롭다. 때로는 지극히 극적이기까지 하다.

소리 하나만으로 파란만장한 드라마를 엮어 나가야 하는 것이 판소리인데, 거기에는 반주자 겸 지휘자 격인 고수를 제외하고 나면 다만 극의 소도구란 소리꾼의 손에 들린 부채 하나뿐이다.

소리꾼은 이 부채 하나로 텅 빈 무대 위에서 감정의 균형을 유지하면서 복잡한 극적 상황과 극중 인물의 심리적 갈등까지 표현해 내는 것이다. 레코드에 취입된 판소리를 들을 때 실연 장면을 보는 것보다 재미가 덜한 것은 어쩌면 부채의 천변만화의 화려한 표정을 볼 수 없기 때문인지도 모른다.

막이 오르면 우리의 명창은 각광을 받으며 무대에 등장한다. 그의 시선은 눈부신 조명에 잠시 흔들리다가 이내 안으로 거두어들인다. 잠깐 동안 호흡을 고르는 침묵이 흐른 뒤에 비로소 최초의 발성이 터지려는 찰나의 긴장 속에서,

지극히 미묘한 표정으로 파르르 떠는 것은 부채다. 이 짧은 순간의 전율이 지나고 나면 소리꾼의 오른손이 서서히 앞으로 들리면서 최초의 발성이 뒤를 따른다. '떡 떠그르르' 하고 북소리가 울리는 것은 그 뒤의 일이다. 판소리에서는 반주보다 소리가 먼저다. 아니, 먼저인 것은 부채의 움직임이다.

절대가인 생길 저그 강산 정기 타고난다. 저라산 약야계에 서시가 종출허고, 호남좌도 남원부는 동으로 지리산 서으로 적성강의 산수 정기 어리어서 춘향이가 났구나.

드라마가 여러 곡절을 겪으면서 점차 극적 국면을 향해 치달을수록 부채의 표정은 종횡무진하게 발휘된다. 어느 서정적인 대목에서는 가볍게 날리는 꽃이파리인 양 살랑거리는가 하면, 어떤 결의의 순간에 이르면 허공을 가르는 검광劍光처럼 서슬이 퍼렇다. 분노에는 부르르 치를 떨고, 비탄과 절망 앞에서는 천길 나락으로 곤두박질하듯 '툭' 하고 떨어지는 것은 역시 소리꾼의 오른손에 들린 부채다.

그러다가 득의와 회심의 절정에 이르고 보면, 꽉 닫혔던 하늘에서 햇살이 쏟아지듯 문득 머리 높이에서부터 또 한 번 '탁' 하는 통쾌한 파열음과 함께 서른여덟 살 합죽선이 좌르르 펼쳐진다. 응축되었던 감정의 응어리가 봇물 터지듯 쏟아지는 순간이다. 정오에만 열리는 공작의 꼬리라고나 할까.

그러나 이렇게 화려한 장면이란 그렇게 자주 기대할 수 있는 것은 아니다. 또 남용할 것도 아니다. 남용은 극적 효과를 떨어뜨리기 쉽다. 〈심청가〉라면 황성 맹인 잔치에서 딸을 만난 기쁨으로 해서 심봉사가 눈을 뜨는 대목에서나 기대할 수 있을 뿐이다.

심봉사가 짚으면 지팡이가 되고, 십장가十杖歌 대목에서는 형리의 형장이 되다가도 암행어사 출두 장면에 오면 급박한 자진모리 장단에 부추기면서 청패 역졸의 육모방망이가 되어 사면팔방 와지끈 뚝딱 낭자하게 쏟아지는 것이 부채의 위력이다.

> 암행어사 출두야! 출두야, 출두하옵신다. 벽력같이 외는 소리 천지가 진동한다. 밟히는 게 음식이요 깨지는 게 화기로다. 장고통이 요절나고 북통이 등 터지고, 이방 딱, 공형 공방 딱. 어이구, 어이구, 어이구, 어이 구구구우. 사대 독신이요. 살려 주오.

이처럼 부채의 역할은 종횡무진, 변화무궁하다. 판소리는 부채로 해서 극적 환상을 일으키며 사건의 현전성을 얻는다고 해도 지나친 말은 아닐 것이다.

명창의 본산이 전주이고 합죽선의 명산지가 또한 전주인

것은 단순한 우연의 일치만은 아니지 싶다.

한데 부채의 매력이나 가치가 이와 같은 미묘한 표정이나 극의 소도구 역할에 그치는 것은 아니다. 부채에는 그 자체의 아름다움이 있다. 부채를 부치다가 무료해지면 잠시 선면을 유의해 보는 것도 재미있는 일이다.

우선 선면화扇面畵의 아름다움에 시선이 머물 것이고, 그다음은 선면의 우아한 형태에 반하게 될 것이며, 나중에는 그 아름다운 화폭을 펴고 접는 자유자재한 의장意匠, 다시 말해서 그 아이디어에 탄복하게 될 것이다.

우리는 보통 아름다움을 우아미, 숭고미, 비장미 그리고 골계미로 나눈다. 그런데 이 중에서 제일 윗길로 치는 것이 우아미다. 우아미는 다름 아닌 고전적인 형식미를 의미한다고 볼 때, 부채 특히 합죽선의 선면에서 그와 같은 완벽한 형식미를 보게 되는 것이다.

폭이라야 한 뼘을 넘지 못하며, 제일 긴 쪽이 고작 한 자 남짓한 평면에 지나지 않지만 정사각형이나 직사각형에서는 구하지 못할 부드러움이 있다. 그렇다고 완전한 원형과 같으냐 하면 그렇지도 않다. 지나칠 정도로 완벽한 원형에서 느끼는 단조로움이나 따분함이 없다. 정사각형이나 직사각형이 주는 격자格子의 논리 같은 딱딱함도 없다.

그저 한 개의 긴 호弧가 외곽으로 성큼성큼 걸어서 돌고 있으면, 안쪽에서는 다른 한 개의 짧은 호가 좀 잰걸음으로 바깥쪽을 향해 마주보면서 같이 따라서 돌다가 두 개의 호는 180도를 넘기 직전에 같은 길이의 두 개의 짧은 선분에 의해 양 끝에서 손을 잡는다. 여인의 입술처럼 탄력 있고 해안선처럼 완만하게 휘어진 부드러운 두 곡선과 두 개의 선분으로 이루어진 이 선면 공간은, 곡선이 주는 유연함과 직선의 견고함이 서로 어우러져서 하나의 우아한 아름다움을 창조하는 것이다. 여성적인 것과 남성적인 미의 조화라고나 할까. 곡선은 직선의 자극을 누그러뜨리고 직선은 곡선의 이완을 자극하여 변화와 생기를 더해 준다.

초승달이나 그믐달이 두 개의 호로 되어 있으면서도 양쪽 귀가 지나치게 날카로워서 눈에 거슬리고, 상현달이나 하현달이 곡선과 직선으로 되어 있지만 마치 반쪽짜리 구리거울처럼 어딘가 단조로운 느낌을 주는 데 비하면, 합죽선의 선면은 그 어떤 형태보다도 우리의 시각을 즐겁게 한다.

그 자체가 이처럼 우아한 형식미를 갖춘, 이런 선면 위에 그림까지 곁들이고 보면 그야말로 금상첨화가 아닐 수 없다.

합죽선을 발명한 것은 고려인이고, 그것이 중국과 일본에 전해졌다는 기록은 있지만 선면에 본격적인 그림을 그리기 시작한 것은 언제부터인지 알 길이 없다. 다만 우리나라에 전해 내려오는 가장 오래된 선면화도 조선 초엽을 넘지 못한다는 사실에서 그 역사는 그리 길지 못하다는 것을 알 수 있다. 하지만 서양화에서는 찾아볼 수 없는 화면 공간이라는 것에 의미가 있다.

어떤 소재이건 선면의 아담한 형태 속에 들어오면 얌전하게 길들여져서는 한 폭의 단아한 그림이 되기 마련인데, 이것이 바로 선면화의 한 특징인 것이다. 동양화 자체가 그럴 테지만 선면화에서는 특히 여백이 강조된다. 깐깐하게 채우기보다는 허허롭게 비우기를 원한다. 꽉 짜인 선면에서는 소쇄한 기분을 맛보기 어렵기 때문이리라. 부채란 원래 더위를 쫓기 위한 납량 용구가 아니던가.

그러니 선면화의 소재로는 설경雪景이나 우경雨景이 아니면 파초나 연잎 같은 것이 제격이다. 또 하나의 특징은 그 기법과 자세에 있다. 곰살스럽게 그린 사실화보다는 느슨한 기분이나 활달한 필세로 툭툭 '치는' 의경意境의 세계를 귀하게 여겼다. 거기에 속기가 없는 과장이 있으며, 낭만적인 시정이 넘친다. 본격적인 감상화에 비해 선면화란 소품일 수밖에 없다는 숙명이 따르지만, 항상 몸에 지니고 다니면서 수시로 감상하며 즐길 수 있다는 데에 다른 그림이 따를 수 없는 장점이 있다고 하겠다. 말하자면 부채란 휴대용 미술관인 셈이다.

접으면 손가락 굵기의 대나무 가지에 지나지 않지만, 한 번 펴기만 하면 열두 폭 치마처럼 화려하게 펼쳐지는 신비스러운 의장! 대체 어디서 그런 기발한 착상을 얻게 되었는지 알 길이 없다. 한 많고 눈물 많던 고려 여인들의 깊은 마음에서 꽃처럼 자연스럽게 피어난 것일까. 서른여덟 개의 부채살 갈피마다 옛 여인네의 정한이 아직도 고스란히 서려 있을 것만 같다.

이처럼 우리 조상들의 미에 대한 감수성에서 꽃피고 또 오랜 세월을 두고 우리와 함께해 온 부채인 만큼 그 종류가 또한 다양했던 것은 어쩌면 당연한 일인지 모른다.

그러나 이제는 그런 부채를 다 구경할 수가 없게 되었다. 백 가지 종류의 부채를 그린 〈백선도百扇圖〉라는 그림에서나 찾아볼 수 있을 뿐이다. 애석한 일이다. 선풍기와 에어컨 바람에 밀려 이제 부채란 한낱 과거의 유물이 되고 말았다. 하지만 진정 애석한 것은 과거의 그 우아와 품위와 그리고 여유의 시대가 부채와 함께 우리 생활에서 점점 멀어져 가고 있다는 사실이다.

누나의 붓꽃

시집가기 싫다고 누나가 말했다.

시집은 가야 한다고 아버지가 말씀하셨다.

그 사람이 싫다고 조그만 소리로 누나가 말했다.

그 사람이어야 한다고 큰 소리로 아버지가 말씀하셨다.

먹기 싫은 밥은 먹어도 살기 싫은 사람하고는 못 사는 법이라고 말한 것은 어머니였다.

나는 속으로 손뼉을 쳤다. 그날 어머니는 평소의 어머니보다 훨씬 커 보였고, 그래서 그날은 어머니가 이길지도 모른다고 생각했다. 그러나 전보다 더 큰 소리로 아버지가 고함을 질렀다. 그건 목소리가 아니라 무슨 천둥소리 같은 것이었다.

그 위세에 눌려 어머니는 다시 평소처럼 조그만 헝겊 인형으로 줄어들고 말았다. 열일곱 살 누나는 가망 없는 눈물만 흘리고 있었다.

누나를 도와야 한다고 생각했다. 하지만 열 살짜리 나는 너무 작았고 아버지는 너무나 컸다. 사람이 작으면 힘이 없다는 것과, 힘이 없으면 아무것도 못한다는 것과, 아무것도 못하는 사람은 얼마나 오래오래 가슴이 아파야 하는지를 나는 그때 알아 버리고 말았다.

함이 들어오던 날 밤 누나는 이불을 쓰고 누워 버렸다. 누나의 울음은 깊은 밤 강물이었다. 누나의 강물은 내 가슴속으로 이어져서 흘렀다.

의사가 몇 차례인가 다녀갔다. 그래도 누나의 병은 낫지 않았다. 의사는 누나가 왜 아픈지 알지 못했다. 하지만 나는 알고 있었다. 저러다 이제 누나가 죽을 것이라는 것도 나는 알고 있었다.

어느 날 밤 이상한 소리에 잠이 깼다. 어머니는 누나를 안고 우시면서 들릴까 말까 한 소리로 말씀하셨다. 정녕 어미를 두고 죽을 작정이냐고….

나는 도로 눈을 감고 자는 체했다. 갑자기 목이 아팠고, 그리고 눈물이 흘러내렸다. 낮이었다면 나는 눈물을 몰래 닦았을 것이다. 그러나 어둠 때문에 그러지 않아도 되었다.

분명 그 때문이었을 것이다. 누나는 며칠이 지나서 병석에서 일어났다. 하지만 그 예쁘던 얼굴에는 표정이 없었다. 내가 아무리 웃겨도 누나는 웃지 않았다. 표정 없는 얼굴처럼 슬픈 것은 다시 없다는 사실을 나는 그때 알아 버리고

말았다.

그런 누나가 어느 날부터인가 수를 놓기 시작했다. 수틀에는 청보라색 붓꽃 한 송이가 조금씩 피기 시작했다. 하얀 비단 위에 꽃이 먼저 피더니 다음에는 꽃대가 나오고 그리고 잎이 돋았다. 개울가에서 피는 붓꽃은 잎이 먼저 나고 다음에 꽃대가 자라고 그다음에 꽃이 피는데, 누나의 것은 거꾸로 피었다. 묻고 싶었지만 누나 앞에서는 입을 움직일 수가 없었다.

그나마 꽃이 다 피었는가 싶으면 누나는 그것을 뜯어냈다. 잎을 뜯어내고 그 다음에 줄기를 뜯고 그리고 꽃을 뜯어냈다. 실밥 하나 없이 뜯어낸 다음 처음부터 다시 수를 놓기 시작했다. 이제 다 놓았는가 싶으면 또 뜯어내는 것이었다. 무슨 생각으로 그리했는지 나는 알 길이 없었다. 슬픔을 잊으려고 그리하였을까? 아니면 세상 모든 것을 다 뜯어 버리고 다시 새롭게 시작하고 싶었을까?

시집가던 날 비가 오지 않았다. 누나도 울지 않았다. 웃지도 않았다.

사람들이 말했다. 여자란 시집갈 때는 다 그리하는 법이라고. 한두 해만 지나면 아들딸 낳고 잘살 것이라고. 그러나 나는 알고 있었다. 누나는 아이를 낳지 않을 것이고, 웃지도 않을 것이고 그리고 오래오래 앓을 것이라는 것을.

며칠이 지난 후 누나가 보고 싶어서 몰래 누나네 집에 갔다.

수를 놓고 있던 누나가 붓꽃처럼 수척한 얼굴로 나를 보고 웃었다. 나는 오래는 마주볼 수 없고, 얼굴을 떨구고 수틀 속의 붓꽃을 보는 체했다. 그리고 세상에는 눈물보다 더 슬픈 웃음도 있다는 것을 또 그때 알아 버리고 말았다.

 집으로 돌아오면서 다짐했다. 내가 자라서 어른이 되고, 어른이 되어서 힘이 세어지면, 누나를 도로 찾아올 것이라고. 꼭 도로 찾아올 것이라고….

두 번째 서른 살

 인생은 어느 나이나 다 살 만하다고 한다. 스물은 스물대로 좋고 예순은 예순대로 좋다는 이야기다. 일흔과 여든은 어떨지 모르지만 내 경험에 의하면 예순까지는 틀림없는 사실이다. 하지만 같은 고기라도 부위에 따라 맛이 다르고 네 절기도 사람에 따라 좋아하고 싫어함이 각기 다르다. 만약 우리 아이들이 나에게 묻는다면 나는 이렇게 말하겠다.

 "인생의 황금기는 서른 살이니라."

 어떤 사람은 이팔청춘을 찾지만 아무래도 나이 열여섯은 너무 어리다. 두근거리는 가슴 하나만으로 무엇을 할 수 있겠는가. 그것은 감탄사 하나로 된 문장 같아서 느낌만 있고 주어가 없다.

 거기에 비하면 스물은 눈부신 나이다. 가슴은 뜨겁고 피부는 생기가 넘친다. '술 없이도 취하는 나이' 그것이 스무 살이다. 그러나 병 없이도 앓는 나이가 또한 스무 살인가 한다. 이 질풍노도의 계절은 불안과 위험을 동반한다. 문장으로 말하자면 주어와 서술어만 있고 목적어가 없다.

옛날에는 열다섯부터 관례(冠禮)를 올렸다. 요새는 스무 살이면 성년으로 친다. 그러나 나이 스물로 성인이 되기는 아직 이르다. 이성과 감성의 조화를 기대하기가 어렵다. 하물며 생에 대한 깊은 통찰까지겠는가. 육체적 성년은 어떨지 모르지만 한 인격체로서의 성년으로는 함량 미달일 수밖에 없다. 공자나 예수 같은 성인들조차 그들의 이십 대는 완전히 괄호 속에 묻혀 있다. 공자가 스스로 '섰다'고 말한 것은 서른 살 때다. 예수도 마찬가지였다. 그는 서른에 침례를 받고 비로소 복음을 전하기 시작했다.

내가 조사한 바로는 세계 명작 소설의 대부분이 그 작가의 삼십 대에 이룬 성과라는 사실이다. 《좁은 문》, 《페스트》, 《전쟁과 평화》, 그리고 제임스 조이스의 《율리시스》가 모두 그러하다.

마흔은 어떨까? 그것은 내리막길이다. 실제로 배가 나오고 머리가 벗겨지며 요통을 호소하고 그리고 돋보기를 쓰기 시작하는 나이가 바로 마흔이다. 말하자면 빨간불이 켜진다는 이야기다. 카사노바의 정력도 마흔 살부터는 날개가 꺾인 새가 되어 더듬거리기 시작했다고 스스로 고백했다.

내가 나의 나이에 대해서 심각하게 생각한 것도 서른아홉에서 마흔으로 넘어가던 해였다. 마흔이 된다는 것이 마치 벼랑 끝에 선 것처럼 두렵고 허망했다. 섣달그믐날 저녁 나는 친구들을 불러 술잔치를 벌였다. 명동에서 시작한 것이 무교동을 거쳐 신촌에서 끝났다. 그러고는 신정 연휴 동안 내내 앓아야 했다. 숙취 때문만은 아니었다.

"젊음이여, 그대 마침내 떠나는구나."

독일 시인 횔덜린은 서른에 자신의 청춘과 이렇게 이별했다. 그는 그 후 40년을 더 살았지만 정신착란으로 아무것도 의식하지 못한 삶이었다. 그는 청춘이 다했다는 사실이 슬펐고, 나는 생의 절정으로부터 미끄러져 내려올 수밖에 없다는 사실이 슬펐다. 아무튼 그 후 쉰 살이 되고 예순 살이 되어도 마흔이 되던 해 같지는 않았다.

서른 살은 물론 인생의 봄도 아니고 여름도 아니다. 서른 살은 분명 가을이다. 그렇다고 낙엽이 지는 계절도 물론 아니다. 서른 살은, 그러니까 늦여름과 초가을이 만나는 그 어름의 어디쯤이다. 초록빛 사과가 비로소 붉어지고 과육은 부드러워지며, 신선한 맛과 달콤한 과즙이 고이기 시작하는 시기가 바로 이때다.

내가 만일 연애를 한다면 나의 상대는 결코 스무 살은 아닐 것이다. 아직 열리지도 않은 과일이 익기를 기다릴 만큼 젊지도 않지만 그럴 만한 인내심도 나에게는 없다. 여자 나이 스물이 물오른 5월의 꽃나무라면, 서른 살은 열매가 가득히 열린 가을 나무라 해도 좋다.

이제 더는 남자가 두렵지 않는 나이, 자신의 리듬에 맞추어 스텝을 밟을 줄 아는 나이, 그것이 여자의 서른 살이다. "그녀의 춤추던 시절은 끝났다"는 말은, 그러니까 서른 살을 두고 하는 말은 분명 아닐 것이다.

루브르 박물관에서 본 미로의 비너스는 분명 서른 살 여인의 몸매를 하고 나를 기다리고 있었다. 모나리자도 마찬가지였다. '인자한 모성의 구현상'이라는 이 여인도 분명 서른 살임이 틀림없었다. 완숙한 인격의 깊이에서가 아니라면 어디서 저 신비로운 미소를 기대할 수 있겠는가. 다빈치가 말하고자 한 여성다움이란 것에 대해 무언의 공감을 보내면서 나는 잠시 그 앞에 서 있었다.

그런데 도교에서 말하는 '불로장생'이란 몇 살의 상태로 그렇게 오래 산다는 뜻일까? 〈신선도〉에 나오는 백발 노인의 상태로인가, 아니면 푸른 이십 대의 젊음으로서인가? 둘 중 어느 것도 아니다. 포박자抱朴子에 의하면 그것은 서른 살이라고 했다. 팽조彭祖라는 사람이 팔백 살을 살았지만 그는 언제나 삼십 대였다는 이야기가 된다.

영원한 서른 살, 그것이 모든 사람들의 희망이었다. 다시 말하면 인생의 황금기는 서른 살이라는 말이다. 〈신선도〉의 늙은이는 나이를 많이 먹었다는 것을 나타내기 위한 표현상의 문제일 뿐이지 심신이 그처럼 늙어 버린 노인이라는 의미가 아니다. 그런 몸과 마음으로 삼천갑자를 산다고 상상해 보자. 그건 축복이라기보다 형벌일 것이다.

나는 가끔 교지 편집부 학생들로부터 이런 앙케트를 받을 때가 있다.

"선생님 앞에 '젊음의 샘'이 있다면 어떻게 하시겠습니까?"

그때마다 나는 같은 대답을 한다.

"나는 아주 조심하지 않으면 안 된다고 나 자신에게 주의시킬 것이다. 너무 많이 마신 나머지 어린애가 되어서 내 손자와 함께 기저귀를 차는 그런 불상사가 있어서는 안 되기 때문이다. 그렇다고 스물로 돌아가 젊은 날의 고뇌와 방황을 다시 되풀이하고 싶지도 않다. 더도 덜도 말고 서른 살이 될 만큼만, 포도주 잔을 기울이듯이 아주 조금씩 그렇게 마실 것이다."

요새는 인생은 육십부터라고들 말한다. 소피아 로렌은 그녀의 예순 번째 생일을 맞은 소감을 묻는 기자에게, "세 번째 스무 살을 맞게 된 것이 자랑스럽다"고 했다. 재치 있는 대답이다. 그녀의 황금기는 스무 살이라는 이야기다. 만약 그 기자가 실수로 나에게 같은 질문을 던졌다면 나는 분명한 목소리로 이렇게 대답했을 것이다.

"두 번째 서른 살을 맞게 된 것이 자랑스럽다."

서른은 모든 문장 성분을 제대로 갖춘 완결된 문장이다.

마음에 단물이 고이고 향기가 그윽해지며 때로는 곱게 단풍이 드는 나이, 조용히 떨어지는 하나의 꽃잎에도 잔잔한 파문으로 대답하는 호수의 수면 같은 나이, 그것이 서른 살이다.

서른 살은 고매한 철학보다 유행가의 가사가 때로는 진리라는 사실에 고개를 끄덕이는 나이다. 모든 사람의 희망이었고 신선들도 잃고 싶지 않았던 그 영원한 서른 살. 나는 지금 두 번째 서른 살을 살고 있다.

몇 가지 나의 버릇에 관하여

 사람마다 한 가지 버릇은 다 있다. 말끝마다 '에'를 붙이는 사람이 있는가 하면, 공연히 눈을 끔뻑거리거나 코를 킁킁거리는 사람도 있다. 어떤 사람은 우스운 일이 있으면 옆 사람을 마구 때리면서 웃는다. 과장하기를 좋아하고, 까닭 없이 거짓말을 하고, 무엇이든지 보는 대로 슬쩍하지 않고는 못 배기는 그런 사람도 있다.

 이렇게 보면 버릇이란 대개 부정적인 의미일 때가 더 많은 것 같다. 그러나 무해 무익한 그런 버릇도 있다. 다음은 내가 아는 어떤 부인의 이야기다.

 처녀 때 한 청년을 사귀게 되었는데, 식사 때마다 수저를 들면 먼저 왼쪽 소매에다 숟가락을 닦은 다음에 밥을 먹더란다. 처음에는 식당에서 내놓는 것이 불결해서 그러나 보다 했다. 나중에 보니 그것도 아니었다. 버릇이었다.

 얼마 후 그와 결혼을 하게 되었고, 그래서 처음 시아버님께 상을 올리는 날이었다. 그런데 시아버지도 남편과 꼭 같이 소매에 수저를 닦으시더란다. 물기 하나 없이 잘 닦아 놓았는데도 말이다. 웃음을 참느라 애를 먹었다고 한다.

그러나 진짜 우스운 일은 훨씬 후에 일어났다. 어느 날 밥상머리에 앉은 어린 아들애가 자기 아버지처럼 수저를 옷소매에 닦는 것을 보는 순간이었다. 그때는 남편도 시아버지도 이미 세상을 뜨고 난 뒤였단다. 버릇이란 내림일 수도 있다는 이야기다. 비슷한 이야기가 나에게도 있다.

어느 날이었다. 세 살 난 아들 녀석이 마루에서 낮잠을 자는데, 두 다리는 가위표로 포개고 한 손으로는 턱을 괴고 있는 것이었다. 순간 기분이 묘했다. 그 아이에게서 나를 본 것이다. 어렸을 때 누나들에게 꾸중을 들은 이유 가운데 하나가 바로 이렇게 턱을 괴고 잠자는 버릇 때문이었다. 누님의 말에 의하면 그렇게 하면 부모님이 일찍 돌아가신다는 것이었다. 그 때문은 아니겠지만 어머니가 일찍 돌아가신 것은 슬픈 일이다.

지금도 나는 이 버릇을 고치지 못하고 있다. 그렇게 하지 않으면 쉽게 잠이 들지 않아서다. 알면서도 못 고치는 것이 또한 버릇인가 한다.

또 다른 버릇이 하나 있다. 무엇을 보면 그 숫자를 세는 일이다. 그렇다고 뭐든지 보는 대로 다 세려고 덤비는 것은 아니고, 세지 않아도 한눈에 다 알 수 있는 경우라든가, 이미 알고 있는 것은 세지 않는다. 말하자면 스님들의 염주 같은 것이 그 예라 하겠다. 염주의 수가 백여덟 개라는 것은 이미 알려진 사실이기 때문이다. 여인들의 진주목걸이는 어떠냐고 물을 사람이 있을지도 모르겠다. 하지만 나의 대답은 'NO!'다. 진주에 관심이 없어서라기보다는 이미 익히 보아 온 것에 대해서는 별 흥미를 느끼지 못해서고, 다음은 염치없이 쳐다보다가 행여 오해를 받을까 싶어서고, 아무리 애를 쓴다 해도 달의 보이지 않는 저쪽 표면처럼 여인의 목 뒤쪽은 영원한 수수께끼에 속하기 때문이다.

나의 호기심에 자극을 주려면, 보통은 그렇지 않은데 그것만이 유달리 수효가 더 많은, 말하자면 좀 비정상적인 경우라야 한다는 것이다.

여기 내가 운전을 하고 가는데, 내 앞에 바퀴가 마치 지네발처럼 많이 달린 대형 트레일러가 갑자기 끼어들었다고 하자. 틀림없이 내 입은 그 버릇없는 놈을 욕하면서 동시에 내 머리는 이미 그 바퀴의 수를 세기에 분주할 것이란 이야기다. 말하자면 상식을 벗어난 것에 대한 놀라움에서 나의 버릇은 시동이 걸린다고 봐야 할 것 같다. 우선 감탄하고, 이어서 호기심에 발동이 걸리고, 마지막에 다시 감탄한다. 내 감동의 크기는 늘 그 수의 많고 적음에 비례한다.

이런 버릇의 발단은 분명 어렸을 때부터일 테지만 딱히 이것이라 할 만한 것은 없다. 굳이 든다면 밤하늘의 별을 센다든가, 달밤에 한 줄로 날아가는 기러기들을 세어 보는 정도라고나 할까. 그러나 이런 것은 아이들 때는 누구나 하는 것이니 그것이 나의 버릇의 발단이라고 말할 수는 없을 것 같다.

마루에 누우면 서까래를 세고, 들판에 나가면 지나가는 기차의 차량을 세어 보던 것은 어떨지 모르겠다. 나는 그때 한 대의 기관차가 끌 수 있는 차량의 수는 보통 여덟이나 열을 넘지 않는다는 사실을 알고 있었다. 하지만 화물을 싣는 빈 차량인 경우는 스물도 더 되는 수가 있었다. 그런 것을 본 날은 구슬치기에서 많이 딴 것처럼 공연히 가슴이 뿌듯했다. 그러다 기관차가 혼자 지나간다거나 객차 하나만 달랑 달고 갈 때는 공연히 허전하기도 하고 또 싱겁기도 했다.

6·25 때였다. 우리는 함흥에 살았는데, 어느 날 우리 집 근처에 있던 군부대가 폭격을 받았다. 군인들은 모두 일선에 나가고 없었기 때문에 죽은 사람이 없었지만, 나는 날아오는 폭격기 편대를 세다가 어린 나이에 그만 저세상 사람이 될 뻔했다.

정오쯤이었다고 기억된다. 멀리 구름 속에서 웅웅거리는 소리가 심상치 않았다. 무스탕이나 제트기 소리는 아니었다. 묵직하면서도 위협적이었다. 그 소리는 차츰 가까이 다가와서는 검은 그림자처럼 온 하늘을 뒤덮고 있었다. 쳐다

보니 엷은 구름 사이로 B29 편대가 까맣게 보였다. 나의 호기심이 가만히 있을 리가 없었다. 세 대씩 세모꼴 모양으로 편대를 지었는데, 그런 것이 모두 열두 편대도 더 되었던 것으로 기억된다. 그러니까 모두 서른여섯 대. 그렇게 많은 B29를 한꺼번에 본 것은 영화에서 말고는 그때가 처음이자 마지막이었다.

놀라 입이 다물어지지 않았다. 순간 누군가 나의 팔을 낚아챘다. 방공호에 끌려 들어갔다. 이어서 사방에서 폭탄이 차례로 터졌고, 폭탄 하나가 터질 때마다 그 폭탄이 일으키는 폭풍에 방공호 문짝이 안팎으로 요동을 치면서 내 엉덩이를 반복해서 세차게 때렸다. 내 버릇이 내 엉덩이까지 망칠 뻔한 순간이었다.

언젠가 이 이야기를 조각가 오 형吳兄에게 했더니, 그가 하는 말이, 자기는 폭격기에서 떨어지는 폭탄을 세다가 죽을 뻔했다는 것이었다. 나는 손을 들고 말았다. 상대가 자기보다 한 수 위라는 사실을 인정하고 싶은 사람은 많지 않다. 하지만 이처럼 승산이 없을 때는 솔직히 승복하는 것이 현명하다. 무슨 말이 더 필요하겠는가?

70년대에 들어오면서 나의 버릇은 전에 없는 호황을 맞기 시작했다. 자고 나면 새 건물이 들어섰고, 그래서 새로 들어선 건물의 층수를 세느라 신바람이 났던 것이다.

그전까지 서울에서 제일 높은 건물이라야 7층인가 8층인가 되던 반도호텔뿐이었다. 그러던 것이 10층짜리가 들어서고 20층짜리가 들어서더니 급기야는 31층짜리가 들어섰다. 그런 건물이 설 때마다 나는 가슴을 설레면서 그 밑에서 손바닥으로 햇빛을 가리며 고개를 젖히고 세어 올라갔다. 어떤 것은 너무 높아서 뒤로 자빠질 정도로 고개를 제껴도 다 셀 수가 없었다. 그런 때는 한참 떨어진 곳까지 물러서서 다시 세어야 했다.

층수가 많으면 많을수록 나의 감동의 양이 그만큼 컸던 것은 물론이다. 거기에는 특별한 것에 대한 놀라움에다 우리나라도 이제 잘사는 나라들 축에 끼게 되는구나 하는 기쁨까지 더해졌기 때문이다. 양이 곧 질을 결정하는 것은 아니지만 그래도 그게 어디냐 싶었다.

80년대에는 63빌딩이 들어섰다. 아직까지는 우리나라에서 제일 높은 건물이지만 아쉽게도 나에게는 제일 재미없는 건물이었다. 준공되기도 전에 이미 63층이라고 알려 주는 바람에 세어 보고 싶은 호기심을 남겨 두지 않았기 때문이다.

그러나 세상에는 재미없는 사람보다 재미있는 사람이 훨씬 더 많은 것 같다. 나 같은 사람의 호기심을 위해서 세심한 배려까지 아끼지 않는 사람도 있었다.

지난해 봄 제주도에서 며칠 동안 머물다 왔는데, 중문 해수욕장에서 신라호텔 정원까지 올라가는 절벽에 새로 나무

계단이 설치되어 있는 것을 발견했다. 몇 굽이인가 돌아서 올라간 데다가 덩굴식물에 가려서 한눈에 다 들어오지는 않았지만 그 수가 꽤 많아 보였다. 순간 나의 호기심에 발동이 걸린 것은 당연한 수순이다.

그런데 한참 세다가 보니 계단 중간중간에 계단의 개수를 표시한 둥근 주석 표지가 있는 것을 알게 되었다. 한마디로 김이 새는 순간이었다. 셀 재미가 없어진 것이다. 그러나 좀 더 올라가다 보니 그 숫자 표지는 일정한 간격마다 기계적으로 박아 놓은 것이 아니라는 것을 알게 되었다. 처음에는 15번째 계단에 박아 놓고 그다음은 35번째에 있었다. 그러고는 72번째였다. 또 그다음은 93번… 이런 식이었다. 맨 위 계단에서는 233이라는 숫자가 햇빛에 유달리 반짝이고 있었다.

"수고하셨습니다. 귀하의 계단 세기가 정확히 맞았음을 축하합니다."

꽃 덤불 속에 몸을 숨기고 있던 정원 설계사가 내가 올라가는 것을 기다렸다가 환히 웃으면서 몸을 일으켜 손뼉이라도 치는 것 같은 그런 기분이었다.

사실이지 아무 표지도 없는 아득한 계단을 센다는 것은 좀 따분한 일이 아닐 수 없다. 그런데 중간중간마다 계단의 개수를 새겨 놓음으로 해서, 그것도 일부러 불규칙하게 배치함으로 해서 자기가 센 것과 맞추어 보는 재미를 느끼게 한 것은 가히 창의적 의장이라 할 만했다.

 그것은 마치 자기가 쥐고 있는 화투짝의 끗수와 새로 받은 끗수가 일치할 때 받는 기쁨과 맞먹는 것이었다. 말하자면, '땡'을 잡는 순간의 기분이었다는 이야기다. 나는 지금도 그 정원을 설계한 사람의 친절한 배려에 감사한다. 술이라도 한잔 사고 싶은 심정이다. 그런 사람과 함께라면 무인도에서도 결코 지루하지 않을 것이다.

 게다가 계단을 오르내리는 사람들 가운데는 나 같은 호기심을 가진 사람도 있다는 사실을 그로 해서 확인하게 된 것이 또한 반가운 일이었다. 캄캄한 밤에 베란다에 나와서 담배를 피우고 있는데, 맞은편 베란다에서도 담뱃불이 보일 때와 같은 기분이었다고나 할까.

 그러나 나의 이런 버릇이 언제나 나에게 즐거움만을 선사하는 것은 아니다. 어떤 때는 날 아주 난처하게 하는 경우도 있다.

 언젠가 전철 속에서였는데, 건너편에 앉은 젊은 여인의 가슴에 달린 단추가 갑자기 내 시선을 끌었다. 명치 끝에서부터 아랫배 부분까지 작고 빛나는 단추가 구슬을 꿰어 놓은 듯이 달려 있는 것이었다. 참새가 방앗간을 그냥 지나칠 리가 없다. 내 버릇은 벌써 그 단추를 세어 내려가고 있었다. 거의 다 세어 가고 있는데 따가운 시선이 내 눈꺼풀 위를 쏘고 있었다. 눈을 들었다. 순간 움찔했다. 험상궂게 생긴 남자가 서슬이 퍼런 시선으로 그녀의 옆에서 나를 노려보고 있는 것이 아닌가. 사내의 주먹이 내 갈비뼈 몇 대쯤은 요절 내고도 남을 그런 기세였다. 오해란 언제나 예기치 못한 방향에서 일어난다는 사실을 또 한 번 실감하는 순간이었다. 나는 도망이라도 치듯 다음 역에서 내리고 말았다.

단추 이야기가 나왔으니 말인데, 명동성당에서 검정 수단soutane을 입고 있는 신부를 처음 만났을 때가 생각난다. 스탠드칼라에 발등까지 치렁치렁 늘어진 그 원피스(?)에는 검정 콩알만 한 단추가 한 줄로 촘촘히 달려 있었다. 어찌나 많이 달렸는지 처음 보는 순간부터 가슴이 뛰기 시작했다. 나는 그때까지 옷 한 벌에 그렇게 많은 단추가 달려 있는 것을 본 적이 없었다. 세어 보고 싶었다. 그러나 움직이는 표적에 달린, 그것도 콩알 정도밖에 안 되는 단추의 숫자를 센다는 것은 쉬운 일이 아니었다. 그렇다고 점잖은 신부님더러 단추를 세고자 하니 움직이지 말고 잠시 서 계십사 하고 부탁할 수도 없는 노릇이었다.

한 번은 물어볼까 하고 생각도 해 보았지만 끝내 물을 기회가 없었다. 지금 생각하면 차라리 잘된 일이라고 생각한다. 만약 내가 그때 조금만 더 어리석었더라면 신부님에게 단추의 수를 물어보았을 것이고, 그랬더라면 정직한 신부께서는 매우 난감했을 것이기 때문이다. 매일 입는 자기 옷에 달린 단추를 셀 사람이 어디 있으며, 설혹 세어 보았다고 하더라도 그 하찮은 것을 기억할 사람이 과연 몇이나 되겠는가. 우리는 우리와 가장 친숙한 것에 대해서 오히려 무지하다는 사실을 잊을 뻔했던 것이다.

나는 지금도 수단에 달린 단추가 몇 개인지 알지 못한다. 물론 가톨릭 서울대교구에다 물어보면 금세 해결될 문제지만 굳이 그렇게 할 필요를 느끼지 못하고 있다. 사실 그것이 나의 점심 식사와 무슨 상관이 있겠는가. 버릇이란 늘 즉흥적이고 순간적이니까.

그런데 이런 나의 버릇이 가져다 준 감동의 극치는 작년 여름 유럽 여행 때 일어났다.

이탈리아 제노바를 거쳐 프랑스 니스로 가는 길이었다. 지중해의 복잡한 해안선을 따라 나 있는 그 고속도로에는 굴이 많았다. 처음에는 사전 정보 같은 것도 없었기 때문에 몇 개의 굴은 그냥 지나치고 말았다. 하지만 차가 앞으로 나아갈수록 굴이 점점 더 많이 나오는 바람에 좀이 쑤셔서 그대로 가만히 있을 수가 없었다. 그래서 여남은 개를 놓친 다음이긴 했지만 굴로 들어갈 때마다 하나씩 세기 시작했다.

그런데 세어도 세어도 끝이 없었다. 드디어 나는 백열몇 개인가 세고는 두 손 들고 말았다. 마치 염주 구멍 속을 계속 통과하는 것 같았다. 가이드에게 물었지만 자기도 여러 차례 세다가 포기했다는 것이었다. 오스트리아 출신 젊은 운전기사에게 물어보았지만 별것 다 묻는다는 표정으로 쳐다볼 뿐 대답이 없었다.

그다음날 우리를 실어다 준 그 기사는 다른 팀을 싣고 이탈리아로 되돌아가고, 우리는 니스 현지 기사가 모는 차를 바꿔 타고 몬테카를로로 가게 되었다.

도중에 어제 그 굴 생각이 나서 헛수고 하는 셈치고 현지 가이드에게 물어보았다. 모른다고 했다. 용기를 내서 늙수그레한 프랑스 기사에게 물어봐 달라고 부탁했다.

드디어 나의 의문이 풀리는 순간이 왔다. (여러분, 박수를 부탁한다.) 그 기사의 말이 모두 170개 하고도 덤으로 8개가 더 붙는다는 것이었다. 최초의 굴에서부터 마지막 굴까지 거리는 180킬로미터. 그러니까 서울서 대전까지 가는 사이에 굴이 178개나 있는 셈이었다.

바티칸 궁에서 '피에타' 상을 보았을 때 받은 놀라움이 이미 예상되었던 충격이라면, 그 굴에서 받은 놀라움은 전혀 예상치 못한 신선한 충격이었다. 실제 굴의 길이가 굴이 아닌 부분의 길이보다 더 길었으니까, 우리는 거의 100킬로미터 이상을 굴 속으로 이동한 셈이었다.

나는 나의 무모한 버릇에게 처음 감사할 기회를 가져서 기뻤다. 아니었다면 그런 사실을 알 기회를 영영 놓치고 말았을 테니까. 여행의 즐거움이란 바로 이런 의외성과의 만남에서 오는 감동이라는 것을 실감했다.

내 일행들의 놀라움 또한 적지 않았던 것으로 기억된다. 아마 지금쯤 그들은 자기 친구들에게 그 위대한 178개의 굴에 대해서 자랑스럽게 이야기하고 있을 것이다. 그리고 그중 한두 사람쯤은 나를 그 이야기 속에 넣어 줄지도 모른다. 이야기 속의 주인공이 된다는 것은 상상만 해도 기분 좋은 일이다. 그것도 좋은 의미에서 말이다.

그런데 요즘 나는 한 가지 재미있는 결론을 내려 놓고 있다. 좀 과장일지 모르지만 이 숫자 세기라고 하는 행위는 단순한 버릇 이상의 의미, 다시 말해서 나를 둘러싸고 있는 세계와 사물에 대한 나의 인식의 한 방법이라는 것이다. 본질 파악에까지는 미치지 못하더라도 적어도 대상에 대한 대체적 윤곽 파악은 가능하다는 이야기다.

피타고라스 학파 사람들은 우주의 본질은 수數라고 주장했다. 바이올린 현의 길이가 음을 결정하는 것처럼, 양量이 질質을 결정한다는 그들의 주장에 대하여 전적으로 지지할 생각은 없지만, 수치라는 것이 적어도 대상의 윤곽 파악을 가능케 하는 것이라는 정도에서 그들의 주장에 동의하는 사람이다. 사실 말이지만 수치로 환산되지 않은 사물은 거의 없기 때문이다. 여자의 아름다움조차 '36-24-36'으로 계산되는 시대가 아닌가.

식물학의 아버지 칼 폰 린네는 청솔방울만 한 양귀비 열매 속에 2만 개의 씨앗이 들어 있다는 사실을 밝힌 적이 있다. 별것이 아닌 것 같지만, 그저 막연하게 많이 있다는 것과 정확히 2만 개의 씨가 들어 있다는 것은 전혀 다른 차원의 정보가 아닐 수 없다.

가령 당신이 최전방을 지키는 사단장이라고 가정하자. 어느 날 한 참모로부터 "각하, 수많은 적군이 쳐들어오고 있습니다!"라는 보고를 받았을 때 당신은 난처할 것이다. 얼마만한 병력으로 대처할 것인지, 상부에 지원 요청은 해 두어야 할 것인지, 아니면 단독으로 해결할 것인지 망설여질 것이 분명하다. 그러나 조금 후 다른 참모로부터 "각하, 적 2개 연대가 쳐들어오고 있습니다!"라는 보고를 받았다면 당신은 즉각 작전 계획을 세울 수 있을 것이다. 다시 말하면 수치를 결여한 정보는 정보가 아니라는 이야기다.

상어란 놈은 적이 나타나면 자기 몸과 견주어 봐서 자기보다 작으면 공격하고 크면 포기한다고 들었다. 나는 수를 셈으로써 세계를 인식하고 상어는 키를 잼으로써 적을 파악한다. 이렇게 말하면 나를 상어와 비슷한 지능 지수를 가진 동물이라고 놀려 댈지도 모르겠다. 설령 그런다 해도 별로 변명할 생각은 없다. 때로는 상어의 수준에도 미치지 못하는 어리석은 행동을 하는 나를 가끔 발견하기 때문이다.

이제 이쯤 해서 이야기를 끝내야 할 것 같다. 그런데 끝내기 전에 한 가지 밝히고 넘어가야 할 것이 있다. 지금까지 내가 말한 것으로 봐서 내가 숫자에 매우 민감한 사람이라고 생각할지 모른다는 사실이다. 그러나 실은 그렇지 못하다. 나는 숫자에 특히 아둔해서 내 구두 치수는 물론 늘 입는 와이셔츠의 목둘레도 외우지 못하는 사람이라는 사실이다. 구두야 대충 신어 보고 사면 된다지만 셔츠는 그럴 수가 없다. 그래서 매번 점원 아가씨가 내미는 교수용絞首用 밧줄 같은 줄자에 내 목을 맡겨야 하는 위험을 감수해야 하는 것이다.

지난봄에 이곳 분당으로 이사를 왔다. 좀 더 살아 봐야 알겠지만 단독 주택보다 여러 가지로 편리한 점이 많은 것은 사실이다. 그렇다고 불편한 점이 전혀 없다는 뜻은 아니다. 며칠 전에는 엘리베이터가 고장이 나는 바람에 14층까지 걸어서 올라올 수밖에 없었다. 그런데 나는 그만 계단을 세는 것을 잊고 말았다. 나이 때문일까? 요새 들어 나의 버릇도 가끔씩 졸 때가 있으니 말이다.

겨울 갈대밭에서

 슬퍼하지 말자. 날카롭던 서슬 다 갈리고, 퍼렇던 젊은 핏줄 모두 잘리고, 눈, 코, 입, 귀, 감각이란 감각 다 닫혀 버리고, 바람에 펄럭이는 남루를 걸친 채 섰을지라도, 슬퍼하지 말자.

 찬물에 발목이 저린 이들이 우리뿐이겠는가.

 물방개 같은 것들, 잠자리며 철새 같은 것들, 친구들, 다정했던 이웃들. 그들이 칭얼거리다 간 빈자리에, 아무것도 줄 수 없었던 내 무능의 뜨락에, 바람 말고는 이제 다시 찾아오는 이 없다 해도, 허기와 외로움도 때로는 담담한 여백일 수 있는 것. 다 내주어서 편안한 가슴들아, 갈대들아.

 마른 허리 꺾고, 야윈 어깨 더 많이 꺾고, 이제 두레박 들어올려 물 마실 기력마저 부친다 해도 슬퍼하지 말자. 강바람에 서로 몸을 한데 묶어 부축하고 버티면 버티는 만큼 힘이 솟는 겨울. 겨울이 모진 만큼 견디면 또 견뎌 내는 것을.

찬바람에 이가 시린 이들이 우리뿐이겠는가.

얼마 남지 않은 체온이나마 마른 몸 비벼 서로 나누어 보자. 가난이 파괴하는 것이 인격만이 아니라 해도 헐벗고 굶주려서 오히려 따뜻한 것들아, 갈대들아.

세상에 흔들리는 것이 어디 너희뿐이겠는가.

정에 흔들리고, 이해에 흔들리고, 두려움에 흔들리고, 또 때로는 회의와 외로움에도 자주 흔들리나니, 그 참담한 통한의 아픔을 통해서 모든 아름다운 눈물들이 다시 꽃으로 피어나는 것을. 사랑이란, 진실이란, 죽어서 굳어 버린 관념이 아니라 살아서 흔들리며 늘 아파하는 상처인 것을.

죽은 관념의 바위들아, 거짓 이념의 깃대들아, 우리의 가슴을 상하게 한 것들이 바로 너희였음을 이제 모두는 겪어서 깊이 머리 숙여 아나니. 오히려 흔들려서 더 선량한 마음들아, 어리고 여려서 더 아름다운 갈대들아.

이제 안타까운 씨앗들도 멀리 날려 보내고, 지나는 바람에도 노상 펄럭이던 잎사귀들, 젊어서 더 아팠던 마음일랑 죄다 떨구고, 가슴속마저 다 비우고 그리고 수척한 몸뚱어리 하나 이렇게 곧추세워 두는 것은, 그래도 우리 뒤에 또 다른 봄이 기다리고 있음을 알기 때문이니.

슬퍼하지 말자. 공허한 마음에 가슴 아린 이들이 우리뿐이겠는가.

우리보다 앞서 떠났던 그때의 우리처럼 이제 우리 발등

을 딛고 우리의 어깨를 짚고 또 다른 시퍼런 우리가 새싹으로 푸른 바람 몰고 일어나 강둑 이쪽에서 강둑 저쪽까지 아득히 다시 한 번 서늘한 삶을 나부낄 그날이 오려니, 떠났던 물방개 같은 것들, 잠자리며 철새 같은 것들, 다정했던 이웃들도 다시 돌아와 서늘한 삶을 누릴 그날이 오려니.

 슬퍼하지 말자. 뒤돌아보며 떠나는 이들이 우리뿐이겠는가.

 편히 쉬어라. 노년의 머리카락 빛내며 떠나는 것들아, 다 내주어서 편안한 가슴들아. 잃지 않으면 다시 얻을 수 없음을 우리는 묵묵히 아나니. 흔들리고 또 흔들려서 더 강해지는 것들아, 아름다운 갈대들아.

발걸음 소리

 청화를 묻혀 애벌구이 항아리에 그림을 그렸다. 출가할 날이 머지않은 두 딸애에게 내 정성이 담긴 것을 하나쯤 주고 싶어서였다.

 큰애 몫으로는 물풀 속을 헤엄치며 노는 두 마리의 쏘가리를 그렸다. 둘째 몫으로는 꽃이 흐드러지게 핀 등나무를 그렸다. 팍팍한 세상 물고기처럼 유연하게, 어두운 세상 등꽃처럼 환하게 살아 주었으면 하는 나의 소망을 담고 싶었다. 막내 것은 그리지 않았다. 아직 어리니 나중에 그려도 늦지 않으리라.

 그림이 다 되었다. 이제 여백에다 몇 마디 말만 쓰면 되었다. 큰애에게는 이렇게 쓸 참이었다.

 '사랑하는 우리 딸 지안이에게.'

 붓을 들었다. 그러나 아무것도 쓸 수가 없었다. 눈앞이 흐려지면서 손이 떨렸다. 어려웠던 지난 일들이 떠올랐다.

초산을 앞둔 어린 산모의 불안한 표정, 어두운 병원 복도를 초조하게 왔다 갔다 하는 젊은 아버지. 7월의 아까시나무 숲에서 매미 소리는 조수처럼 밀려오는데, 아이의 울음소리는 들리지 않았다. 끝이 보이지 않는 어두운 터널. 그 지루한 시간의 터널 끝에서 이윽고 햇빛처럼 빛나던 큰애의 첫울음 소리. 잠시 동안의 침묵. 그리고 나른한 안도감. 나는 그렇게 아버지가 되었다.

열두 달이 지나도 둘째는 태어날 기미가 없었다. 편안한 태아 상태로 마냥 늑장을 부리고 싶어서인지, 아니면 미리부터 세상에 겁을 먹고 있었는지 알 수 없는 일이었다.

"진시황도 열두 달 만에 태어났답니다."

어떤 분이 근심에 잠긴 우리 내외에게 웃으며 들려준 말이었다. 이 아이는 결국 촉진제를 맞고야 놀라 뛰어나왔다. 하지만 진시황은 아니었다. 딸이었다. 그 때문에 서운한 것이 아니라 병이 잦고 몸이 부실한 것이 서운했다. 두 번이나 폐렴으로 입원했다. 그때마다 이 아이는 어쩌면 우리와 인연이 없는 것은 아닌가 하고 생각했다. 한동안 꿈을 꿀 때마다 나는 앰뷸런스를 타고 경적을 울리며 응급실로 달려가고 있었다. 가쁜 숨을 몰아쉬는 아이. 눅눅한 응급실 공기. 몽롱한 크레졸 냄새.

다행히 아이는 무사했고 퇴원하는 날은 새로 태어나는 그런 기쁨으로 내 가슴을 벅차게 했다.

그리고 스무나믄 해가 정신없이 지나갔다. 앓을 만큼 앓았는지 그 후는 병치레도 별로 없었다. 이제 나는 좀 쉬어도 좋으리라.

한데 한동안 잠잠하다 싶던 이 철부지들이 이번에는 어느 날 갑자기 시집을 간다고 서두르는 것이었다. 껑충한 키 하나만 믿고 말이다. 모르는 남들은 얼마나 대견스러운 일이냐고들 했지만 보내는 마음은 노상 그렇지만은 않았다. 뭐 하나 제대로 가르친 것도 없고 준비해 놓은 것도 없었다. 혼례식 날이 다가올수록 사소한 일에도 걱정부터 앞섰다. 꼭 무슨 실수라도 저지를 것만 같은 불안감이 들었다.

게다가 혼인 날 딸애를 데리고 들어가서 예비 사위에게 손을 넘겨주는 순간도 문제였다. 다른 아버지들의 표정은 아무렇지도 않은 듯했지만 속으로야 얼마나 울고 있을까 싶어서였다. 도무지 감당할 자신이 없었다. 경사스러운 날 무슨 청승을 떨고 말지 싶었.

"신랑 신부가 함께 입장하는 방법도 있어요."

걱정하는 애비가 딱했는지 딸애들이 내놓은 묘안이었다. 나는 옳거니 했다. 하지만 정작 그날이 가까워지자 생각이 달라졌다. 유별을 떤다는 소리를 들을 것 같아서도 그렇지만 그보다는 아비 없는 아이처럼 보일 것이 걱정이었다. 차라리 아비가 겪을 마지막 아픔이라면 굳이 피한다고 될 일도 아니지 싶었다.

염려했던 것과는 달리 그날은 아무 일도 일어나지 않았다. 나는 청승을 떨지 않았고 아이들도 실수하지 않았다. 큰애 때는 처음 당하는 일이라 얼떨결에 넘어갔다. 둘째 때는 그럭저럭 넘어갔다. 어수선한 분위기, 계속되는 하객들의 축하. 그 모든 혼란이 나의 감각을 마비시키기에 충분했다. 이제 눈물 같은 건 없으리라. 비로소 안심이 되었다.

 그리고 두어 주일이 지났다. 그날은 늦추위가 기승을 부리던 밤이었다. 나는 2층 내 방에서 책을 읽고 있었다. 어쩌면 반은 졸고 있었는지도 모른다. 그때 귀에 익은 발걸음 소리가 골목 어귀에서 들려왔다. 보폭이 좁고 가벼운 것이 둘째가 틀림없었다. 시계는 열한 시 반을 지나가고 있었다. 빗장을 따 주기 위해 일어섰다. 다리가 저려서 절며 계단을 내려갔다. 그러나 층계가 다 끝나기도 전에 나는 걸음을 멈추고 말았다. 우리 집 대문 앞에서 멈춰야 할 그 발걸음 소리가 대문 앞을 그냥 지나쳐 버리는 것이었다.

 순간, 둘째가 출가했다는 사실이 생각났다.

 층계참에 주저앉고 말았다. 어둠 속으로 멀어져 가는 발걸음을 따라 그동안 나의 내부를 지탱하고 있던 모든 것들이 서서히 빠져나가고 있었다.

 현관에 벗어 놓은 애들의 낡은 신발 위에 떨어지는 불빛마저 차고 공허했다. 눈물 같은 건 다시 없으리라던 내 마음이 한꺼번에 허물어지고 있었다.

이제 두 애가 시집간 지 두 해째 지나가고 있다. 애비가 걱정한 것과는 달리 다들 잘살고 있다. 그런데도 가끔 골목을 지나는 발걸음 소리에 나도 모르게 긴장할 때가 있다. 오늘처럼 바람이 불거나 눈이 오는 밤이면 더 그런 것 같다.

별

 잠자리에 들기 전에 담배를 물고 베란다로 나간다. 방에서 담배를 피울 수 없게 되면서부터 생긴 버릇이다. 아이들은 이런 나를 보고 '반딧불족'이라고 한다. 밤마다 밖에 나와서 담배를 피우는 사람들이 많아지면서 생긴 유행어다.

 내가 나가면 먼저 아는 체하는 것은 옆집 강아지다. 저하고 나 사이에는 두 개의 담장이 있고, 그 사이로 골목길이 나 있는 데다가, 자기네 등나무와 우리집 벚나무에 가려서 거기서는 내가 잘 보이지 않을 텐데도 영락없이 짖어 댄다. 노상 한곳에만 묶여 있다 보니 신경이 날카로워진 모양이다.

 나는 담배 연기를 빨아들인다. 허파 꽈리가 가득 찰 때까지. 그러고는 숨을 멈춘다. 잠시 후에 멈추었던 숨을 서서히 풀어 놓기 시작한다. 제일 먼저 반응이 오는 곳은 머리다. 한 대 얻어맞은 것처럼 멍해진다. 이어서 무릎과 발끝에서 힘이 빠져나간다. 베란다의 난간을 잡는다. 잠시 뜸을 들였다가 다시 천천히 한 모금을 더 들이마신다. 비로소 마음은 가라앉고 하루의 복잡한 일상이 연기를 따라 서서히 나의 머리에서 빠져나간다. 중병을 앓고 난 뒤에 오는 평온함 같은 것. 어쩌면 나는 이런 나른한 해방감 때문에 담배를 끊지 못하는지 모른다.

좀 전까지 짖어 대던 강아지도 이때쯤이면 짖기를 멈춘다. 노상 그래 봐야 이쪽에서 별로 반응을 보이지 않으니까 재미가 없는 모양이다.

조그만 풀잠자리 한 마리가 벚나무 위를 날고 있다. 날갯짓을 할 때마다 그 가냘픈 날개가 외등에서 나오는 희미한 불빛에 반사된다. 낮이라면 연한 옥색이었을 텐데, 지금은 그 맑은 물빛 느낄 수가 없다. 그저 희끄무레할 뿐이다. 이 밤중에 무슨 일로 녀석은 자지 않고 저렇게 날고 있는 것인지 모르겠다. 어제 저녁에 날던 그놈일까? 아니면 새로 이사를 온 놈일까? 추분이 가까운 지금 그 가냘픈 몸으로 살아가는 것이 여간 대견하지가 않다.

나는 골목 끝에 있는 집으로 시선을 옮긴다. 우리 집은 남향이고 그 집은 서북향이라서 서로 엇비슷이 마주보고 있는 셈이다. 내가 몇 년을 이렇게 나와서 담배를 피워도 그 집에서는 아무도 나와 담배를 피우는 사람이 없다. 여자들만 사는 집인지, 담배를 아예 피우지 않는 사람이 주인인지, 그것도 아니면 피우다가 용기를 내어 끊은 것인지 알 수가 없다. 그쪽 집에도 나 같은 반딧불족이 하나쯤 있어도 괜찮을 텐데…. 그렇다, 동병상련. 그런 감정마저 소중하게 느껴지는 밤이다.

나는 그 집 지붕 위로 시선을 옮긴다. 야트막한 단층이었을 때는 임업 시험장 쪽 산이 볼 만했다. 봄이면 산벚꽃이 분가루를 뿌려 놓은 것처럼 뽀얗게 피었고. 가을이면 단풍이 피처럼 붉었다. 미니 삼층이 들어선 지금은 산봉우리조차 보이지 않는다. 게다가 하늘마저 밑동이 잘려 나가서 내가 누릴 수 있는 '나의 하늘'은 전보다 훨씬 좁아지고 말았다. 그러나 그 잘려 나간 조각 하늘이나마 나는 사랑한다. 내가 담배를 피우는 동안에 눈을 줄 수 있는 곳이란 그 하늘밖에 없으니까.

우선 하늘은 비어 있는 때가 없어 좋다. 해가 없으면 달이 있고 달이 없으면 별이 있다. 서울 하늘에서 볼 수 있는 별이라야 북두성이나 북극성같이 큰 별이 고작이어서 겨우 열 손가락으로 헤아릴 정도지만. 그래도 비가 오고 난 다음 날 밤은 꽤나 많은 별을 볼 수가 있다.

그러나 아무리 갠 날 밤이라 해도 서울서는 은하수를 볼 수 없다. 어렸을 때는 머리 위에 은하수가 오면 햅쌀밥을 먹는다고 해서 밤만 되면 고개를 젖히고 쳐다보곤 했다. 지금은 그런 기대 같은 것도 없으면서 밖에만 나오면 으레 은하수를 찾게 된다.

어느 해 겨울이던가, 권 형權兄과 이 형李兄 이렇게 두 친구와 함께 송광사에 간 적이 있었다. 도착했을 때는 밤 열한 시가 넘어서였다. 꽤나 긴 시간 동안 버스를 탄 뒤라 내리자마자 약속이나 한 듯이 우리 셋은 나란히 서서 소피부터 보기 시작했다. 그때 누군가가 먼저 "와아!" 하고 소리쳤다. 아니, 누가 먼저랄 것 없이 동시에 소리를 질렀는지도 모른다. 잘 닦은 놋주발만큼씩한 별들이 머리 위에서 쉿소리를 내며 좌르르 쏟아져 내릴 것만 같았다. 서울 별들이 모두 그곳으로 피란 온 것 같았다.

러시아에 갔을 때도 그곳에서 별을 보고 싶었다. 북위 60도에서 바라보는 별은 또 어떤 것인가 궁금했다. 하지만 계속 비가 오는 데다가 하루 갠 날마저 백야가 되어 별을 볼 수가 없었다. 말로만 듣던 백야를 볼 수 있었던 것은 기쁜 일이었지만, 별을 볼 수 없었던 것은 섭섭한 일이었다.

이십 대 후반이었다. 나는 한동안 별 같은 것을 보지 않기로 한 적이 있었다. 그 무렵 나는 매일 술을 마셨다. 까닭 없이 공허해서 견딜 수가 없었다. 그러다 보니 통금 시간을 넘기는 때가 많았고, 자정이 넘어서 돌아오면 하숙집 대문은 언제나 내 앞에 굳게 닫혀 있었다. 하숙집 할머니께 미안해서 차마 열어 달랄 수가 없었다. 나는 내 키보다 높은 담장을 넘는 수밖에 없었다.

그러던 어느 날 나는 담장 위에 걸터앉고 말았다. 어떻게 오르기는 했지만 술이 취한 데다 뛰어내릴 힘조차 없었던 것이다. 나는 잠시 담장에 걸터앉은 채 취기 어린 눈으로 하늘을 쳐다보았다. 겨울밤이었는데 별들이 그렇게 아득하고 막막하게 보일 수가 없었다. 순간 나도 모르는 사이에 눈물이 났다. 산다는 것이 사랑한다는 것이 모두 그렇게 아득하고 막막할 수가 없었다. 모든 의미가 겨울 별빛처럼 스산하고 공허했다.

그 후 한동안 별을 쳐다보기가 두려웠다. 지금은 별을 보고 있으면 오히려 마음이 가라앉는다. 아무것도 보이지 않는 캄캄한 밤에 서로 쳐다볼 수 있는 상대가 있다는 것은 하나의 위안임에 틀림없으니까.

그래서 일찍부터 시인들은 별을 노래했는지 모른다. 이백이나 윤동주, 김광섭 같은 사람들은 모두 별을 소재로 한 좋은 시를 남긴 시인들이다. 그런데 그림을 그리는 사람 가운데는 이상하게도 별을 그린 사람이 적다. 아니, 적은 것이 아니라 아예 없다. 동양화에서도 그렇고 서양화에서도 그렇다.

다만 반 고흐가 예외일 뿐이다. 그는 모두 다섯 점의 별 그림을 남겼다. 파리를 떠나 남프랑스 아를에서 불타는 태양과 함께 아름다운 밤하늘의 별까지 발견했던 것이다. 언제나 구름이 낮게 드리워져 있는 그의 고향 네덜란드의 하늘에서는 볼 수 없었던 새로운 경이였음에 틀림없다.

아를의 별은 9월이 가장 아름답다고 한다. 그는 9월 한 달 동안에 두 폭의 별 그림을 그렸다. 이렇게 시작된 그의 '별 그리기' 작업은 죽기 전까지 계속된다. 생 레미의 정신병원에서도 그는 별을 그렸다.

그런데 그가 그린 별들은 그냥 별이 아니다. 모두 물기를 머금은 별이다. 눈물이 어린 눈으로 보았을 때 별의 주변으로 빛이 번지면서 어룽거리는 그런 별이다. 피할 수 없는 가난, 세 번의 실연, 그리고 치유할 수 없는 병. 그래서 가장 가까운 이 지상에서 얻을 수 없었던 위안을 가장 아득히 먼 별에서 구하려고 했던 것일까? 그는 새벽이 될 때까지 자지 않고 깨어서 별을 그렸다. 머리에 촛불을 이고서.

금년 7월 나는 남프랑스 니스에서 파리로 가는 길에 아를을 지나기로 되어 있었다. 기차를 타기 전부터 고흐가 보고 간 그 별들을 그곳에서 볼 수 있기를 빌었던 것은 물론이다. 하지만 론 강을 지날 때부터 갑자기 날이 흐리면서 비가 내리기 시작하는 바람에 나는 고흐의 별을 볼 수 없었다.

내가 어렸을 때부터 기억하고 있는 별자리가 하나 있다. 삼태성三台星이란 별이 그것이다. 북극성을 뒤로하고 약간 남쪽으로 내려온 곳에 떠 있는 세 개의 별인데, 같은 간격으로 나란히 박혀 있는 것이 우선 신기했다. 하지만 그보다는 늘 어머니를 생각나게 하는 별이기 때문에 더 오래 기억하고 있는지도 모른다.

어머니는 곤히 주무시다가도 이 삼태성이 뜰 때면 자리에서 일어나셨다. 그러고는 정화수를 떠서 장독대 위에 올려놓고 두 손을 모아 삼태성에게 비셨다. 객지에 나가 있는 세 분 형님들을 무사하게 해 주십사 하는 것이 어머니의 간절한 기원이었다.

나는 마루에 걸터앉은 채 어머니와 별을 번갈아 보면서에서 어머니의 축수가 끝나기를 기다렸다. 새벽 찬 공기를 많이 쐬고 나면 언제나 배가 아팠기 때문이었다. 하지만 어머니의 축수는 쉬이 끝날 줄을 몰랐다. 언제나 나란한 세 개의 별. 나의 눈에는 그것이 어깨를 맞대고 서 있는 세 분 형님들로 보였다. 어머니의 사망, 전쟁, 피란 그리고 월남. 지금은 세 분의 생사조차 알 길이 없다. 어떻게든 살아 계시기나 했으면 싶다.

하늘 끝 멀리 비행기 한 대가 날아가고 있다. 가슴에 조그만 불을 깜박이면서 천천히 날아가고 있다. 어디로 가고 있는 것일까? 어떤 사람이 타고 있을까? 자정이 넘은 이 시간, 모두 의자를 뒤로 젖히고 곤히 잠들어 있겠지. 아니, 한두 사람쯤은 자지 않고 깨어서 신문이나 책을 읽거나 다음 여정을 살피고 있을지도 모른다. 혹시 나처럼 별을 보고 있는 사람도 있을까? 지상 3만 피트 상공, 거기서 바라보는 별은 어떤 모습일까?

어디서 날아왔는지 한 마리뿐이던 풀잠자리가 두 마리로 늘어났다. 서로 장난을 치는 것인지, 아니면 짝짓기를 하려는 것인지, 한 놈이 위로 날아오르면 다른 놈이 질세라 더 높이 날아오르고, 그러면 이번에는 또 다른 놈이 그렇게 한다. 똑같은 동작의 반복. 따분하다. 하지만 한 가지 재미있는 것은 그것들은 그렇게 하면서도 사람들처럼 울거나 떠들지 않는다는 점이다. 마치 별들처럼 조용히 움직일 뿐이다. 말이 없는 것은 늘 우리를 경건하게 한다.

와이셔츠 바람으로 오래 서 있기에는 밖은 벌써 썰렁한 느낌을 준다. 이제 추분이 지나면 곧이어 한로가 이어지리라. 잡았던 난간에서 손을 풀고 담배꽁초를 재떨이에 버린다. 얼마 전에 비워 놓은 것 같은데도 재떨이 속은 담배꽁초가 수북하다.

나는 마지막으로 한 번 더 별들을 둘러보고 방으로 들어온다. 내가 잠이 든 후에도 밤하늘의 별들은 밤새 깨어 있을 것이다.

흔들리는 섬

 지난 한 해 동안 나는 옥수역에서 전철을 갈아타야 했다. 일자리를 옮겼기 때문이다. 용산역과 성북역을 오가는 노선은 덜 붐비긴 했지만 대신 배차 간격이 뜬 것이 좀 흠이었다. 어떤 때는 삼십 분을 꼬박 기다려야 하니 때로는 무료했다.
 주변을 둘러보았지만 시선을 끌 만한 것은 별로 없었다. 옥수동 산비탈에 위태롭게 붙어 있는 집들, 강변로를 질주하는 자동차의 행렬. 머리가 아팠다. 돌아서서 강 건너편에 눈을 주어 보지만, 시야에 잡히는 것은 요새와 같은 아파트가 아니면 자를 대고 그은 듯한 제방과 둔치, 나의 정서가 쉬어 갈 만한 그런 후미진 곳은 없었다. 나는 공연히 담배만 피워 대거나, 아니면 플랫폼의 보도블록이나 세어 보는 것이 고작이었다.
 그런데 지난여름 장마가 걷히면서 나는 더 이상 무료할

시간이 없게 되었다.

그러니까 그날 저녁도 나는 여느 때와 마찬가지로 보도블록이나 세면서 플랫폼을 오르내리고 있었다. 그러다가 우연히 강 쪽으로 던진 나의 시선에 뭔가 이상한 것이 잡혔다.

조그만 모래섬이었다. 멍석 대여섯 장 넓이만 할까. 금세라도 물에 잠길 듯 위태롭기까지 한 모래톱이었다. 하지만 크고 작은 것은 문제가 아니었다. 아무것도 없던 강에 기적처럼 섬이 탄생했다는 사실이 중요했다. 마치 창세기를 보는 것 같은 그런 감동이었다고나 할까.

봉긋이 솟은 곳은 영락없는 산봉우리이고 남쪽으로 잘쑥하게 들어간 곳은 아늑한 어느 포구 같았다. 저녁이 되어 동호대교의 검은 그림자가 섬을 가려 버릴 때까지 나는 한동안 그렇게 선 채로 건너다보았다. 그것이 마치 나의 신대륙이기나 한 것처럼. 그리고 그 후부터 아침저녁으로 전철을 갈아타야 하는 번거로움도 별로 신경이 쓰이지 않게 되었다. 그 섬이 변해 가는 모습을 보는 것이 하나의 즐거움이었으니까.

이쪽에서 건너다보면 육안으로도 섬 전체가 잘 보였다. 처음 물이 빠졌을 때는 풀 한 포기 없었는데 여름이 끝나갈 무렵에는 약간 도도록한 곳에 파르스름하게 풀이 돋기 시작하더니 얼마 후에는 제법 넓게 자리를 잡아 갔다. 게다가 섬 위쪽에는 꽤나 큰 풀포기가 하나 자랐다. 여뀌풀 같기도 하고 어떻게 보면 명아주 같기도 했다. 나무 한 그루 없는 이 작은 섬에서 그건 분명 대단한 존재였다. 어느 마을 앞의 당산나무만큼이나 우뚝했다. 그리고 이 풀포기를 중심으로 이 섬의 주민들이 살고 있었다.

주민이라고 했지만 처음에는 갈매기 몇 마리가 전부였다. 그러나 늦가을부터는 목줄기가 파란 청둥오리가 보이기 시작하면서 이 섬의 주민들도 다양해지기 시작했다. 도요새가 있는가 하면 원앙새 무리가 끼어 있을 때도 있었다.

동틀 녘에 보면 옅은 안개가 섬을 감싸고 있었다. 햇빛이 성수대교 교각 사이로 비칠 때쯤이면 섬은 윤곽을 드러내기 시작했고, 잠에서 덜 깬 이 섬의 주민들이 물가에 늘어서 있는 것이 보였다.

해녀들처럼 이제 막 자맥질을 시작할 참인 모양이었다. 어떤 놈은 부리로 물을 찍어 보기도 하고, 또 어떤 놈은 아예 단번에 물로 뛰어들기도 했다. 그러다 지치면 섬에 올라와서 젖은 깃에서 물기를 털어 내기도 하고 부리를 마주 대고 사랑을 나누기도 했다.

이 행복한 섬에 눈을 고정하고 있으면 어느 한가로운 고향 강가에 서 있는 듯, 철교 위를 달리는 전동차의 굉음도 양쪽 강변로를 질주하는 자동차의 소음도 귀에서 멀었다.

어떤 때는 그 섬이 점점 커져서 제법 넓은 공간을 차지하는 것을 상상해 보기도 했다. 갈대와 키가 작은 관목들이

섬을 덮고 시원한 강바람이 물결무늬를 그리며 그 위를 불고 있었다. 때로는 붉게 타오르는 저녁노을을 배경으로 수없이 많은 철새들이 환호성을 지르며 날아올라서는 하늘을 가득 메우며 날아가고 있는 정경일 때도 있었다. 이 조그만 섬으로 해서 오래전에 잃어버렸지만 아직도 기억 속에 생생한 한강의 옛 모습을 상상한다는 것은 하나의 축복과도 같은 것이었다.

한데 얼마 전부터 나의 이런 기쁨도 차츰 위협을 받기 시작했다. 언제부터인가 성수대교 쪽에 나타난 골재 채취선 때문이다. 놈은 사다리 같은 어깨를 흔들거리면서 언제라도 내려와서는 이 섬을 송두리째 삼켜 버릴 그런 기세로 떠 있다. 골재를 파는 사람의 눈에도 저것은 엄연히 하나의 아름다운 섬으로 보여야 할 터인데 말이다.

어느 날 섬은 간 곳이 없고 새들마저 떠나 버린 텅 빈 강, 그런 공허한 강을 다시 보아야 한다는 것은 분명 쓸쓸한 일임에 틀림없었다.

세상에는 두 가지 파괴가 있다고 한다. 하나는 자연에 의한 파괴이고, 다른 하나는 인간에 의한 파괴다. 그런데 자연에 의한 파괴는 회복이 가능하지만 인간에 의한 파괴는 그렇지 못하다는 것이 문제다. 어느 날 장마는 저 섬을 지워 버리더라도 자연은 언젠가 또 다른 섬을 만들어 놓을 수도 있지만, 사람들은 애써 이런 섬 같은 것을 만들려고 하지 않을 것이라는 생각에서다.

  차를 타고 그곳을 떠날 때마다 나는 그 섬을 지켜보게 된다. 차창을 통해 멀리 저녁노을 속으로 사라져 가는 섬이 어쩐지 자꾸만 불안하게 흔들리고 있기 때문이다. 어쩌면 그것이 내가 발견한 섬을 보는 마지막 순간이 아닐까 해서다.

딸기 서리

딸기철만 되면 생각나는 일이 있다. 아마 아홉 살 때쯤이었을 것이다.

낮잠을 자고 일어났더니 집 안이 조용했다. 어머니도 누나들도 보이지 않았다. 골목을 내다보았지만 거기도 마찬가지였다. 틀림없이 놀고 있어야 할 동네 아이들까지 보이지 않는 것이었다. 대문 앞에 쪼그리고 앉아 있자니 심심하고 따분했다.

나는 신작로로 나가 보았다. 배추밭과 과수원 사이로 아물거리며 사라진 신작로에는 투명한 5월의 햇살만이 쏟아지고 있을 뿐 아이들은 보이지 않았다. 과수원이 끝나는 어디쯤에서 놀고 있으리라. 나는 과수원 울타리를 따라 걷기 시작했다.

그러나 얼마를 못 가서 발길을 멈추었다. 성근 가시나무 사이로 뭔가 불긋불긋한 것이 스치고 지나갔다. 딸기밭이었다. 며칠 전까지만 해도 잡초만 무성했는데, 놀라운 일이었다. 순간 아이들에 대한 생각 같은 것은 까맣게 잊어버리고 말았다. 그리고 가슴이 두근거리기 시작했다. 나만이 아는 비밀. 그 은밀한 기쁨.

나는 가시나무 울타리 안으로 고개를 디밀었다. 푸른 잎 사이로 몸통을 드러내고 있는 딸기들. 어떤 것들은 너무 익어서 단물이 겉으로 흘러내렸다. 군침이 돌았다.

과수원 저쪽 끝에서는 주인이 괭이질을 하고 있는 것이 보였다. 그는 푸른색 바지를 입은 중국 사람이었다. 가끔 광주리를 장대 끝에 두 개씩 달고 어딘가 갔다가 오는 외엔 이웃에 사는 아무하고도 얘기를 하지 않았다. 그는 종일 땅을 파거나 아니면 거름을 져서 날랐다. 마을 아이들은 그를 곰이나 뭐 그런 무서운 짐승쯤으로 치부하고 있었다.

나의 식욕은 이미 나의 통제를 벗어난 상태였다. 북처럼 둥둥거리는 심장의 고동 소리. 나는 개구멍으로 몸을 밀어넣었다. 내 앞에 펼쳐진 딸기밭. 말랑말랑한 딸기의 감촉과 혓바닥에서 녹아 흐르는 달콤한 과즙, 그리고 이 사이에서 씹히는 딸기씨. 나는 한 손으로 딸기를 따서는 연속 입 속에 넣으면서 다른 한 손으로는 바지 주머니를 채우기 시작했다. 딸기즙이 숨구멍을 막을 때마다 숨이 막혔지만 나의 식욕은 이미 제동이 풀린 상태였다. 욕망이 충족되는 순간의 황홀함이라니.

그런데 갑자기 머리맡에서 땅이 울렸다. 동화 속에 나오는 거인의 발자국 소리였다.

들켰구나!

가슴이 철렁 내려앉았다. 고개를 드는 순간 사과나무와 사과나무 사이로 나를 향해 달려오는 퍼런 옷, 어깨 위로 치켜든 괭이, 내 머리를 겨누고 있었다. 나는 개구멍을 향해 달리기 시작했다. 그런데 들어올 때는 넓었던 구멍이 그렇게 좁을 수가 없었다.

방향을 틀었다. 대문으로 나가는 수밖에 없었다. 대문은 활짝 열려 있었다. 하지만 망아지만 한 호개가 이빨을 허옇게 드러내고 짖어 대고 있었다. 기둥에 매여 있는 것이 천만 다행이었다. 아니었으면 나는 이미 그의 이빨 사이에 물린 작은 짐승 신세였을 것이다. 나는 다시 방향을 돌렸다.

이제 불과 서너 발자국이면 잡힐 만한 거리. 어쩔 수 없는 노릇이었다. 절박한 마음으로 들어온 그 구멍을 향해 필사적으로 뛰었다. 그리고 두 다리를 구멍 속에 집어넣으면서 힘껏 미끄러졌다. 절망과 희망이 엇갈리는 순간의 아득함. 나는 눈을 감았다.

다시 눈을 떴을 때 내 몸은 신작로 위에 굴러 떨어져 있었다. 쫓아오던 주인은 가시나무 울타리 너머에서 씩씩거리며 숨을 몰아쉬고 있었다.

살았구나!

그러나 가슴은 여전히 뛰고 있었다. 아랫도리를 내려다봤다. 흰 무명 바지가 피처럼 빨갰다. 주머니에 넣은 딸기가 터진 것이었다.

그 후로는 한동안 퍼런 옷을 입은 사람만 봐도 가슴이 뛰었다. 어떤 때는 쫓기는 꿈을 꾸기도 했다. 야단맞을 짓을 했거나 몸이 아플 때는 더 자주 꾸었다.

갑자기 땅이 울린다. 푸른 옷을 입은 거인이 괭이를 치켜들고 나를 쫓아오고 있다. 나는 필사적으로 도망을 친다. 그런데 빠져나갈 구멍이 보이지 않는 것이다. 절망의 캄캄한 순간. 놀라서 깨어 보면 꿈이었다.

이제 그런 꿈은 꾸지 않는다. 하지만 기억 속에서 나는 여전히 그에게 쫓기고 있다. 그때마다 나는 숨이 가빠짐을 느낀다. 아마 내가 살아 있는 동안 앞으로도 그의 추격은 계속될 것이다. 다행스러운 것은 오십 년이 넘게 지난 지금도 그와 나 사이의 거리는 한 발자국도 좁혀지지 않았다는 사실이다.

러시아 처녀들의 미소

1993년의 러시아는 우중충한 나라였다. 우선 모스크바 공항부터가 그랬다. 외부는 물론이고 내부까지도 그러했다. 바닥은 짙은 회색빛 대리석을 깔았고, 천장은 구리 원통을 일정한 크기로 잘라 사방 연속으로 붙여 놓았다. 마치 포탄의 탄피를 붙여 놓은 것도 같고, 또 어떻게 보면 거대한 벌집 같기도 하여 그 밑에 서 있기가 좀 으스스했다. 공항 직원들도 문제였다. 국방색 유니폼과 딱딱한 견장, 그 위에 붙여 놓은 듯한 무표정한 얼굴들.

거리로 나와도 달라지는 것은 없었다. 언제 포장을 했는지 아스팔트길은 군데군데 패이고 차선은 지워져서 식별이 어려울 정도였다. 그런 거리를 70년대의 고물 자동차들이 달리고 있었다. 열 대 가운데 아홉이 문짝이 찌그러지지 않으면 칠이 벗겨져 녹이 벌겋게 슬어 있었다. 건물도 예외가 아니었다. 규모는 컸지만 엉성했다. 벽돌 건물인데 벽돌 사이가 제대로 마무리되지 않은 것이 보통이었다. 다시 말해서 '메지'를 넣지 않았다는 이야기다.

발코니 난간이 녹이 슨 채 밑으로 처져 있고 칠은 자동차와 마찬가지로 퇴색해 버린 지 오래였다. 한때 세계의 반을 지배하던 크렘린 궁도 사진으로 볼 때처럼 그렇게 단단하고 빈틈없는 건물은 아니었다. 거기에서도 가난은 감출 길이 없었다. 오랜 세월에 벽돌 담장이 퍼슬퍼슬 풍화되어 있었다. 저러고 어떻게 백 년 가까운 세월을 두고 공산 세계의 맹주 노릇을 했을까 싶었다.

우중충한 것은 건물만이 아니었다. 새도 마찬가지였다. 까마귀 같은 새가 날아다니는데 자세히 보면 까마귀가 아니었다. 그렇다고 까치도 아니었다. 대가리와 날개는 검은 색이고 등은 탁한 회색인데 울음소리는 영락없는 까마귀 소리였다. 그 검은 털도 우리나라 까마귀나 까치에게서 볼 수 있는 금속 광택이 나는 그런 윤기 있는 검정이 아니었다. 자다 일어난 머리털처럼 부스스했다. 그 생김새까지 애매한 새가 불길한 울음을 울며 암울한 거리를 날아다니고 있었다.

1년 365일 가운데 200일 동안 비가 내린다는 페테르부르크도 사정은 마찬가지였다. 거미줄처럼 뻗은 운하, 어느 쪽으로 흐르는지 방향을 알 수 없는 검은 물줄기는 부슬비 속에 꿈꾸듯 흐르고, 빗물을 따라 흘러내린 청동 녹 자국으로 얼룩진 동상들이 광장에서, 건물의 옥상에서, 또는 아득한 첨탑 위에서 음울한 시선으로 내려다보고 있었다. 그리고 그 밑을 등이 굽은 할머니와 어깨가 처진 젊은이들이 걸어가고 있었다. 먹을 것을 사기 위해 늘어선 사람들의 길고 긴 행렬. 소매치기, 좀도둑, 콜걸 그리고 강도가 날뛰는 거리. 모스크바에서도 페테르부르크에서도 지난날의 영광은 수많은 사원의 황금빛 돔 위에서 빛나고 있었지만 그들의 앞날은 네바 강의 물빛처럼 암담하기만 했다.

그런데 이 퇴락하고 암울한 나라에 별처럼 빛나는 존재가 세 가지 있었다. 들녘에 무수히 피어 있는 아름다운 풀꽃과 백야에 눈처럼 빛나는 자작나무 숲과 그리고 러시아의 처녀들, 특히 모스크바의 처녀들이었다.

러시아의 처녀들은 미국 여자들처럼 크지 않았다. 그들은 날씬하고 날렵했다. 피부는 희고 고운 볼에는 생기가 넘치고 눈은 사파이어나 에메랄드처럼 맑았다. 아니다. 우랄 산맥의 깊은 갱에서 캐낸 청옥처럼 깊고 푸르렀다. 러시아의 남자들이 조금은 주눅이 들었다 해도 처녀들은 그렇지 않았다. 어깨는 가냘팠지만 반듯했고, 가슴은 당당했지만 경직되지 않았다. 오똑하면서도 거만하지 않은 코, 봄날 햇빛 같은 따스한 미소, 과장하지 않은 화장술, 그러면서도 신비스럽도록 다소곳한 자태, 무너진 성벽 틈에서 돋아나는 새싹과도 같았다. 그들이 걸친 옷이 비록 값진 것은 못 되었지만 모두 맞춤옷처럼 잘 어울렸다. 초라하게 보이는 것은 잘 차려 입고 간 우리 쪽이었다고나 할까.

우리가 크렘린 성을 나와 바실리 성당 쪽으로 가고 있을 때였다. 서너 쌍의 신랑 신부가 가족들과 함께 걸어오고 있었다. 안내인에게 물었더니 이곳에서는 결혼을 하게 되면 신랑 신부가 무명 용사의 묘에 참배하는 것이 관례라고 했다. 눈처럼 흰 면사포 속에 싸인 신부는 어떤 화가가 그린 천사상보다 예쁘고 숭고해서 금세 승천해 버리지나 않을까 걱정이었다.

러시아 처녀들은 이렇게 그저 아름다울 뿐만이 아니었다. 비록 어려운 처지에 있더라도 그녀들의 얼굴에는 구김살이 없어 보였다. 모스크바의 한국인 식당에서도 페테르부르크의 외국인 호텔에서도 그들은 아무런 주저함이 없었다. 1달러짜리 팁을 받는 호텔 종업원의 표정에서, 키가 작은 외국인 남자를 따라가던 밤거리 여인의 모습에서도 마찬가지였다. 훔칠지언정 구걸하지는 않는다는 의연함이 보이는 것 같았다.

페테르부르크에서 배를 타고 35분 정도를 가면 표트로드보레츠라는 여름 궁궐이 나온다. 147가지나 되는 분수로 유명한데, 그중에는 나뭇가지 끝마다 물이 나오는 나무 분수가 있는가 하면, 사람이 옆을 지날 때마다 물을 뿜어내어 놀라게 하는 장난꾸러기 분수도 있었다. 그리고 우산같이 생겼는데 사람이 들어가면 우산살 끝마다 분수가 되어 물이 떨어지는 우산 분수도 매력적이었다.

그러나 무엇보다 나를 매혹시킨 것은 궁중 의상을 입고 관광객과 함께 사진을 찍고 팁을 받는 아가씨였다. 가지런한 치열, 깊게 패인 인상적인 눈은 순진무구라는 말 그대로였다. 어디 하나 얼룩진 구석이 없었다.

일행 가운데 한 사람이 1달러를 내고 함께 사진을 찍었다. 그리고 나서 그는 자신의 볼을 가리키면서 얼마를 주면 여기다 뽀뽀를 해 줄 수 있느냐고 물었다. "원 달러" 하고 서슴없이 집게손가락을 들어 보인다. 그녀는 1달러를 받고 웃으며 그의 볼에 키스를 했다. 장난기 어린 그가 이번에는 자기 입술을 가리키면서 열 손가락을 펴 보였다.

"텐 달러. 오케이?"

그녀는 돌아섰다. 그녀의 목덜미가 장밋빛으로 물들었지만 그녀의 입술은 해맑갛게 웃고 있었다.

그러나 그 아름다운 처녀들도 아이를 두엇만 낳고 나면 그 아름답던 몸매는 어디로 갔는지 알 수 없게 되고 만다고 하니 안타까운 일이 아닐 수 없었다. 거리에서 지하철에서 또는 박물관에서 내가 본 중년 여인치고 절구통같이 생기지 않은 사람이 없었다. 허리만이 아니었다. 거리를 걷고 있는 그들의 뒷모습은 우리를 더욱 가슴 아프게 했다. 그 날씬하게 쭉 곧은 종아리는 간 곳이 없고 기둥 같은 다리에

뱀 같은 굵은 정맥이 친친 감고 있는 것이었다. 물 때문이라고 했다. 석회석이 섞인 물을 많이 먹으면 그리 된다는 것이었다. 젊은 추녀 없고 늙은 미인 없다지만 러시아 처녀들에게 늙음은 너무 가혹하지 않나 싶었다.

암울한 나라 러시아. 과거의 영광만이 모든 사원의 황금빛 돔과 함께 빛날 뿐인 나라. 하지만 나는 믿는다. 언젠가 다시 밝은 날을 맞게 될 것이고 과거의 영광을 되찾으리라는 것을. 러시아 처녀들의 밝은 표정이 그것을 말해 주고 있었다.

러시아에서 가져오고 싶은 것은 그리 많지 않았다. 있었다면 청초한 풀꽃과 백야에 빛나는 하얀 자작나무 숲, 그리고 러시아 처녀들의 미소였다.

부칠 수 없는 편지

아버님, 오늘은 제가 아버님 곁을 떠난 후 스물아홉 번째 맞는 설날입니다. 그리고 내일은 아버님의 아흔 번째 생신이 되는 날이기도 합니다. 제 기억이 틀림없다면 경인년 정월 초이튿날은 아버님이 태어나신 날입니다.

제가 아버님 생신을 기억할 수 있는 것은 그날이 바로 설 다음 날이라는 특별한 이유에서입니다. 우리가 가장 어려웠던 해방 다음 몇 해를 제외하고는 아버님 생신날은 그런대로 풍성했던 것으로 기억하고 있습니다. 그리고 그때마다 우리 여섯 남매는 아버님은 정말 좋은 날 태어나셨다고 부러워했습니다. 하지만 어머님 생각은 조금 달랐던 것 같습니다. 가끔 어머님이 하시던 말씀이 생각납니다.

"너희 아버지는 오히려 손해를 보는 셈이지. 명절 때야 누구나 다 잘 먹는 것 아니니?"

그렇습니다. 어떻게 생각하면 어머님 말씀이 옳을지도 모릅니다. 오히려 어수선한 설 분위기 때문에 각별해야 할 아버님 생신이 그만 파묻혀 버린 채 지나가고 말 수도 있으니까요.

아무튼 아버님, 죄송합니다. 올해도 아버님을 찾아뵙기는 틀린 것 같습니다. 어쩌면 영영 뵙지 못하고 말지 않을까 걱정입니다. 아버님은 너무 연만하시고 통일이 될 날은 너무 아득합니다. 멀리서나마 아버님이 계신 곳을 향해 세배를 드립니다. 그리고 아버님의 어린 손자와 손녀들도 함께 세배를 드립니다. 아버님이 가까이 계셨더라면 많이 사랑해 주셨을 아이들입니다.

우선 큰딸애가 세배를 드립니다. 지금 이 아이는 곧 여학생이 된다고 꿈에 부풀어 있습니다. 비교적 건강한 편이고 공부도 잘하고 글도 잘 짓고, 특히 그림은 소질이 많은 것 같습니다. 지난 학기에는 글짓기 대회에서 문교부장관상도 타고 그림에서도 자주 큰 상을 받았습니다.

예쁘냐구요? 그걸 물으시면 좀 그렇습니다. 고슴도치도 제 새끼는 함함하다고 하지 않습니까? 아무튼 미운 편은 아닙니다. 그렇다고 대단한 미인이라고는 생각지 마십시오. 얼굴은 좀 넓은 편이지만 훤하고 눈썹도 짙고 눈은 크고 시원스럽습니다. 물론 코도 오똑합니다. 갓난아기 때는 살결이 저를 닮았는지 검은 편이어서 조금 실망이 되었습니다.

저희 엄마를 닮았으면 했는데 말입니다. 하지만 지금은 그렇지 않습니다. 아이들은 세 번 변한다는 말이 맞는 것 같습니다.

그밖에도 여러 가지 저를 닮은 데가 많습니다. 생선구이는 좋아하면서도 미역국은 싫어한다든지, 수학을 싫어하는 것이 모두 그렇습니다. 게다가 저를 닮아 덧니가 났습니다. 한 대면 봐줄 만할 텐데 두 대라 문제입니다. 어떻게 올해에는 비용을 마련해서 교정을 해 줘야겠다고 생각하고 있는 중입니다.

그리고 이 아이는 무엇이고 다 해내려고 합니다. 남에게 지기를 싫어하는 성미여서 가끔 마음이 편치 못합니다. 그 대신 눈물도 많고 인정도 많은 아이입니다. 자기가 반장이기 때문이기도 하겠지만 고아원에서 다니는 자기 반 아이에게 도시락도 싸다 주고 참고서며 다른 학용품도 마련해 주곤 합니다. 제 동생이 야단을 맞고 울기라도 하면 저도 따라서 같이 웁니다. 제가 기르던 병아리가 죽던 날은 그것을 모과나무 밑에 묻어 주고는 또 한바탕 울었습니다.

저는 이 아이에게 '지초 지' 자와 '언덕 안' 자를 합해 지안芝岸이라고 이름을 지어 주었습니다. 이 아이는 제가 준 것 중에서 자기 이름을 제일 좋아한다고 고백한 적이 있습니다.

"너는 달리 호를 지을 필요가 없겠구나."

이 말은 이 아이 서예 선생님이 하신 말씀입니다. 제가 석 달 동안이나 고심 끝에 지은 이름이 이 아이에게 인정받는다는 사실이 매우 기쁩니다. 그 때문에 출생신고가 늦어졌고, 그래서 사유란에 '부모가 불학 무식하야' 이렇게 써야 했습니다.

이 아이는 1966년 7월 29일 전주 예수병원에서 태어났습니다. 그날은 매미가 어떻게나 시원스럽게 울던지 삼복더위도 저만큼 물러서는 기분이었습니다.

눈물이 많고 부지런하고 욕심도 좀 있는 편이니까 이담에 크면 잘살 겁니다. 게다가 아버지를 닮은 딸은 커서 잘산다는 말이 있지요?

둘째가 인사드립니다. 이 아이도 딸입니다. 그리고 양력으로 1968년 3월 25일이 생일입니다. 실은 이보다 두 달은 먼저 태어났어야 하는데 예정일보다 늦어진 것입니다. 집사람이 병중이어서 그리된 것인지 모릅니다. 그 후에도 두 차례나 저를 놀라게 했습니다. 폐렴으로 두 번이나 입원하는 바람에 지금도 넷 중 제일 부실한 편입니다. 초등학교 5학년인데 3학년짜리 정도밖에 안 됩니다. 하긴 일 년 일찍 입학하긴 했습니다만, 이 아이는 힘에 부치는 일이 생기면 곧잘 제게 호소하곤 합니다.

"아빠, 언니가 내 공책에다 '보바'라고 썼어."

"보바가 무슨 뜻인데?"

"그것도 몰라? 거꾸로 읽어 봐."

"바보?"

"그래."

저는 그만 웃어 버리고 맙니다. 제가 웃어 버리자 또 분해서 웁니다. 그렇다고 해서 이 아이가 자주 운다는 뜻은 아닙니다. 언젠가 〈저 하늘에도 슬픔이〉라는 영화를 둘이 함께 보고 온 적이 있습니다. 언니는 울어서 눈이 부석부석한데 이 아이 눈은 보송보송했습니다. 그래서 저희 엄마가 물었습니다.

"넌 슬프지 않던?"

"슬프긴 슬펐지만 눈물이 나오지 않았어."

이것이 녀석의 대답이었습니다.

이 아이는 도무지 징그러운 것이 없습니다. 개구리를 사다 기르는가 하면 송충이 같은 것을 가지고 놀기도 합니다. 글쎄 송충이가 예쁘다나요. 제 언니는 그림책에 있는 송충이도 만지지 못하는데 말입니다. 혹시 저러다 뱀 같은 것을 보고도 "아, 이쁜 것!" 하고 손으로 잡을까 걱정입니다.

이 애는 책을 매우 좋아합니다. 추리소설을 좋아하고 에드거 앨런 포의 〈검은 고양이〉 같은 무서운 소설도 좋아합니다. 그리고 안경잡이입니다. 건강이 좋지 않은데다 몰래 구석에 숨어서 책을 읽기 때문입니다. 어떻게 읽어 대는지 미처 댈 수가 없습니다. 그러다 읽을거리가 떨어지면 소설을 쓴다고 설칩니다. 하루종일 턱을 괴고 앉아 있곤 합니다. 〈그림자의 비밀〉 이런 제목으로 말입니다. 초등학교 3학년 때라고 기억합니다만, 이런 글을 써서 저를 놀라게 한 적도 있습니다.

> 땅에 있는 꽃들은 모두 이름이 있습니다.
> 장미, 민들레, 패랭이, 맨드라미.
> 하늘에 있는 별들도 모두 이름이 있습니다.
> 큰 곰, 작은 곰, 오리온, 카시오페아.
> 그리고 하늘에 계신 하느님도 이름이 있습니다.
> 하느님, 제 이름은 손수안입니다.

그렇습니다. 이 아이 이름은 수안茱岸입니다. 산수유꽃이 필 때쯤에 태어났기 때문입니다. 봄에 우리 산야에서 제일 먼저 피는 노란 꽃 아시지요? 이 아이도 제 언니처럼 그림을 잘 그립니다. 5학년인 지금 전교에서 한 사람만 주는 미술 장학생입니다.

세 번째는 아들입니다. 이 녀석을 얻고 친구들에게서 과분한 축하를 받았던 기억이 납니다. 까닭인즉 딸 둘 낳고 아들 낳기란 촌놈 정승하기보다 어렵다는 것이었습니다. 아마 아버님도 가까이 계셨더라면 매우 기뻐하셨으리라

믿습니다.

처음 상면했을 때 녀석은 얼굴 전체가 코밖에 없는 것 같았는데, 여덟 살인 지금은 제법 미끈합니다. 그런데 이 녀석은 유달리 겁이 많습니다. 지금도 혼자서는 화장실도 못 갑니다.

세 살 때의 일입니다만, 그 해 첫눈이 아주 푸짐했지요. 그래서 저는 멋진 설경을 녀석에게 보여 주고 싶어서 불러냈습니다. 그런데 문을 열고 서너 발자국인가 나오던 녀석이 집 안으로 도망을 쳤습니다. 왜 그러느냐고 물으니, "무서, 무서" 하는 것이었습니다. 그 후 제 이모가 가져다 놓은 석고상을 보고도 질겁을 하던 기억이 납니다. 그래서 녀석이 공연히 떼를 쓰거나 할 때 "저기 석고 온다" 하면 울다가도 뚝 그치곤 했습니다. 녀석은 호랑이보다 석고가 더 무서운가 봅니다. 하긴 호랑이를 본 일이 없으니 그렇긴 하겠지만.

또 녀석은 먹보입니다. 돼지띠라서 그런다고 제 누나들이 놀려 댑니다. 일기를 쓰면 매일 먹는 얘기를 빼놓는 법이 없습니다.

"아빠가 수박을 사 오셨다. 맛이 꿀맛 같았다."

늘 이런 투입니다. 제 엄마는 왜 늘 먹는 이야기만 써서 선생님 뵙기 민망스럽게 하느냐고 야단이지만, 녀석의 일기는 당분간 달라질 기미가 보이지 않습니다. 이 애의 외사촌

가운데 녀석과 비슷한 또래 사내아이가 있습니다. 그 아이는 손에 쥔 빵을 한 입씩 베어 먹을 때마다 운답니다. 왜 그러느냐고 물으면, 빵이 자꾸만 줄어들기 때문이라고 하는 겁니다.

녀석에게 또다른 별명이 있습니다. '귀뚜라미 오빠'가 그것입니다. 시골 사는 녀석의 외사촌 여동생이 지어 준 것입니다. 노래를 잘 부르기 때문입니다. 녀석이 잘 부르는 노래 중에는 이런 것도 있습니다.

"눈물을 닦아요, 그리고 날 봐요."

제가 여러 가지로 울적해 있을 때 녀석의 이 노래를 들으면 오히려 눈물이 나올 것 같지만, 녀석이 그런 제 심정을 알 리가 없겠지요.

이 아이 이름은 지명智明입니다. 이 아이에게만은 항렬자를 따서 이름을 지어 주고 싶었지만, 아버님도 아시다시피 제가 철이 없을 때 아버님 곁을 떠났기 때문에 항렬자가 통 생각이 나지 않았습니다. 그래서 몇 달인가 미루다가 결국 노자老子의 〈도덕경〉에 나오는 구절을 따서 지었습니다.

지인자지知人者智이나 자지자명自知者明이라
승인자유력勝人者有力이나 자승자강自勝者强이라

나를 알고 남을 아는 사람이라면 더 이상 바랄 것이 없겠다 싶어서였습니다. 아버님, 이 녀석 이름만이라도 아버님이 지어 주셨어야 했는데…. 이 아이도 안경잡이입니다. 구석에 숨어서 책을 읽어대다 그리 된 것 같습니다.

 이제 귀여운 막내 차례입니다. 셋째딸은 선도 보지 않고 데려간다는 말이 있지요? 세 딸 모두 예쁘지만 그중에서 이 아이가 제일 예쁘다고들 합니다. 깜찍하고 또 깔끔합니다. 제 오빠가 입던 청바지는 죽어라 안 입으려 하고 치마나 원피스 같은 것을 좋아합니다. 그리고 머리에는 리본을 달기 좋아합니다. 앉을 때는 두 손으로 치마를 사뿐 들고 절을 하듯이 앉습니다.
 이 아이는 우리 가족 가운데 유일하게 왼손잡이입니다. 왼손잡이는 고집이 세다지요? 이 애도 고집이 센 편입니다. 또 엄마 아빠에게 불만이 많습니다. 제 오빠와 연년생인데다 태어난 지 열사흘 만에 세 아이를 모두 입원시켜야 했기 때문에 잘 돌봐 주지 못한 탓인가 봅니다. 게다가 노상 언니들이 입던 헌옷을 물려받을 수밖에 없으니 기분이 좋을 리가 없겠지요. 저도 막내였기 때문에 그 심정 잘 이해할 수 있습니다.
 그래서인지 어려서부터 왼쪽 엄지손가락을 빠는 버릇이 있습니다. 일곱 살인 지금도 잘 때 손가락을 빱니다. 그래서 왼손 엄지 둘째 마디에 콩알만 한 군살이 박혀 있는데,

그걸 볼 때마다 마음이 아픕니다.

"얘, 제발 손가락 좀 안 빨 수 없니?"

이건 제 엄마의 호소입니다. 그러면 아이가 대답합니다.

"잠이 안 오는 걸."

이 아이 손가락을 볼 때마다 생각나는 것이 있습니다.

어머님이 저를 낳으시고 몸져 누우셨을 때 저는 근 일 년 동안이나 암죽만 먹고 살아야 했는데, 밤이면 배가 고파 많이 보채서 큰 누님을 난감하게 해 드렸다고 누님으로부터 들은 적이 있습니다. 아버님은 객지로만 떠도셨으니 알 리 없으시겠지요.

아무튼 그때 여덟 살인가밖에 안 된 누님은 제가 울면 자기 손가락을 물리셨고, 저는 그것을 젖으로 알고 빨다가 잠이 들었다고 합니다. 누님은 그런 얘기를 할 때마다 우십니다. 하지만 지금 제 건강은 그리 나쁜 편은 아닙니다. 신장 166에 체중 66입니다.

잠깐 이야기가 빗나갔습니다. 막내 이름은 설안雪岸입니다. 눈이 덮인 언덕은 언제나 제 기억 속에 남아 있는 고향의 모습이지요. 꿩이 날고 노루와 여우가 가로질러 달리던 그 밋밋한 언덕들이 지금도 어느 영화 장면보다 눈에 선합니다. 이것이 이 아이 이름을 짓게 된 이유 중 하나이기도 합니다. 이 아이도 그림을 잘 그립니다.

그림 이야기가 나왔으니 제 이야기 하나만 하겠습니다.

함흥 셋째 형님 댁에서 살 때입니다. 제가 다니던 인민학교는 남녀 두 반밖에 없었는데 그때 저는 5학년이었습니다. 제가 그림을 그리면 여자반 담임 선생님이 그것을 가져다 칠판에 붙여 놓고 여자아이들에게 그대로 그리게 한 적이 있었습니다. 겉으로 뻐기지는 않았지만 속으로 얼마나 기분이 좋았는지 모릅니다. 그때가 제 생애에서 어쩌면 몇 번 안 되는 가장 행복했던 순간이 아니었나 합니다.

또 이야기가 빗나갔습니다. 좋지 못한 버릇은 얼른 고쳐야 하는데 말입니다. 이 아이 생일은 1972년 9월 17일입니다. 9월 쥐띠는 먹을 복을 타고난다는 말이 있지요?

이야기를 하다 보니 결국 자랑만 늘어놓은 셈이 되고 말았습니다. 나중에는 어떤 모습으로 변할지 모르지만 지금은 모두 건강하고 귀엽습니다. 이제 저나 집사람이 바라는 건 네 아이 다 각기 개성이 강하지만 이담에 따로따로 떨어져 살더라도 서로 아끼고 사랑하고 그리고 어려운 일이 있을 때마다 위로가 되고 의지가 되었으면 하는 겁니다.

그런데 아버님, 우리는 너무 오래 떨어져 살아왔습니다. 스물하고 아홉 해란 너무나 긴 세월입니다. 두서너 달 폭격이나 피하자고 나온 것이 이렇게 되고 말았습니다. 아버님께 연락을 드릴 형편도 아니었지만, 또 겁 없이 선뜻 이렇게 나온 것도 그 때문이었습니다. 아무튼 쉬 아버님 뵈올 날이

왔으면 합니다.

　오늘 새해를 맞아 마음속으로 간절히 비는 것은, 아버님께서 내내 안녕하십사 하는 것과 서로 얼굴도 모르는 아버님 손자들끼리 혹시라도 총부리를 겨누는 그런 불행한 일이 없었으면 하는 마음입니다. 그리고 부칠 수도 없는 편지를 오늘따라 이렇게 장황하게 쓰는 것은, 이렇게라도 하지 않고는 이 하루를 그냥 넘기기가 힘들 것 같아서입니다.

　아버님, 다시 뵈올 때까지 부디 안녕히 계십시오.

　1979년 설날 아침에 막내가 엎드려 세배를 올립니다.

9

어떤 사물은 밝은 조명 속에서보다 어두운 조명 속에서 더 잘 빛날 때가 있다. 사랑은 주위가 어두울수록 눈부신 법이니까. 낮의 명징한 이성이 퇴각하고 난 공간을 밤의 부드러운 감성이 접수할 때, 사람들은 술에 취하고 사랑에 취하고 어둠에 취하고 그리하여 한 다발의 작약처럼 환하게 빛난다.

흰죽

속이 불편할 때면 가끔 흰죽으로 달랜다. 한때는 타박하던 내가 이 무골호인이 좋아지다니. 달고 쓰고 맵고 짜고 시디신 세상을 소화해 내느라 거덜이 난 내 오장육부. 유모의 손길로 고루 어루만지고 지나가는 이 부드러운 위무慰撫.

유년의 기억 속 모유처럼, 아니면 조선 한지처럼, 때로는 오래 입어 얄깃얄깃 헐거워진 무명 입성처럼, 굳어져 가는 내 육신과 영혼을 가붓이 받아들이는 넉넉한 품.

반쯤 눈을 감고, 반쯤 입을 벌리고, 꽃도 닫아 버리고, 별도 밀쳐놓고, 나와 세상의 모든 경계에서 초병을 철수시키고, 흰죽을 먹는다. 볕이 고운 날 한옥 툇마루 끝에 걸터앉아 《채근담》 한 줄 잘 읽듯이 천천히 흰죽을 먹는다. 안으로 멀겋게 풀리는 이 허심탄회. 이제 한 그릇의 무던한 흰죽이 되어 멀겋게 풀려도 좋겠구나 싶다.

나의 귀여운 도둑

 아들 내외는 돌 지난 손녀랑 서울 상암동에 살고, 사 남매 출가시킨 우리 내외는 서울서 한나절 떨어진 경기도 용인에서 빈 둥지를 지키네.

 자주 못 만나면 낯설다고, 늦어도 두어 주에 한 번은 손녀를 데리고 오는데, 와서 두어 주일 치 양식이 될 만큼 낯을 익혀 두고 가는데, 잠옷 바람에 봉두난발로 있다가도 손녀가 온다는 기별이 오면 나는 면도하고, 샤워하고, 옷 단정히 갈아입고 나의 귀한 손님을 맞네.

 머물다 가는 시간이야 언제나 복사꽃 피는 봄날이거나 모내기철 내리는 단비처럼 아쉽지만, 제가 부리는 재롱에 내가 커르르 커르르 웃고, 내가 부리는 재롱에 저도 차르르 차르르 웃어, 봄 샘물 같은 웃음소리에 낡은 재킷 벗듯 나는 잠시 노인을 벗는데, 가끔 꼭 쥔 작은 주먹이 궁금해서 가만히 열어 보는데, 지순한 신의 신탁일까. 손바닥에

고물고물 상형문자 같은 손금들. 첫봄에 막 피어난 참 여린 목련꽃 이파리 같기도 하고, 거기에 곱게 나 있는 엽맥 같기도 한데, 그 작은 손이 다녀갈 때마다 집어 가네. 내 마음 한 줌씩 집어 가네.

이제 얼마 남지 않는 잔고, 마저 가져가라고, 오늘도 가슴 열어 놓고 기다리네. 나의 귀여운 도둑을.

밤의 찬가

 나는 지금 제주도 섭지코지 바닷가 술집에 앉아 있다. 전면이 페어글라스로 된 창을 통해 내 시야를 한껏 열어 놓고 아득히 전개되는 풍경을 담아 본다.

 투명한 유리 너머로 바다와 수평선이 눈높이로 가로 지나가고, 그 위에 흐린 하늘이 낡은 군용 담요처럼 낮게 드리워져 있다. 가끔 구름이 갈라지면 그 사이로 저녁 햇살이 수면 위에 얼룩무늬를 그린다. 거대한 고등어 등 같다. 찢겼던 구름이 다시 아물면 청록으로 빛나던 바다는 깊은 암청색으로 가라앉는다. 존재의 깊이로 내려가는 아찔한 현기증.

 아직 바다와 하늘은 수평선에 의해 두 개의 세계로 나누어져 있다. 물이 되지 못한 하늘과 하늘이 되지 못한 물이 서로 응시하면서 팽팽히 잡아당기고 있는 중이다. 바다와 하늘은 분명 두 개의 세계지만 이 순간만은 어떤 의미에서 개별적인 존재가 아니다. 무한대란 점에서 그렇고, 일절 타자를 허용치 않는다는 점에서 또한 그렇다.

두 세계의 수평적 경계를 굵은 빗줄기가 사선으로 긁어 대고 있다. 무수히 반복되는 지칠 줄 모르는 날카로운 철침의 마찰음. 철침이 할퀸 상처가 만들어 낸 무수한 사선의 집합. 비는 그렇게 내리고 있다. 시야에 펼쳐지는 검푸른 잉크로 마구 찍어 내는 한 장의 거대한 동판화.

시간은 물수리의 날개처럼 소리 없이 날아가고, 하늘과 수면을 긁어 대던 빗줄기가 강약으로 교체되면 바다와 하늘은 차츰 가까이 접근하다가 드디어 그 경계를 허물기 시작한다. 질서의 세계가 혼돈의 세계로 환원되는 순간은 어둡고 무겁다. 영원한 원형질. 드디어 하늘과 바다는 신화적 시간의 암흑을 회복한다.

현실과 꿈이 뒤섞이는 순간, 탁자에 놓인 와인 잔에 부딪힌 불빛이 가늘게 떨고 있다. 외부 세계가 점차 암흑 속으로 가라앉는 속도에 비례해서 실내 조명은 조도를 더해 간다. 그리고 나의 취기 또한 깊이를 더해 간다. 이제 외부로부터 우리의 관심을 내부로 끌어들여야 할 때인 것이다. 우리는 보이는 세계보다 보이지 않는 세계에서 자유롭다. 꿈과 상상 속에서 비로소 몽상의 날개를 부여받는다.

이제 어둠이 사람들을 하나 둘 상실했던 본능의 영토로 복귀시킬 것이다. 현실로부터 꿈의 세계로의 떠밀어 넣기.

또는 미끄러지기. 밤은 그렇게 다가온다.

옆 좌석에 앉은 한 무리의 여자들 목소리가 한 옥타브씩 높아지면서 실내는 보이지 않는 음향에 의해 팽팽하게 긴장된다. 때로는 자지러지게, 때로는 교성으로. 이성의 파도가 잦아든 어두운 수면 위로 관능의 파도가 노출된 채 일렁이는 것이다. 도를 높여 갈수록 취흥은 도도해지고, 여자들 얼굴에 피어난 홍조는 밝게 빛을 발한다. 어떤 사물은 밝은 조명 속에서보다 어두운 조명 속에서 더 잘 빛날 때가 있다. 사랑은 주위가 어두울수록 눈부신 법이니까. 낮의 명징한 이성이 퇴각하고 난 공간을 밤의 부드러운 감성이 접수할 때, 사람들은 술에 취하고 사랑에 취하고 어둠에 취하고 그리하여 한 다발의 작약처럼 빛난다.

고문의 한 수단으로 잠을 재우지 않는 것은 탁월한 발상임에 틀림없다. 부단히 우리에게 깨어 있기를 강제할 때 미쳐 버리든지 실토하든지 둘 중 하나를 택할 수밖에 없을 테니까. 어둠만이 우리에게 생명력을 되돌려 준다. 잠의 바다에서 우리는 심해로 가라앉을 잠수복과 하늘로 날아오를 날개를 동시에 지급받는다. 온전히 취할 수 있는 것도 온전히 꿈꿀 수 있는 것도 밤의 세계에서만 가능하다.

가망 없는 사랑을 고백하는 것도 밤이고, 천기를 누설시키는 것도 밤이다. 태양 아래서는 감히 엄두도 내지 못했던 일을 두려움이 없이 우리는 감행한다. 슈퍼에고superego의 철제 셔터를 들어올리고 억압된 이드$_{id}$가 조용히 얼굴을 내미는 시간. 모두 낮이라는 현실의 중력에서 차츰 공중 부양되면서 꿈의 세계로 진입하는 것이리라. 그런 의미에서 어둠은 우리를 침몰시키는 것이 아니다. 부양시키는 것이다. 부재 쪽으로 미끄러지는 것이 아니라 실재 쪽으로 미끄러지기. 어둠 속에서만이 우리는 중력으로부터 탈출한다. 그때 비로소 춤이 우리를 추동한다. 갈등과 고통, 회오와 통한까지도 일거에 해소해 버리는 춤, 그건 종교적 엑스터시다.

 사람들이 침대와 방바닥 사이에 일정한 공백을 두는 것은 매우 현명한 아이디어임에 틀림없다. 지면과 50센티미터의 거리를 둠으로써 우리는 그만큼의 프리미엄을 챙겨서 꿈의 세계로 쉽게 진입할 수 있게 된다. 따라서 침대와 방바닥과의 거리는 우리의 꿈을 보장해 줄 수 있는 최소한의 조건인 것이다. 하얀 시트에 감싸인 채 잠든 사람을 보고 있으면 구름을 입고 어디론가 날아가고 있는 한 마리의 새를 연상하게 되는 것도 그 때문이리라.

 황홀한 비상. 꿈을 꾸고 있는 동안 우리는 새처럼 또는 무희처럼 가벼워진다. 비록 내일 뜨는 태양 아래에서 그것들이 모두 무화되어 버린다 해도 꿈을 꾼다는 것은 얼마나 커다란 축복인가. 디오니소스적 황홀! 낮 동안 사람들은 이 황홀한 눈부심을 가면으로 가리지 않으면 안 된다. 아니면 생존을 위협받게 된다. 숨기고 싶은 내면의 진실을 들키고 말기 때문이다.

그래서 낮 동안 우리는 견고한 여러 종류의 가면으로 얼굴을 가린다. 육안으로는 볼 수 없는 온갖 가면들, 근엄이라든지, 친절이라든지, 그리고 때로는 겸손이라는 가면을 그때마다 바꿔 써야 한다. 엄밀히 말해서 낮은 의식주 획득을 위해서만 그 존재 이유가 보장되는 것인지도 모른다. 그러니까 진정한 가면무도회는 밤에 열리는 것이 아니라 낮에 열리는 것이다.

밤만이 가면을 벗기고 날것 그대로의 얼굴을 드러나게 한다. 인간에게는 숨기고 싶은 욕망과 동시에 들키고 싶은 욕망이 공존하는 것이니까. 넥타이를 맨 채 바다 속으로 뛰어드는 사람이 없듯이 가면을 쓴 채 침대 속으로 파고드는 사람은 없다. 외출했던 여자들은 집으로 돌아오면 화장을 지운다. 산다는 것은 어쩌면 가면으로 사는 낮의 삶과 민얼굴로 사는 밤의 삶에 의한 교차 반복인지도 모른다.

나는 지금 밤의 바닷가 술집 목로에 앉아 가면을 벗고 중력을 벗고 나의 원초의 순수를 회복하기 위한 비상을 준비하고 있는 중이다. 희미한 조명과 잘 숙성된 술과 경쾌한 음악과 여인들의 웃음소리는 나의 비상을 위한 촉매제가 되어 줄 것이다. 이제 나는 다만 날개를 펴기만 하면 된다. 무한한 자유의 상승 기류가 나를 가볍게 받쳐 줄 것이다.

11월의 포장마차

　11월은 입동과 소설이 들어 있는 달이다. 가을 위에 겨울이 겹치는 달이기도 하고, 가난한 달인 동시에 공복을 느끼게 하는 달이기도 하다. 11월이면 모든 게 수척해진다. 잎이 진 나무가 수척해지고 까치둥지 또한 수척해진다. 햇볕조차 11월에는 수척해진다.

　야위어 가는 것은 자연만이 아니다. 11월엔 도시들도 야위어 간다. 고층 건물 비상계단이 아득히 야위어 가고, 여름내 아이들 웃음소리로 상기되었던 어린이 놀이터가 활기를 잃고 야위어 간다. 활짝 문을 열어 놓고 손님을 맞이하던 가게들은 다 어디로 갔을까. 11월이 되면 추위만 밖에 세워 두고 상점들도 모두 문을 닫는다. 그래서 11월의 거리가 한결 더 추운지도 모른다.

　하지만 이 공복과도 같던 거리가 그래도 견딜 만한 것은 이때쯤이면 어김없이 등장하는 몇 안 되는 이 계절의 주인공이 있기 때문이 아닌가 한다. 밤늦게까지 하얀 입김을 피워 올리는 호빵 찜통이 구멍가게 앞에 등장하고, 구수한 냄새를 풍기며 쓸쓸한 거리 여기저기에 군고구마 장수와 군밤 장수의 리어카가 등장하고, 소박한 메뉴판을 주렁주렁 달고 우리의 주인공 포장마차가 등장한다. 검정 바닥 위에 떨어진 빨간 점 하나가 유달리 돋보이듯이 가난한 거리에 등장하는, 이 작고 헐하고 보잘것없는 것들의 온기에 희미하게나마 도시가 체온을 유지해 가는지도 모른다.

물론 여름에도 포장마차는 있다. 하지만 우리의 시선을 끌진 못한다. 모든 것은 제철이 있는 법이니까. 포장마차가 포장마차다워지는 건 그러니까 11월이라는 이야기다. 거리에는 아직 제 갈 길을 찾지 못한 낙엽들이 방황하고, 찢어진 벽보며 광고지가 펄럭이는 거리에 포장마차의 존재는 각별하다.

찢어진 포장 틈새로 허락도 없이 11월의 서늘한 바람이 새어드는 포장마차. 작고 위태로운 의자에 앉아 등에 냉기를 느끼면서 마시는 한잔의 소주가 주는 차고 칼칼한 위안. 그것은 포장마차에서가 아니면 느낄 수 없는 11월만의 서정인지도 모른다. 12월이 되면 이미 기정사실이 되어 참신성을 잃고 만다. 해가 바뀌어 1월과 2월이 된다고 해서 달라질 것은 없다. 포장마차에서 술을 마시기에는 너무 추운 달. 게다가 새해에는 새 꿈을 꾸는 계절이지, 지나간 일에 매달릴 때가 아니니까.

 세상에서 가장 따뜻한 빛이 무엇일까 하고 생각해 본 적이 있다. 물론 같은 불빛이라도 사람에 따라 느끼는 정도가 다르겠지만. 고된 일과를 마치고 귀가하는 가장의 눈에는 자기 집 창문에 비친 불빛이 가장 따뜻할 것이고, 오랜 항해 끝에 귀항하는 선원의 눈에는 항구의 등대불이 가장 따뜻할 것이다. 나는 가끔 바람이 부는 거리에 외롭게 떠 있는 포장마차에서 새어 나오는 불빛이 어떤 불빛보다 따뜻하지 않을까 하고 생각하곤 한다. 게다가 낡은 포장에 등이 굽은 사내의 그림자라도 하나 어리어 있으면 버스를 타고 가다가도 다음 정거장에서 내리고 싶어진다. 그의 옆에서 나도 그처럼 한잔 기울이고 싶은 유혹을 느끼기 때문이다.

 유혹에 빠진다? 그렇다. 그러나 포장마차라면 안심해도 된다. 포장마차 주모는 손님에게 바가지를 씌우지 않으니까. 그래서 우리 같은 가난한 술꾼에게는 더없이 만만한 술집이 될 수 있는 것이다. 소주 한 병에 어묵이나 닭똥집 안주 한 접시. 만 원짜리 지폐 위에 약간의 잔돈을 얹으면 육체의 허기와 함께 마음의 허기를 달랠 수 있다.

 포장마차 주모에게도 자격이란 것이 있을까? 있다. 포장마차 주모는 너무 젊어선 곤란하다. 인생에 대해 뭘 좀 아는 나이, 그러니까 20대는 아니고 적어도 30대나 40대는 되어야 한다는 이야기다. 외모 문제도 그렇다. 미모라고 해서 결격 사유가 될 것은 없지만 포장마차 주모는 그저 수더분하면 족하다. 얼굴이 너부죽하고 광대뼈가 좀 나와도 괜찮다. 그런 사람 앞에서 우린 편안함을 느낀다.

포장마차 주모가 갖추어야 할 덕목이 하나 더 있다. 모쪼록 무던해야 한다는 것이다. 잔술밖에 살 수 없는 가난한 손님의 식어 가는 국그릇에 따뜻한 국물 한 국자 리필할 줄 아는 여인. 신세타령도 묵묵히 들어주고, 가끔은 감탄사 한두 마디로 추임새를 넣을 줄 아는 그런 여인이면 좋을 것이다. 한 가지 욕심을 추가해도 된다면, 손님이 자기의 슬픈 사연은 물론 비밀까지 맡겨 놓고 와도 안심이 되는 그런 사람이면 더할 나위가 없을 것이다. 그런 포장마차에서 술을 마시고 온 날 밤은 형수님이 차려 준 술상을 받고 온 때처럼 마음이 훈훈해진다.

오늘은 11월 첫 주말이다. 이제 벽에 걸린 달력도 낙엽과 함께 다 떨어지고 단 두 장이 남았다. 한 해를 돌아다보면 기쁘고 행복했던 날들이 없었던 건 아니지만, 슬프고 불행했던 날들이 어쩌면 더 많았던 것도 같다. 이런 때는 마음에 맞는 친구랑 단골집에 가서 거나하게 취해 보면 어떨까 싶기도 하다. 아니면 가족들과 함께 교외의 분위기 좋은 식당에 가서 저녁을 먹는 것도 괜찮을 것이다.

하지만 11월 어느 하루 저녁만은 혼자이고 싶다. 허름한 점퍼 한 장 걸치고 한적한 거리를 거닐고 싶다. 불빛이 밝은 포장마차를 만나면 거기 들어가 소주 한 병 시켜 놓고 가만히 앉았다가 와도 괜찮으리라. 아니면 오늘까지 살아온 날들을 헤아려 보고 또 앞으로 살아갈 날들을 헤아려 보고, 그동안 살기 바빠서 애써 외면해 왔던 가난한 날의 젊은 나를 다시 만나고 싶다. 그동안 수고 많았노라고, 슬프게 해서 미안했노라고, 내가 나를 위로해 주고 싶다. 슬픔도 고통도 한때의 어리석음도 치졸했던 그 많은 만용까지도 다 젊은 혈기 때문이었노라고 야윈 어깨에 팔을 얹고 허심탄회한 마음으로 위로해 주고 싶다.

나의 멸치 존경법

가끔 나는 텔레비전을 보면서 멸치를 깐다. 멸치볶음을 좋아하다 보니 그리된 것이다. 목마른 놈 샘물 파는 격이라고나 할까.

멸치를 까는 과정은 매우 단순하다. 한 마리당 세 단계로 작업은 종료된다. 먼저 대가리를 딴 다음 엄지손톱으로 등을 가른다. 그다음에 내장을 들어낸다. 그래야 깔끔하게 끝난다. 내장이 뱃속에 들어 있다고 해서 그 부분을 뒤적거리다가는 낭패를 본다. 잘 갈라지지도 않지만 제일 맛있는 부분이 부스러진다.

멸치를 까다 보면 잠시 마음이 짠할 때가 있다. 어느 한 놈도 내장이 까맣게 타지 않은 것이 없다. 얼마나 속을 끓였으면 저 지경이 되었을까 싶다.

짠한 것은 그것만이 아니다. 편안히 죽은 놈은 한 마리도 없다. 모두 뒤틀려 있다. 끓는 물속에 던져지는 순간을 다시 목격하는 것 같아 또 한 번 짠해진다. '악어의 눈물'이라고 해도 변명할 생각은 없다.

초대 대통령 '리승만' 박사께서 대국민 담화문을 발표할 때마다 매번 빠뜨리지 않는 말씀이 있었다.

"친애하는 도웅포 여러분, 뭉치면 살고 흩어지면 죽습네다."

이상한 것은 멸치를 깔 때마다 이 말이 떠오른다는 사실이다. 정확한 이유는 설명할 수 없다. 다만 멸치들이 몰려다니는 것과 관련이 있지 않나 하고 막연히 생각할 뿐이다. 바닷속에서 떼를 지어 다니던 멸치는 잡힐 때도 떼로 잡히고, 팔릴 때도 떼로 팔린다. 삶은 공동체의 영역에서 이루어지지만 죽음은 누구에게나 개별적 영역에서 일어나는 것이라고 말해 주어도 멸치들에게 먹혀들 것 같지 않다. 오히려 '살아서도 함께, 죽어서도 함께, 팔려서도 함께'라고 외칠 것만 같다.

멸치 공화국에도 대통령이 계시다면, 그래서 대국민 담화문을 발표해야 할 필요가 있다면, 다음과 같이 수정하는 것이 어떠냐고 충고하고 싶다.

"친애하는 도웅포 여러분, 흩어지면 살고 뭉치면 죽습네다."

뭉친다고 다 좋은 것이 아니라는 사실만 인정했더라면 저처럼 낭패를 보는 일은 없었을 텐데 하는 노파심에서 하는 말이다.

 그렇다고 멸치를 멸시할 생각은 추호도 없다. 아니, 오히려 존경한다. 은린옥척銀鱗玉尺은 못되지만 은린옥촌銀鱗玉寸은 된다. 비록 척尺이 못 되고 촌寸밖에 안 되는 작은 체구지만, 그 은빛 몸뚱이가 발산하는 빛이 자못 눈부시다. 죽어서도 저 광대무변한 대양을 누비던 왕년의 자유와 영광의 광휘만은 조금도 훼손시키지 않고 있다. 은성무공훈장을 자랑스럽게 번쩍이며 전사한 장군들을 보는 것 같다.

 게다가 결기 또한 대단하다. 대가리만 모아 놓은 그릇을 본 경험이 있는 사람이라면 짐작이 갈 것이다. 눈을 감고 죽은 놈은 단 한 마리도 없다. 하얗게 흘겨보는 수많은 저 눈동자들! 하나하나가 나를 향해 날아오는 총알 같다. 그들의 오기에 찬 시선 앞에서 나는 가끔 부끄러움을 느낀다. 죽어서까지 나의 적들을 저처럼 백안시白眼視할 수 있을까 싶어서다. 그래서 나는 대가리를 따지 않은 멸치볶음에는 감히 손을 대지 못한다.

 나의 친구 조 형趙兄은 아예 멸치를 입에 대지 않는다. 대가리를 따도 마찬가지다. 이유는 간단하다. "고 작은 것을 불쌍해서 어떻게 먹느냐"는 것이다. 어떤 것을 먹든 아니 먹든 각자의 식성에 달린 문제니 뭐라 말할 것이 못되지만, "고 작은 것을 불쌍해서…" 운운하는 발언만은 삼가야 옳다는 것이 나의 생각이다. 능멸까지는 아니지만 그 같은 발언은 멸치들의 자존심에 손상을 입혔을 것이 분명하기 때문이다. 동정을 받는다는 것은 누구에게나 유쾌한 일이 못된다. 단지 몸집이 좀 작다는 이유라면 더욱 그렇다.

그래도 이것은 약과다. 심하면 "멸치도 생선이냐?" 한다. 족보에서 아예 파내 버릴 기세니 기도 안 찰 노릇이다. 진정한 가치란 형形의 대소에 있는 것이 아니라 질質의 우열에 있는데 말이다.

옛날 참새 한 마리가 있었다. 어느 날 쇠잔등에 올라가서 이렇게 말했다.

"네 고기 열 점이 내 고기 한 점만 하냐?"

소란 놈 눈만 껌벅거릴 뿐 대꾸 한마디 없더란다. 소에게 달리 무슨 말이 있었겠는가.

"언즉시야言則是也라!"

납작 엎드리는 수밖에.

우리는 멸치 한 줌으로 한 솥의 국 맛을 내고도 남는다. 고급 어종이라는 도미나 민어로는 불가능하다. 멸치만이 가능하다. 게다가 멸치는 아무리 먹어도 물리는 법이 없다. 어떤 것으로도 대체할 수 없는, 멸치의 이 불변의 가치! 이것이 내가 멸치를 존경해 마지않는 또 다른 이유다.

좀 이상하게 들릴지 모르지만, 멸치에 대한 나의 이런 사랑과 존경이 결국 멸치볶음을 즐겨 먹는 식성으로 굴절된 것은 아닌가 하고 생각할 때가 있다. 먹는다는 것은 단순히

영양을 섭취한다는 문제가 아니다. 좀 더 깊은 주술적 의미를 내포하고 있다. 시베리아 원주민들은 그들이 숭배하는 토템인 곰을 경건한 의식을 통해 잡아먹었다. 그렇게 하는 것으로 곰의 모든 미덕을 소유함은 물론 곰과 일체가 된다고 믿었던 것이다.

일체감, 먹는 것보다 더 확실한 일체감이 달리 어디 있겠는가. 어떤 상대가 너무 사랑스럽거나 존경스러운 나머지 먹어 버리고 싶은 충동을 느껴 본 사람이라면 내 말이 과장이 아님을 쉽게 이해하리라 믿는다.

나는 멸치를 존경한다. 그래서 나는 멸치를 먹는다. 이것이 나의 멸치 존경법이다.

오늘도 마루에 앉아 바둑 프로에 시선을 고정하고 멸치를 깐다. 대가리를 따고, 등을 가르고, 내장을 꺼낸 다음, 양재기에 담는다. 시간이 지남에 따라 소복이 쌓이는 물 좋은 죽방멸치. 오늘 저녁 멸치볶음 맛이 각별할 것이다.

물소 문진

 내 책상 위에는 물소 문진이 하나 있다. 청동으로 만든 것인데, 소의 아랫도리 부분이 보이지 않는다. 강물에 잠겨 있기 때문이리라. 어찌 보면 작은 섬 같기도 하고, 또 어찌 보면 가지를 반으로 쪼개서 도마 위에 엎어 놓은 것도 같다.
 입을 약간 벌린 채 목을 오른쪽으로 틀어서 살짝 들고 있다. 뒤미처 오는 송아지를 재촉하는 것일까. 초승달처럼 잘 휘어진, 크고 긴 두 개의 뿔은 뒤쪽을 향하고 있다.
 "댁을 공격할 생각 같은 건 전혀 없거든요."
 마치 그렇게 말하고 있는 것 같다. 분명 우리의 한우는 아니다. 양쯔 강이거나, 메콩 강 지류 어디쯤에 사는 물소다. 왼쪽 엉덩이 위에 S자형으로 올려놓은 꼬리가 잔뜩 긴장하고 있다. 귀찮게 구는 파리 떼를 혼내 주려고 그러는 것인지, 아니면 몸뚱이가 젖는 것은 어쩔 수 없다 치더라도 마지막 자존심만은 적시고 싶지 않다는 뜻인지도 모른다.

물소는 중국 그림에 자주 등장하는 소재인데, 등에다 아이를 태우고 물을 건너는 광경을 그린 것이 대부분이다. 이 물소 문진도 그러니까 중국에서 만든 것이 분명하다. 그런데 한 가지 특이한 점은, 등에 타고 있어야 할 아이가 없다는 것이다. 아이의 소지품만 있다. 챙이 넓은 밀짚모자와 그 밑에 멜빵이 달린 가방 하나. 신발은 보이지 않는다. 1950년대 우리처럼 그곳 아이들도 맨발로 사는 모양이다. 가방은 우리가 어렸을 때 메고 다니던 것과 비슷하다. 물론 가죽은 아니고 무명이나 삼베로 만든 듯한, 그래서 김치 국물이나 풀물이 든 자국이 몇 군데쯤 얼룩져 있을 법한 그런 가방이다.

　모자와 가방이 있는 것을 보면 근처 어디쯤에 녀석이 있는 것이 분명하다. 그런데 보이지 않는다. 혹시 강가 모래밭에서 다른 아이들과 씨름이라도 하고 있는 것일까. 아니면 버드나무에 기대서 풀피리라도 간드러지게 불고 있는 것일까. 그러나 그럴 가능성은 거의 없어 보인다. 소더러 혼자 건너라고 내버려 둘 수는 없을 테니 말이다.

　그렇다면 녀석은 대체 어디로 잠적한 것일까? 있을 만한 곳은 한 군데, 그러니까 물속밖에 없다. 그렇다면 소를 타고 강을 건너던 녀석이 강 중간쯤에 이르자 물속으로 풍덩 뛰어들었다는 말인가? 모든 정황을 고려할 때 그럴 가능성이 가장 높다. 굳이 서둘러 집에 가야 할 이유가 어디 있겠는가. 날씨는 덥고 기분은 꿀꿀한 데다, 일찍 가 봤자 귀찮게 잔심부름을 시키거나 아니면 동생을 돌보라고 할 것이 뻔한데 말이다.

"땡땡이치는 거지 뭐."

녀석은 이렇게 속으로 중얼거리며 지금 물속 어디쯤을 신나게 잠영潛泳하고 있을 것이 틀림없다. 물살에 흐트러진 검은 머리카락, 부릅뜬 눈, 작은 풍선처럼 부풀어 오른 두 개의 귀여운 볼때기, 아마 입술은 조가비처럼 굳게 다문 채 헤엄을 치고 있으리라. 마치 수족관을 들여다보고 있을 때처럼 녀석의 모습이 환히 잡힌다.

겨우 소지품 두 가지를 보여 주고서 나에게 이런 정황을 상상하게 하다니, 놀라운 일이 아닐 수 없다. 만약 아이를 생략하지 않고 쇠잔등에 앉혀 놓았더라면 어떠했을까? 나의 상상력이 지금처럼 이렇게 자유로울 수 있을까? 아마 그렇지 못했을 것이다. 시선이란 보이는 사물에 쉽게 얽매이는 법. 그러니 보이지 않는 세계까지 어찌 다 거두어들일 수 있었겠는가. 숨기고도 드러낸 것보다 더 잘 드러낸 장인의 절묘한 의장意匠에 그저 말문이 막힐 뿐이다. 마치 동양 미학의 전형을 보는 것 같다.

산수화에서 산사를 그릴 때도 그렇다. 고지식하게 절집 전체를 다 그리는 바보는 없다. 길이 다하는 곳에 일주문一柱門 하나만 그려 놓고 시치미를 뗀다. 저 울창한 숲속에 산사가 있다. 지금은 녹음이 우거져서 보이지 않을 뿐이다. 마음을 가라앉히고 고요히 귀를 기울여 들어 보라. 솔바람을 타고 들려오는 독경 소리 사이사이로 청아한 풍경 소리가 들리지 않는가. 이렇게 우긴다. 그런데 이런 억지가 도무지 밉지 않다. 구차스러운 설명을 뛰어넘는 저 경쾌한 비약. 상쾌하다 못해 통쾌하다. 이런 비약은 때로 우리에게 정직한 일상을 가볍게 초월하는 쾌감을 준다.

인사동에서 처음 보는 순간 녀석은 이미 나의 것이 되어 있었다. 아니다. 나는 이미 녀석의 것이 되기로 예정되어 있었던 것이리라.

그림을 그릴 때 나는 이 문진으로 화선지를 눌러 놓는다. 화선지 한 귀퉁이에 놓인 물소를 보고 있으면 긴 화선지 한 장이 그대로 장강長江이 되어 넘실거린다. 하얗게 작열하는 남국의 태양 아래 은빛으로 빛나는 물비늘을 헤치며 물소 한 마리가 나를 향해 천천히 헤엄쳐 오고 있는 것이다.

그림이 잘 되지 않을 때면 잠시 붓을 멈춘다. 그리고 눈을 반쯤 감고 이놈을 바라본다. 그렇게 하고 있으면 물속을 잠영하던 아이가 더는 못 참겠다는 듯이 '푸푸'거리며 화선지를 찢고 불쑥 내 앞에 솟구쳐 오를 것만 같다. 햇볕에 가무잡잡하게 그을린 녀석이 숨을 몰아쉬면서 내뿜는 시원한 물보라!

아, 이럴 때 내 옷은 속수무책으로 흠씬 젖고 만다.

하늘잠자리

 가을 하늘에 홀연히 나타난 한 무리의 하늘잠자리. 참 가볍다. 얼마를 덜어 내야 저만큼 홀가분할 수 있을까. 중력조차 따돌린 가붓한 부상. 내장을 토해 낸 듯 홀쭉한 배, 햇빛을 투과시켜 버리는 삽상한 날개. 어디에도 어두운 그림자 같은 것은 없다. 투명하다.
 투명한 것들은 자주 침묵한다. 무엇을 더 해명하랴. 이미 속속들이 들켜 버린 것을. 말을 입는 순간 자명한 진실도 모호해져서는 뒤뚱거리게 되는 법. 종파에 관계없이 수행의 기본이 묵상인 것은 그 때문이리라.
 하늘잠자리의 침묵은 그러나 고행승의 그것처럼 무겁지 않다. 맑고 밝고 가볍다. 이루려는 자의 침묵이 아니라 이룬 자의 침묵 같은 것. 그런 회심의 침묵에서는 언제나 맑은 향기가 난다. 모진 겨울을 견뎌 낸 가지 끝에 비로소 핀 한 송이의 매화처럼.

날고 있다. 파란 하늘 속을 꿈꾸듯 날고 있다. 손이 닿을 수 없는 높이에서 나부끼는 우리의 꿈과 사랑과 희망처럼, 꼭 그만한 높이에서 한 마리의 하늘잠자리가 날고 있다. 땅이란 험한 현실을 딛고 서기에는 여섯 개의 다리로도 불안하단 말인가. 아니면 결코 발에 흙을 묻히고 싶지 않은 자존심 때문일까. 허공에 의지한 채, 하늘잠자리는 공중 부양에 취한 듯 도무지 내려올 생각이 없다.

죽어서도 날개를 접을 수 없는 잠자리들의 숙명. 죽어서도 꿈을 접을 수 없는 이상주의자들의 비극. 선택이 아니라 운명일 때 꿈도 이상도 분명 고통일 테지만, 단 한 번의 눈이 시린 아득한 비상을 위해서라면 한 백 년쯤 잘 참고 견뎌 낼 수 있을 것도 같은데….

그러나 모든 가벼운 것은 오래 머물지 않는다. 꽃향기처럼, 물안개처럼, 살아서 고단했던 어느 한 사람의 나직한 숨결처럼 한순간에 날아가 버리고 만다.

낯가림을 하는 것인가. 아니면 잠시 머물다 가는 것조차 미안하단 말인가. 찬바람이 이는 어느 가을 석양 무렵, 파란 침묵을 한자락 끌며 허공으로 사라지고 마는 하늘잠자리의 아득한 소멸. 깨끗한 소멸이 눈부시다.

나의 두 친구

나는 운전이 서툴다. 무사고 녹색 면허증을 가지고 있지만 내가 잘해서가 아니다. 옆에서 또는 앞과 뒤에서 차를 몰던 분들의 능숙한 운전과 넉넉한 마음씨 덕분이다. 아니었으면 무사할 수 없었을 것이다.

운전뿐이겠는가. 세상 살아가는 일에도 나는 늘 서툴다. 주변머리가 없고 사회성도 부족하다. 위기 대처 능력도 떨어진다. 일을 당하면 우선 겁부터 먹고 우왕좌왕하다 일을 그르친다. 그런 내가 오늘날까지 그럭저럭 굴러올 수 있었던 것은 앞과 뒤에서 나를 이끌어 주고 밀어 준 친구들의 덕이 아닌가 한다.

어떤 분은 호형호제하는 사람만 삼천이라고 하지만, 나 같은 사람은 어림없는 일이다. 겨우 몇 명의 친구와 교분을 트고 지내는 것이 고작이다. 그 가운데서도 이영규李寧揆 형과 권오만權五滿 형을 알게 된 것은 내 생애에 몇 안 되는 행운이라 생각한다. 두 사람이 아니었으면 많이 외롭고 많이 힘들었을 것이다.

그러니까 올해로 이 형과는 30년, 권 형과는 50년째 사귀어 왔다. 그렇다고 우리의 우정을 과장할 생각은 없다. 우리는 그저 평범한 소시민 친구니까. 다만 지금 이 순간에도 세 사람 가운데 누구 하나가 부르면 한 시간 이내에 달려갈 준비가 되어 있다는 것과, 일주일 정도 소식이 뜸하다 싶으면 이쪽에서가 아니면 저쪽에서 틀림없이 전화가 온다는 사실이다.

반세기를 함께 지내면서 다툰 적이 없다면 거짓말이다. 우리도 가끔 다툰다. 이해타산 때문이 아니다. 문학에 대한 견해 차이거나, 아니면 술값 때문이다. 심할 때는 얼굴을 붉히며 주먹을 불끈 쥐고 한 치 양보도 없이 격론을 벌인다. 옆에서 보고 있으면, '저 친구들 일내겠네' 하고 염려할 정도다. 하지만 그 때문에 절교를 입에 올린 적은 한 번도 없다. 술값을 계산할 때도 그렇다. 서로 안 내겠다고 싸우는 것이 아니다. 서로 내겠다고 싸운다. 그래서 종종 웃지 못할 일이 벌어진다. 화장실 간다고 슬그머니 나가서 계산하고 오는 것은 보통이고, 아예 들어갈 때 몰래 주모에게 돈을 맡겨 버리기도 한다.

이 형은 마산 출신이다. 고수머리에 키는 나보다 한 뼘은 더 크고 살결은 희다. 눈은 어린애 눈이다. 기린 같은 사람이다. 하지만 그의 '부드러운 신념'에 부딪히면 때로는 기린이 아니라 코뿔소가 더 맞을지도 모른다는 생각이 들 때도 있다. 초등학교 때부터 써 온 일기를 칠십이 된 지금도 쓰고 있으니 말이다. 속에서는 문학에 대한 열정이 마그마처럼 들끓고 있다. 술좌석에서 조용히 앉아 이야기에 귀를 기울이다가도 문학 이야기만 나오면 갑자기 치고 나온다.

언젠가는 셋이서 평창동에 있는 북악호텔에 투숙한 적이 있다. 눈이 오는 날이었다. 이런 때는 밤을 새워 가며 문학 이야기를 하고 싶다는 그의 말에 두 사람이 선뜻 동조한 것이다. 각자 집에 외박 허가를 신청했다. 연락을 받은 권형의 부인이 일갈하더란다.

"웃기는 자장면이네요."

왜 아니겠는가. 연인도 아닌, 헌헌장부 셋이, 다만 문학을 논하기 위해 호텔에 투숙하겠다니 말이다. 하지만 그때 우리는 그 '짓'이 조금도 이상하게 생각되지 않았다. 아니, 당연했다. 그날 밤 우리는 술로 목을 축여 가면서 한국 현대 문학사는 물론 세계 문학사까지 몇 번이나 다시 썼다. 어떤 작가를 죽이고 어떤 작가를 살려 냈는지 지금은 기억이 없다. 새벽에 잠시 눈을 붙였다가 아침에 일어나 밖에 나와 보니 밤새 눈이 한 자나 쌓여 있었다.

어쩌다 안부 전화라도 하다가 문학 이야기로 불똥이 튀면 사태는 걷잡을 수 없는 방향으로 치닫는다. 한 시간이고 두 시간이고 수화기를 놓지 않으니 말이다. 그런 그를 보고 어느 날 이 형의 부인이 말하더란다.

"손 선생님은 당신의 유일한 연인이군요."

근 50년을 소설을 써 오지만 아직 한 편도 발표하지 않았다. 한 번 읽기를 간청해 보지만 소용없는 일이다. 자기가 죽은 후에 쓸 만한 것이 있으면 출판하고 없으면 태우라고 아들에게 일러두었다고만 할 뿐, 요지부동이다. 영락없는 코뿔소다.

그는 늘 본질적인 것에 전념한다. 가끔 그렇지 못하고 한눈을 파는 내가 못마땅할 때가 많다. 그럴 때마다 한마디씩 던진다.

"제발 비본질적인 것에 휘둘리지 말아요."

차선이나 신호 위반을 하면 어김없이 나타나 내 차를 옆으로 끌어낸다. 그렇다. 그는 나의 인생행로를 지키고 서 있는 교통순경인지 모른다.

권 형은 서울 토박이다. 할리우드극장으로 들어가는 입구에 옛날 종로도서관이 있었다. 1957년 우리는 거기서 처음 만났다.

입학시험이 끝났지만 지금은 고인이 된 내 친구 정석종鄭奭鐘 형과 나는 딱히 갈 데가 없었다. 그래서 그동안 못 읽었던 소설이나 읽자고 나간 것인데, 개관 시간이 늦추어지는 바람에 벽에 기대서 해바라기를 하며 기다릴 수밖에 없었다. 그때 또 한 학생이 우리와 좀 떨어진 곳에서 해바라기를 하고 있었다. 밤색 물을 들인 미군 점퍼에 훤칠한 키, 살색은 희고 도수 높은 안경을 끼고 있었다. 그의 첫인상은 분명 코끼리였다. 그냥 코끼리가 아니라 흰 코끼리였다. 그도 입시가 끝났지만 갈 데가 마땅하지 않았던 모양이다. 나는 그가 어느 대학에 지원했는지 궁금했다. 내가 먼저 말을 걸었지 싶다. 왜냐하면 우리 쪽은 둘이고 그쪽은 혼자였으니까.

"형씨, 어디 쳤수?"

"S대학교."

"무슨 대학?"

"사범대학."

"무슨 과?"

"국어과."

"어!"

우리는 같은 대학교 같은 대학 같은 학과에 응시했던 것이다. 스쳐 가는 인연인 줄 알았는데 경쟁자라니. 같은 나무에 등을 대고 쉬다가 돌아보니 적이었다면 그런 기분이었을까? 그때 우리는 이름도 묻지 않고 헤어졌다. 적이었기 때문이었을까. 아니다. 7대 1의 경쟁률에서 살아남을 자신이 없었기 때문이다.

드디어 발표 날이 왔고 운 좋게 나는 합격했다.

입학식이 끝나고 수강 신청을 하기 위해 강의실에 모였다. 그런데 내 앞에서 신청서를 쓰고 있는 것은 바로 그 '코끼리'였다. 아는 사람이 없었던 우리는 단박에 친해졌다. 단 한 번 만났다는 그 사실이 그처럼 강한 순간접착제로 작용할 줄은 몰랐다.

그때부터 권 형은 나의 '후견인'이 되었다. 최초로 가정교사 자리를 구해 준 사람도 그였다. 겨우 입학금을 마련했지만 다음 학기 등록금이 막막하던 터라 그렇게 고마울 수가 없었다.

졸업 후 우리는 교직에 몸담았다. 같은 서울이었지만 내가 근무하던 학교는 대우가 신통치 않았다. 어느 날 저녁 그가 불쑥 나타났다. 그러고는 다짜고짜 자기가 근무하는 학교로 데려갔다. 상여금이 세 배는 더 되었다. 그가 아니었으면 형편없는 대접을 감수하면서 눌러앉아 있었을지 모른다. 나는 내 몸 하나 옮길 만한 주변머리조차 없었다.

후견인으로서의 그의 역할이 그것으로 끝난 것은 아니었다. 내가 글을 쓰기 시작할 때 그는 나의 첫 번째 독자가 되어 주었다. 그 사실을 당시 조선일보 편집부국장이던 주돈식朱燉植 형에게 말해서 그 신문에 칼럼을 맡게 해 준 사람도 그였다. 그리고 그 칼럼 가운데 몇 편이 을유문화사 고정기高廷基 상무의 눈에 띄어 그 출판사와 인연을 맺게 되었다. 지금까지 거기서 열 권 가까운 책을 낼 수 있었던 것도 어찌 보면 권 형의 덕이라 해야 옳을 것이다.

젊은 날 간혹 나는 나의 어리석은 행동에 대해 후회하거나 괴로워할 때가 있었다. 그럴 때면 그는 늘 이렇게 위로했다.

"자네가 잘못했으면 얼마나 잘못했겠나?"

그때마다 나는 잃었던 기력을 다시 회복했다.

정년퇴직을 한 다음 나는 강원도 산골로 들어갈 참이었다. 밭 한 뙈기를 사서 돌멩이나 주워 내면서 여생을 마칠 생각이었다. 마침 진부면 수항리에 배산임수背山臨水의 좋은 터가 있었다. 하지만 혼자 들어가 살기는 좀 외진 곳이라 함께 들어가 살 사람이 필요했다. 그에게 권했다. 그는 보리와 밀도 구별할 줄 모르는 순 서울 토박이다. 하지만 선뜻 내 뜻을 따라 돌밭을 나누어 샀다. 그런데 우리는 아직 그 낙원으로 들어가지 못하고 있다.

나에게 베푼 그의 도움을 열거하려면 열 손가락으로도 부족할 것이다. 하지만 너무 길게 늘어놓으면 도리어 쑥스러워할 것 같아 이쯤에서 줄이기로 한다.

이 형과 권 형은 나보다 나이가 아래다. 세상에는 나이 어린 할아버지는 있어도 나이 어린 형은 없다는 말이 있다. 하지만 나는 이 두 친구를 '나이 어린 형'이라 생각하기를 주저하지 않는다. 사람 됨됨이가 형다우면 그가 곧 형인 것이다.

70년대 초쯤으로 기억된다. 우리는 의기투합해서 겨울 방학 동안 남해안을 일주하기로 했다. 우선 순천 송광사에 들렀다가, 여수에서 생선회 먹고, 밤에 한려수도를 지나 통영에서 일박하고, 마산 이 형 본가에 들렀다가 돌아올 예정이었다. 그런데 통영에서 웃지 못할 사건이 벌어졌다.

그러니까 한려수도를 지나 통영에 도착한 것은 새벽 2시. 여관에 들어 겨우 눈을 붙였다가 아침에 일어나 한산도 도립공원으로 향했다. 가면서 보니, 길가에 있는 선인장들이 모두 축축 늘어져 있었다. 따뜻한 남쪽이라지만 통영도 선인장에게는 추운 곳이구나 생각하면서 우리는 아침 공기를 마시고 굳었던 몸을 푼 다음 앞서거니 뒤서거니 내려가고 있었다.

그때였다. 앞장서서 성큼성큼 가던 권 형이 갑자기 비명을 질렀다. 우리는 달려갔다. 그가 가리키는 곳을 보았다. 코끼리 귀처럼 늘어진 선인장이 납작하게 짓눌려 있는 것이 보였다. 작은 가시가 촘촘한 선인장이었다. 그러니까 시력이 좋지 못한 권 형이 선인장을 나뭇잎으로 알고 그 위에 앉은 것이 분명했다.

우리는 그의 바지를 내렸다. 그리고 엉덩이를 될 수 있는 대로 아침 해를 향해 높이 쳐들게 했다. 괴춤을 풀자 여명 속에서 허연 두 개의 볼기짝이 떠올랐다. 속으로 웃음이 나왔지만 웃을 계제가 아니었다.

이 형과 나는 엉덩이를 한 짝씩 맡아 가지고 손톱으로 선인장 가시를 뽑기 시작했다. 가시가 작아서 모두 뽑아내는 데 한참 걸렸다. 끝났다 싶어 앞세우고 내려오다가 따끔거린다고 하면 다시 수색 작업에 들어가야 했다. 몇 차례나. 밝은 아침이었으니 망정이지 아니었으면 서울까지 어찌 왔을까 싶다.

평생을 해로한 그의 부인도 청천백일하에서 자기 남편의 엉덩이를 본 적이 없을 것이다. 우리는 그때의 기억을 소중히 간직하고 있다. 마치 고서화처럼. 어쩌다 화제가 궁하다 싶으면 가끔씩 꺼내서는 감상한다. 값진 서화는 때때로 거풍擧風을 해 주어야 한다. 소중한 추억도 마찬가지다. 우리의 이런 충정을 알고 있는지 사람 좋은 그는 그때마다 순한 코끼리처럼 몸을 흔들거리며 함께 껄껄 웃을 뿐이다.

친구란 이런 것이다. 때로는 아내에게조차 말할 수 없는 것을 말하고, 보이고 싶지 않은 것을 보이며 살아가는 것이다. 통영은 권 형의 엉덩이로 해서 잊을 수 없는 추억의 고장으로 우리의 기억 속에 남아 있다.

평생에 좋은 친구 하나 두기도 힘들다고들 한다. 그런데 나는 두 사람이나 두었으니 큰 복이 아닐 수 없다. 가끔 여러 사람들 앞에서 자랑하고 싶은 충동을 느끼는 것은 당연하다. 하지만 나라는 위인이 변변치 못해서 내 덕담이 혹시나 포숙鮑叔 같은 내 친구들에게 누가 되지나 않을까 해서 지금까지 미루어 온 것이다. 그러나 올해로 두 사람 모두 고희를 맞았으니, 이제 그를 기념하는 의미에서 몇 자 적어 두는 것이다. 쑥스러워하는 두 사람의 모습이 보이는 듯하다. 크게 누가 되지 않았으면 한다.

제주 오름

 제주도를 못 잊는 것은, 못 잊어 노상 마음이 달려가 서성이는 것은, 유채꽃이 환해서도 아니고, 천 일을 붉게 피는 유도화가 고와서도 아니고, 모가지째 툭 툭 지는 동백꽃이 낭자해서도 아니다.

 어느 아득한 전생에서인가 나를 버리고 야반도주한 여자가, 차마 울며 잡지 못해서 놓쳐 버리고 만 여자가, 삼태성을 지나 북두칠성을 돌고, 은하수 가에서 자잘한 별무리들 자분자분 잠재운 가슴으로 어느 봄날 문득, 할인 마트나 주말여행을 다녀온 여인처럼, 아무 일 없었다는 그런 표정으로 나타나서, 이별의 세월만큼이나 붉은 젖무덤으로 나타나서, 나를 기다리고 있기 때문이다.

 가슴 언저리 어디쯤 얼굴 묻고 누우면, 누워서 한나절이나 반나절이나 칭얼거리다가, 모슬포 앞바다 자갈밭을 핥는 파도도 칭얼거리다 지쳐서 잠이 들 때쯤이면 청동 거울처럼 반질한 내 해묵은 불면증도 곤히 잠들지 싶어서다.

다리 위에서

일주일에 두서너 차례 산책을 한다. 근처에 있는 탄천을 따라 걷다가 공원 야외극장을 반환점으로 해서 돌아오는데, 왕복 3킬로쯤 된다. 무리 없이 소화할 수 있는 거리다.

탄천에는 두 개의 다리가 있다. 하나는 아파트 후문을 나서면 바로 보이는 곳에 있고, 다른 하나는 거기서 한참 더 내려간 하류에 있다. 상류의 것은 콘크리트 다리이고, 하류의 것은 나무 다리다. 갈 때는 콘크리트 다리를 건너 개울가를 따라 내려갔다가 돌아올 때는 나무 다리를 건넌다. 같은 다리를 두 번 건너지 않는 것은 잠시 난간에 의지해서 쉬기에 나무 다리가 더 편해서다.

두 개의 난간 중에서 나는 대개 상류 쪽 난간에 몸을 의지하고 흘러오는 물을 바라본다. 그쪽이 더 아름답다든가 해서 그러는 것은 아니다. 나도 모르게 상류를 향하게 된다는 이야기다. 나중에 알게 된 일이지만 나만 그러는 것이 아니었다. 다리에 서 있는 사람들 가운데 열에 여덟이 상류를 바라보고 서 있는 것이었다.

하류 쪽 난간에 기대 서 있으면 흘러가는 물의 뒷모습이 보인다. 그것은 늘 멈칫거리는 것 같다. 뒤돌아보며 가는 사람 같기도 하고, 떠나기 싫어 미적거리는, 그래서 조금만 만류해도 금세 되돌아설 사람 같기도 하다. 어떻게 보면 잘 있으라고, 부디 행복해야 한다고 어깨 위로 손을 들어 저으며 떠나는 긴 머리를 한 연인의 마지막 손짓 같기도 하다.

상류 쪽 난간에 기대 서 있으면 흘러오는 물의 얼굴이 보인다. 그것은 강아지가 달려오듯이, 고양이가 꼬리를 치켜들고 벽에 옆구리를 비비며 오듯이, 수초며 모래톱 같은 것에 몸을 스치며 온다. 어떻게 보면 흰 이를 반짝거리며 달려오는 한 무리의 초등학생들 같기도 하고, 또 어떻게 보면 기쁨을 드러내지 않으려고 애를 쓰지만 어쩔 수 없이 배어 나오는 여인의 몸짓 같기도 하다.

오는 물이 만남의 물이라면 가는 물은 헤어짐의 물이라고나 할까. 상봉의 기쁨이 넘치는 얼굴과 이별의 슬픔이 어려 있는 뒷모습. 같은 물인데도 다리를 경계로 해서 흘러가는 물과 흘러오는 물이 전혀 다른 모습이다.

어디 물뿐이겠는가. 인생이란 것도 현재라는 다리 위에서 보면 흘러가는 물이요, 흘러오는 물이다. 이미 흘러간 과거와 지금 막 흘러오고 있는 미래. 그것이 현재라는 다리 밑을 지나가는 것이다. 과거에선 아쉬움을 느끼지만 미래에선 희망을 본다.

대부분의 사람들이 하류가 아니라 상류 쪽을 바라보는 것은 어쩌면 그 때문인지도 모른다. 빛의 방향을 따라 움직이는 것은 목숨을 타고난 모든 것들의 본능이니까. 이미 피어 버린 장미보다 이제 막 피려고 하는 장미를 위해 우리는 기꺼이 지갑을 연다.

그러나 삶의 현장이란 언제나 장미밭일 수는 없는 것. 기대와 소망이 좌절되는 순간 우리는 하류를 향한다. 흘러가는 물과 함께 사라지고 싶은 마음이 우리를 돌려세우는 것이다. 비록 이 세상이 자살할 만큼 가치 있는 그 무엇이 아니라고 해도 말이다.

모든 것은 허상이다
가는 것은 가게 하라.

강물에 투신자살하는 사람들은 그래서 상류 쪽 난간이 아닌 하류 쪽 난간을 택하는지도 모른다.

한강대교는 한때 자살하는 사람들의 선호하는 장소였다. 그래서 다리 철제 아치에 올라가지 못하도록 양쪽에 미끈거리는 구리스를 발라 놓은 적도 있었다. 그런데 사람들의 손가락 자국이 나 있는 곳은 상류 쪽이 아니라 하류 쪽이란 사실이다. 좌절된 삶이 가리키는 화살표는 분명 '흘러오는' 방향이 아니라 '흘러가는' 방향일 테니까.

후배 중에 자살을 입에 달고 살던 사람이 있었다. 그의 주장에 의하면, 고통 없이 생을 마감할 수 있는 가장 좋은 방법은 눈 속에서 동사하는 것이라고 했다. 헤르만 헤세의 《크눌프》의 주인공처럼. 그러나 자살에 대해서 너무 많이 연구한 탓이었을까? 그가 자살을 시도했다는 소리를 들은 적이 없다. 자살에 성공했다는 소리도 들은 적이 없다.

서른 살 무렵이었으리라. 나도 가끔 자살을 생각했다. 좌절된 꿈 때문이 아니었다. 나의 꿈이란 한 목숨 걸 만큼 그렇게 대단한 것이 아니었으니까. 인생이란 나에겐 이미 승부가 결정된 게임으로 보였다. 새삼스럽게 링에 올라가 땀 흘리며 헛발질을 하고 싶지 않았다. 그러나 나도 자살을 시도해 본 적은 없다. 가끔 머리로는 하류를 향해 서 있으면서도 가슴으로는 언제나 상류를 향해 서 있었다는 이야기가 되겠다. 대부분의 사람들이 그러하듯이.

며칠 만에 산책을 나갔다. 그러나 오늘 나는 흘러오는 물을 바라보지 않았다. 하류 쪽 난간에 기대 서서 내 시력이 더는 미칠 수 없는 데까지 멀리, 흘러가는 물을 바라보다가 돌아왔다. 언젠가 다시 돌아올 물이긴 하지만.

10

익숙한 것들이 주는 편안함. 그래서 나이가 들수록 새것보다 낡은 것에 더 집착하는 모양이다. 물건뿐이겠는가. "새 인연을 만들지 말라"는 충고도, 그러니까 젊은이들을 위한 것이라기보다 늙은이를 위한 충고가 아니겠는가 싶다.

개밥바라기

 차를 마시려다 보네. 누가 날 보고 있는 것 같아 어깨 너머로 바라보네. 어두워 오는 남서쪽 하늘가에 떠 있는 개밥바라기. 무슨 말이 하고 싶은 걸까. 무심히 건너다보는 저 아득한 표정. 어디서 많이 본 것도 같은데. 잠시 시골서 여학교 선생을 할 때였을까.

 퇴근하여 하숙집으로 오는데, 다 와서 벌겋게 녹이 슨 양철 대문을 막 밀려는 참인데, 내 뒤통수에 보드랍고 애틋한, 무슨 깃털 같은 것이 건드리는 느낌에 돌아다보면, 언덕 위에 한 학생이 하늘을 등지고 서서 날 건너다보는 것인데, 무슨 말인가 하고 싶은 표정으로 건너다보는 것인데, 매번 내가 입을 떼기 전에 그 아이는 언덕 밑으로 별 지듯 지는 것인데.

 40년 하고도 한참을 더 지난 지금, 이름도 모를 그 아이, 입속에 가두어 두었던 말, 오래 참아, 검게 무거워진 말

한마디를 이제야 풀어 놓으리라, 저렇게 개밥바라기로 뜨는 것인가.

그래, 그리하라고, 오늘은 다 들어줄 거라고 자리 고쳐 앉아 보지만, 나는 아네. 아직은 이르다는 것을.

십 년도 아니고 백 년도 아니고, 어쩌면 백억 광년에서도 한참 더 먼 후에나 아득한 말 한마디 겨우 풀어 놓을 것 같은 저 무량無量한 표정.

나는 잔을 비우지 못하네.

지팡이

 몇 년 전 고희를 맞은 친구에게 지팡이를 선물한 적이 있다. 몸도 마음도 부실한 나이. 믿음직한 시종 한 명을 붙여 준 기분이었다.

 옛날 동양에서는 아무나 지팡이를 짚을 수 없었다. 마을에서는 나이가 제일 많은 사람, 조정에서는 벼슬이 제일 높은 사람, 그 밖에 모두가 우러르는 사람을 삼달존三達尊이라 했는데, 그 세 가지 조건 가운데 어느 하나를 충족시켜야 가능했다.

 서양에서는 중세 이후 기사騎士가 신사紳士가 되면서 칼을 쥐던 손이 대신 스틱을 잡게 되었다. 그렇게 해서 젊은이들이 지팡이를 짚는 풍습이 생긴 것이다. 개화기에 서구 문물이 밀려들어올 때 이런 유행도 따라 들어왔다. 한때 지팡이를 개화장開化杖이라 부른 것은 그 때문이다. 삼달존에 관계없이 단장을 휘두르는 시대가 된 것이다. 수필가 김동석은 나이 서른에 스틱을 짚었다. 그리고 〈나의 단장〉이란 예찬론까지 썼다.

8·15 해방과 함께 시대가 바뀌었다. 젊음을 구가하는 현대 문명은 형식적이고 권위적이기보다 실질적이고 활동적인 인간상을 요구했다. 그렇게 경로敬老의 시대는 가고 경로輕老의 시대가 도래한 것이다. 이제는 구십이 지난 노인네도 지팡이를 짚으려 들지 않는다. 늙게 보여서 득 될 게 없다는 판단에서이리라.

늙으면 조심할 게 세 가지가 있다. 그중 하나가 낙상落傷이다. 골절로 병상에 눕는 순간 온갖 병이 몰려와서 결국 생을 마감하게 된다. 젊게 보이고 싶은 심정은 이해되지만 그 허영심이 명을 재촉하니 문제다. 종합병원 입원 환자의 반이 노인이고 그 반이 낙상 환자다. 겸손하게 지팡이만 짚었어도 그 반의 반은 입원하지 않아도 되었을 텐데, 안타깝다.

어떤 사물이 직립하는 데 필요한 최소한의 조건은 세 개의 다리를 갖추는 것이다. 삼발이도 사진기도 다리가 셋인 것은 그래서다. 아침에 네 발로 걷고 점심에 두 발로 걸어도 저녁에는 겸손하게 세 발로 걸어야 안전이 보장되는 존재가 호모 에렉투스 homo erectus다.

적자로 허덕이는 의료보험을 살릴 길이 있다. '지팡이법'을 제정하는 것이다.

'70세 이상 자는 불문곡직不問曲直하고 지팡이를 짚으라.'

이런 취지면 충분할 것이다. 여기서 노인을 65세 이상으로 볼 것인가 70세 이상으로 볼 것인가 하는 문제는 입법부가 알아서 할 일이다. 아무튼 법이 제정되는 순간 정부와 개인의 의료비 부담은 반의 반은 몰라도 훨씬 줄 것은 틀림없는 사실이다.

지팡이를 짚으면 좋은 점이 또 있다. 부실한 다리에 쏠리는 체중을 분산시켜 주니 무릎이 아프지 않아서 좋고, 걷다가 지치면 의지해서 잠시 쉬며 자연과 인생을 관조할 수 있어서 좋다. 굳이 '느림의 미학'을 떠들 필요가 없다. 지팡이를 짚어 보면 안다.

혼자 걷다 보면 손도 마음도 허전한 법. 이런 때 지팡이는 좋은 친구가 되어 준다. 호모 사피엔스homo sapiens 친구와 함께라면 눈치도 봐야 하는 것은 물론 간간이 말대꾸도 해 주어야 한다. 그러다 언쟁으로 발전하지 않는다는 보장도 없다. 하지만 지팡이는 대답을 강요하는 일도 주인을 할퀴는 일도 없다. 게다가 비위를 맞출 필요는 더더욱 없다.

이 과묵한 친구는 오히려 듬직한 경호원이 되어 준다. 건방진 녀석 한둘쯤 혼내는 것은 일도 아니다. 때로는 지팡이를 짚고 서서 마땅찮게 돌아가는 세상을 향해 한바탕 사자후獅子吼를 토한들 어떠랴. 지팡이를 짚은 '어르신네'더러 누가 뭐라 하겠는가. 나이란 벼슬은 못 되지만 때로는 면죄부 역할은 하는 법.

어디 그뿐인가. 전동차에서도 요긴한 소도구가 된다. 언제 빈자리가 날까 슬금슬금 다른 승객들의 눈치를 보지 않아도 된다는 이야기다. '요새 젊은 것들 버릇이 없다'고들 하지만 지팡이를 짚은 노인네에게 자리를 양보하지 않을 대한민국 젊은이는 없을 것이다.

이 세상 하직할 때도 그렇다. 이 친구들은 주인을 홀로 보내는 법이 없다. 아내도 자식도 따라나설 수 없는 외로운 여정. 그러나 지팡이는 산책길을 따라나서듯 묵묵히 동행해 줄 것이다.

나에게는 세 개의 지팡이가 있다. 귀여운 푸들 머리 손잡이도 있고, 퓨마를 조각한 주석 손잡이도 있다. 몸통은 올리브나무이고 손잡이는 밀화빛이 나는 쇠뿔로 만든 것도 있다. 제자가 보내 준 프랑스제다. 나날이 노쇠해 가는 선생이 딱했던지 어느 날 적지 않은 몸값을 치르고 선물한 것이다. 매서운 겨울 저녁에도 이 지팡이를 짚고 나서면 몸은 추워도 마음은 추운 줄 모른다. 제자의 따뜻한 부축을 받고 있기 때문이리라. 그런데 이런 나의 고마운 마음을 알기나 하는지…. 소식이 끊긴 지 오래다.

몽당붓 한 자루

 오랜만에 대학 동기 모임에 나갔다. 약속 시간보다 늦는 바람에 자리가 없어 남자와 여자 동문 사이에 끼어 앉았다. 그러다 보니 자연스레 양쪽 이야기를 들을 수 있었다.
 화제란 뻔한 것. 학창 시절 추억담에서 시작해서 군대 이야기와 직장에서 있었던 일화로 이어지다 결국에는 건강 문제로 귀착하게 마련인데, 그날은 새 아이템이 하나 추가되었다. 살 만큼 살았으니 이제 주변 정리에 들어가야 하지 않겠느냐는 것이었다.
 "부모님 가신 후 처리하기 곤란한 게 사진이더군. 그것부터 정리해야지 싶어."
 "사진뿐이겠어? 정들었던 구닥다리들도 정리해야지."
 순간 우리는 잠시 말이 없었고, 약간 숙연한 표정이 되었고, 그리고 각자 머릿속을 열심히 뒤지기 시작했다. 그때 내 맞은편에 앉았던 여자 동문 윤이 포크로 수박 한쪽을 집으면서 입을 열었다.

"옳은 말씀이긴 하지만 버릴 수 없는 구닥다리도 더러 있더라구."

이야긴즉 자기 집에 오래된 무쇠 프라이팬이 하나 있는데, 이제 힘에 부쳐서 버리고 싶지만 그럴 수 없더라는 것이다. 독일제 프라이팬도 있지만 오래 쓰면 눌어붙는 게 흠인데, 그 무쇠 프라이팬은 그러지 않는다는 것이다. 은근히 달아오르기 때문에 부침개가 속까지 잘 익어서 좋고, 뿐만 아니라 부침개를 부치다 보면 애들이랑 둘러앉아서 먹던 순간들이 떠올라 다시 젊은 엄마가 되는 기분이라는 것이었다. 그러니 그걸 버리는 것은 가족 가운데 누구 하나를 버리는 것이나 진배없다는 것. 그 옆에 있던 박이 씹던 음식을 급히 넘기면서 끼어들었다.

"그런 거 우리 집에도 있지."

그러니까 자기가 시집올 때 가지고 온 것이니 반세기도 더 지난 셈이라고 했다. '선학仙鶴'이라는 상표로 당시 꽤나 유명하던 알루미늄 냄비였지만 지금은 여기저기 쭈그러든 것은 물론 바닥에 구멍까지 나서 불빛에 비추면 바늘귀만 한 구멍으로 빛이 송송 새는데, 깨를 볶을 때만 되면 그놈을 찾게 된다는 것이었다.

깨 볶는 일이 단순한 것 같지만 실은 그렇지 않아서 자칫 태워 먹거나 아니면 설 볶기 십상인데, 그 냄비에 깨를 씻어서 담는 순간 모든 과정이 자동으로 되는 것 같아서 찬장 선반 맨 위층에 모셔 두고 있다가 깨를 볶을 때마다 꺼내서 쓴다고 했다.

헤어져 집으로 오다가 생각하니 나에게도 그런 물건이 하나 있다는 사실이 생각났다. 그러니까 삼십여 년 전 내가 처음 그림을 배울 때 일이다. 연밥을 그리는데 잘 되지 않았다. 어느 날 인사동에 나간 김에 사보당四寶堂에 들러 주인에게 그런 사정을 말했더니 한참 생각 끝에 골라 준 것이 연필 굵기의 양털 붓이다. 오래 써서 이미 붓대는 두 군데나 터지고 고리도 다 닳아서 붓걸이에 걸 수 없다. 털도 많이 빠지고 닳는 바람에 끝이 뭉툭해서 볼품없는 몽당붓 신세가 된 지 오래다.

그런데 까맣게 잊고 지내다가도 연밥을 그려야 할 때면 영락없이 그놈을 찾게 된다. 너무 낡아서 교체하려고 몇 번인가 시도해 봤지만 실패하고 말았다. 같은 시기에 산 다른 붓들은 이미 퇴출당한 지 오래지만, 이 붓 한 자루만은 여전히 현역들과 나란히 붓걸이에 걸려 있다. 군대로 말하자면 본부중대 고참 선임하사다.

이 붓은 잡는 순간 입속 혀처럼 내가 원하는 대로 척척 알아서 한다. 덜 익은 연밥은 덜 익은 대로, 잘 익은 연밥은 잘 익은 대로 그려 낸다. 이쯤 되면 내가 저를 부리는 것인지 제가 나를 부리는 것인지 분간이 가지 않을 정도다.

해서 아직 버리지 못하고 있다.

 익숙한 것들이 주는 편안함. 그래서 나이가 들수록 새것보다 낡은 것에 더 집착하는 모양이다. 물건뿐이겠는가. "새 인연을 만들지 말라"는 충고도, 그러니까 젊은이들을 위한 것이라기보다 늙은이를 위한 충고가 아니겠는가 싶다.

 때가 되면 버리고 떠나야 할 것들. 농필弄筆조차 힘에 부칠 때쯤이면 나도 이놈을 어떻게든 처리해야 하겠는데, 지난날의 공을 생각해서라도 다른 붓들과 함께 버릴 수는 없고, 해서 볕이 좋은 날을 택일해서 화단 대나무 밑에라도 묻어 주어야 하지 않을까 하는 생각이다. 왔던 곳으로 돌아가는 것이니 저도 달리 불만 같은 건 없지 싶다.

큰애의 쪽지 편지

미국 사는 큰애는 한 해거리로 손녀를 데리고 와서 달포가량 머물다 간다. 급한 일이 생겨 이번에는 배웅도 못하고 저녁에야 돌아오니, 애들은 떠나고 없고 책상에는 용돈 든 봉투와 쪽지 편지만 놓여 있었다.

아빠, 고맙습니다.
건강 검진 결과 '청년처럼' 나온 거 고맙습니다.
뭐든 달게 잡수시는 식성 여전하신 거 고맙습니다.
예린이 추억 만들어 주려고 애써 주시는 거 고맙습니다.
못난 딸 아직도 할 수 있다고 재능 있다고, 북돋아 주시는 거 고맙습니다.
아직도 활력 있게 일해서 우리가 현관에서 "안녕히 다녀오세요" 하고 인사할 수 있게 해 주셔서 고맙습니다.
한 해 걸러 오는 딸 마음 아프지 말라고, 눈치 못 채게 늙어 주시는 거 고맙습니다.

그리고 아빠, 내가 그런 아빠의 맏딸이 되게 해 주신 거 고맙습니다.

아빠, 내년 다시 올 때까지 안녕히 계셔요.

쪽지 편지를 읽을 때마다 나도 쪽지 편지를 쓴다.

고맙다, 애야.
시집가서 잘살아 주어 고맙고,
예쁜 예린이 할애비가 되게 해 주어 고맙고,
멀리서도 늘 가까이 있는 것처럼 마음 써 주어 고맙고,
어려운 객지 살림에도 두 동생 잘 보살펴 주어서 고맙다.
무엇보다 그런 너의 아빠란 사실이 고맙구나.

쑥스러워 편지지에는 못 쓰고 마음에 꾹꾹 눌러 쪽지 편지를 쓴다.

에덴동산에도

젊어서부터 나의 꿈은 전원으로 돌아가는 것이었다. 사람 사귀기를 겁내는 성격 탓일 수도 있고, 실향민으로서 뿌리내리기 심리일 수도 있겠구나 싶다.

아무튼 볕이 바르고 경관이 수려한 곳만 보면 언젠가 거기에 집을 짓고 살아야지 했다. 경춘선을 타고 강촌역을 지날 때도 그랬고, 중앙선을 타고 간현역을 지날 때도 그랬다. 전주와 서울을 오르내리던 시절, 호남선을 타고 가수원역을 지날 때도 같은 꿈을 꾸었다. 하지만 나의 꿈은 매번 무정란이 되고 말았다.

그러다 금년 3월, 이곳에 조그만 쉼터를 마련했다. 멀지 않은 곳에 바다가 있는 '따뜻한 남쪽나라'. 20여 호가 되는 작은 마을이다. 4백 평도 채 못 되는 과수원이지만 채소를 갈고 꽃을 가꿀 텃밭도 있다. 30평이나 되는 창고가 있는 것도 마음에 들었다. 칸막이를 하면 오랫동안 바라던 작업실과 전시실을 함께 가질 수 있을 것 같았다.

4월부터 두어 주에 한 번꼴로 내려와 공사를 하고 있다. 시골이라 일꾼을 구하기도 쉽지 않지만, 굳이 서둘 필요가 어디 있겠는가 하는 생각도 없지 않아서다. 지붕을 새로 이고 얼마 있다 천장을 낮추었다. 또 얼마 있다가 작업실과 화장실을 넣었다. 프랜시스 잠의 시에 나오는 눈빛이 순한 당나귀 한 마리가 금방이라도 돌아서 나올 것 같은 그런 긴 돌담도 쌓았다. 이달 중순쯤 돈이 마련되는 대로 도배도 하고 바닥도 깔면 일 단계 공사는 마무리되는 셈이다.

지난 3월 처음 내려왔을 때는 유채꽃이 환했다. 4월과 5월, 아침마다 새소리에 잠이 깼다. 작은 새들의 지저귐은 탄산음료의 기포가 터지는 소리처럼 상쾌했고, 침엽수가 내뿜는 공기는 아이스크림처럼 감미로웠다. 밤에는 별을 보다가 잠이 들었다. 대도시를 탈출한 별들이 모두 이곳에 피신해 온 것은 아닐까 싶을 정도로 많았다.

어떤 별은 잘 닦은 놋주발만큼이나 하다. 고개를 젖히는 순간 와르르 무너져 이마 위로 쏟아져 내릴 것만 같다. 오랫동안 꿈꾸었던 나의 낙원이 비로소 현실이 되는구나 하는 생각에 가슴이 뿌듯했던 것은 물론이다. 가을에 펼쳐질 또 다른 풍경에 대한 기대도 가슴을 설레게 했다. 내 노년은 이제 오래오래 평안해도 좋으리라.

그런데 8월에 들어서서 예기치 못한 문제가 하나둘 생기기 시작했다. 공사비가 떨어져 달포가량 오지 못했더니 그새 쑥이며 망초며 명아주 같은 잡초들, 아니, 녹색 제복의 군단들이 이미 과수원 접수를 끝내고 바야흐로 나의 아지트인 창고를 포위 공격 중이었다.

'풀과의 전쟁!'

그것은 더 이상 남의 일이 아니었다. 낫으로는 턱도 없을 것 같았다. 서울에서 사 가지고 온 예초기를 급히 조립했다. 단칼에 요절을 내 주리라. 그러나 오산이었다. 아니, 자만이었다는 게 더 맞는 표현일 듯싶다. 이미 굵을 대로 굵은 쑥대와 명아주는 예초기 날 사이에서 온 힘으로 저항하고, 강아지풀이며 달개비 줄기 같은 연약한 것은 그것들대로 예초기의 회전축을 휘감아서는 기계도 꼼짝 못하게 하는 것이었다. 뜯어내고 베고, 뜯어내고 베고… 수없는 반복. 그러나 몇 시간의 악전고투에도 불구하고 내가 수복한 영토란 고작 여남은 평에 불과했다. 인해전술人海戰術이 아닌 초해전술草海戰術! 백기를 들고 말았다. 풀이 무섭다는 생각이 든 건 난생처음이었다.

그런데 나의 복락원復樂園을 향한 의지를 시험하는 것은 잡초만이 아니었다. 밤에는 벌레들의 공격이 이어졌다. 손바닥만 한 나방이란 놈이 뺨을 때리고 달아나고 나면, 이번에는 매미만 한 풍뎅이가 봉당에 뛰어들어서는 흙먼지를 자욱이 일으키며 막무가내로 일인 시위를 벌이는 것이었다. 데모에 무감각해진 서울특별시민인 나라고 하지만 여간 난처한 일이 아니다. 게다가 떼거리로 몰려드는 모기들의 편대 공습!

풀을 베던 날 밤이었다. 탈진 상태가 되어 대충 저녁을 때우고 잠시 시들었다 일어나리라 했다. 그런데 내처 자고 말았다. 꿈도 없는 단잠. 그러나 아침에 깨어 보니 손등과 팔다리는 물론 얼굴까지 온통 빨간 문신이 새겨져 있었다.

추석 때만 해도 그렇다. 샤워를 하고 휘파람을 불며 테라스에서 보름달―이곳 달은 찬물에서 방금 건져 낸 것 같다―을 구경하고 있었다. 잠시 후 방으로 들어가려는 참이었다. 그런데 낌새가 좀 수상했다. 발을 옮기려는 순간 손가락 굵기만 한 초록색 뱀 한 마리가 이미 내 발등을 타고 넘는 중이었다. 다 넘어갈 때까지 난 부동자세! 게다가 그 섬뜩함이라니! 한데 놈은 미안한 기색도 없이 유유히 돌담 쪽으로 사라지는 것이었다.

'수인사는 혀사 쓰것지라우?'

뭐 그렇게 이죽거리는 것 같았다. 잔뜩 부풀었던 나의 꿈과 기대와 낭만은 여기저기서 피식피식 바람 빠지는 소리가 났다.

그렇다고 이제 와서 꿈을 접을 수는 없는 일. 덫이며 농약이며 제초제 같은 것을 쓰면 어찌 되겠지만, 그것은 여기 온 나의 뜻에 어긋나는 일이니 그럴 수는 없고. 궁리 끝에 겨우 도달한 해결책은, 일단 낙원에 대한 나의 관념부터 수정하는 일이었다. 다음은 그들을 또 다른 나의 이웃으로 받아들여야 한다는 것이었다. 가끔 반갑지 않은 방문도 받아야 하고 원치 않는 헌혈도 해야겠지만, 적정선에서 타협하면 아주 불가능한 일도 아니란 생각에서다.

하긴 에덴동산에도 분명 뱀은 있었으니까. 어찌 보면 풀이며 모기며 나방이며 풍뎅이가 없는 세상, 사람만 사는 세상, 그게 어디 진짜 낙원이겠는가 싶기도 하다.

누님의 마지막 말씀

 열두 살에 어머니 돌아가시고, 날 돌봐 주신 큰누님. 겨우 두 달 남짓 입원한 것도 노상 미안타 하시더니, 일흔일곱이란 험한 세월 툭 잘라 버리고 가셨네. 한 줌 재로 돌아가시는 모습 차마 볼 수 없어, 연화장 복도 타일 세며 왔다 갔다 하는데, 잠시 후 조카가 와서 던지던 한마디.
 "삼촌, 다 끝났어요."
 "그래, 다 끝났구나."
 깊은 우물 속으로 두레박 '툭' 하니 떨어지는 소리.
 닮은 데라곤 하나 없는 그 애 가슴에 하얀 천으로 싸인 채 누님은 곤히 잠든 아기처럼 말씀이 없으신 것인데, 밖은 12월 시린 눈이 내리고 서러운 바람이 불고 있는 것인데, 연화장에서 납골당까지 백여 걸음 남짓한 거리. 가깝고도 먼 마지막 길 모셔다 드리리라, 유골 단지 넘겨받았는데, 팔과 가슴에 전해 오던 따스한 온기.

"자네 춥겠네."

이승에서 누님이 건네신 마지막 말씀.

그런데 왜 갑자기 졸음이 몰려왔을까?

일곱 살 되던 해 눈이 내리는 밤이었으리라. 반쯤 잠이 든 채 누님의 체온에 업혀 집으로 가고 있었는데, 멀리 우리 집 불빛이 보였다 안 보였다 했는데, 지금도 그렁그렁 보이다 안 보이다 하는 것인데,

차디찬 돌집에 누님 혼자 남겨 두고… 오네.

나 혼자… 오네.

옛날 옛적에

 흥남 철수 때 누님을 따라 배에 오른 것은 1950년 12월 23일 밤. 부산에 도착한 것은 이듬해 1월 초순 한낮이었다.
 갑판 위에서 본 부산항은 평온했으나 한편 을씨년스럽기도 했다. 전쟁 중이었지만 포성도 탱크 캐터필러 소리도 들리지 않았다. 검푸른 해송이 우거진 산들은 항구까지 바싹 다가서 있었다. 그런데 눈이 없었다. 눈만 보며 살다 온 때문이었을까? 그 풍경과 공기가 낯설었다. 마치 우리의 입항을 거부하는 표정같이 느껴졌다. 고향을 등진 자들의 불안. 모두 입을 굳게 다물고 있었다.
 우리는 부산 영도 부두에 내렸다. 선원들의 도움으로 한국도자기 사옥 앞에 있는 세 평 정도의 사다리꼴 방에 짐을 풀 수 있었다. 짐이라야 입은 옷과 조그만 보따리 두 개가 전부였다. 당장 덮고 잘 이불도 밥 지을 솥도 없었다. 돈이 될 만한 건 누님이 평소 끼고 있던 금반지와 아침을 먹다

들고나온 은수저 두 벌이 전부였다. 그걸 팔아 며칠 먹을 양식을 마련했다. 남은 돈으로 가위와 인두 같은 것을 샀다. 주인집 할머니의 도움으로 누님은 삯바느질을 시작할 참이었다. 북한 지폐가 한 다발 있었지만 휴지로도 쓸 수가 없다는 것. 배에서 내리면서 바다에 버렸다

할 일 없이 나는 종일 부둣가를 서성거렸다. 약장수들이 떠들어대는 너스레에 넋을 팔고 있다가, 오후 서너 시쯤 되어 영도 다리가 들렸다 다시 내려올 때 집으로 돌아가곤 했다. 지겹고 따분한 나날이었다.

지池씨라는 내 또래 아이를 만난 것은 그 무렵이었다. 아마 약장수들의 선전판에서였지 싶다. 그 애는 서울서 피란 왔는데, 근처에 있는 피란민촌에 산다고 했다. 얼굴도 나와 비슷하게 생겼고 체구도 나와 엇비슷했다.

하지만 나보다 아는 게 많았다. 게다가 매사에 적극적이었다. 겁이 나서 영도 다리를 건널 엄두를 못 내던 나에게 그걸 감행할 용기를 주었을 뿐만 아니라, 재테크(?)까지 가르쳐 주었다. 아주 따분해서 몸이 뒤틀릴 지경이던 어느 날이었다. 그 애가 내게 불쑥 물었다.

"너, 돈 벌고 싶어?"

"싶지. 그런데?"

"날 따라갈 거야?"

"그래, 좋았어!"

그렇게 해서 내가 간 곳은 '40계단' 근처에 있는 '민주신보'인가 '민주신문'인가 하는 신문사였다. 윤전기 돌아가는 소리가 골목 입구에서부터 들렸다. 그 아이가 신문팔이 소년이란 사실을 그때 알았다. 함께 놀다가도 오후 세 시쯤 되면 어딘가 가야 한다며 사라지던 이유도 알았다. 우리는 거기서 신문이 나오기를 기다렸다.

오후 네 시쯤 어른 서너 명이 신문을 한 아름씩 안고 나왔다. 그것을 신호 삼아 아이들이 우르르 달려가 신문을 샀다. 그 아이도 신문을 받아와서 나에게 20부 정도를 주면서 팔아서 원금만 갚고 나머진 가져도 좋다고 했다.

말도 채 끝내기 전에 그 아이는 신문지 뭉텅이를 왼쪽 겨드랑이 밑에 척하고 끼었다. 그러곤 영도 다리 쪽으로 냅다 달리면서 소리를 질렀다.

"내일 아침 신문!"

"내일 아침 민주신보!"

나도 뒤를 따라 뛰었다. 하지만 내 입에서는 '내일 아침 신문'이란 소리가 나오지 않았다. 나는 그냥 그 아이를 따라 뛰기만 했다. 그러다가 "신문!" 하고 손님이 부르면 그 아이가 뛰어갔다. 순간 다른 사람이 또 "신문!" 하고 부르면 내가 뛰어갔다. 언제까지 그 아이 뒤를 따라다녔는지, 언제 목이 틔었는지 기억에 없다.

전국에서 몰려든 피란민들. 집이 있을 리 없었다. 미군들이 버린 레이숀 박스로 '하꼬방'을 지었다. 문패도 번지수도 없는 집, 그러니 가만히 앉아서 배달되는 신문을 볼 수 없었다. 라디오도 귀하던 시절. 미군들이 쓰던 '제니스'라는 성능 좋은 라디오가 있었지만 비싸서 살 형편이 못 됐다. 한 대가 아마도 요새 소형차 하나 값은 좋이 되었으니까. 전황이 목마른 피란민들은 신문이 나올 때를 기다려 모두 문 앞에 나와서 기다렸다.

처음 며칠 동안은 20부씩 팔다가 얼마 후부터는 조금씩 부수를 늘렸던 것 같다. 수입만 따지자면 구두닦이나 껌팔이가 훨씬 나았다. 하지만 알량한 내 자존심이 그런 업종(?)을 받아들이기 힘들어했다. 하지만 신문팔이는 괜찮다고 생각했다. 일정 때 이광수 같은 동경 유학생들도 신문 배달을 했다는 사실에 용기를 얻었던 것 같다.

그렇게 몇 주를 뛰었을까, 어느 날 원금을 갚고 남은 몇 푼의 현찰. 얼마 되지 않았지만 그건 내가 세상에 태어나서 처음 번 돈이었다. 뿌듯했다. 우선 늘 먹고 싶었지만 참아야 했던 빵부터 샀다. 버터를 발라 철판에 구운 다음 딸기잼을 듬뿍 발라 주던 그 토스트의 맛. 이남 와서 맛보는 자유의 맛만큼이나 달콤했다. 나머지 돈으로 장작 한 단과 간고등어 한 손을 샀다. 아침에 집을 나올 때 보니 저녁에 땔 장작이 없었다. 누님도 기뻐하시리라. 기분이 좋았다.

골목 입구에 막 들어서는 순간 부엌문이 열렸다. 누님이

구정물을 담은 대야를 들고 나오는 것이었다. 나는 잠시 주춤했다. 몰래 갖다 놓고 누님을 놀래 주려고 했는데, 너무 일찍 들켜 버린 것 같아서였다. 누님은 부엌으로 들어가려다 말고 이쪽을 힐긋 보았다. 나와 눈이 마주쳤다. 잠시 정지된 상태로 쳐다보더니 아무 말도 없이 들어가 버리는 것이었다. 느낌이 좋지 않았다. 들어가서 부엌 한쪽에 그것들을 막 놓으려고 할 때였다. 누님이 날 불렀다.

"얼른 들어오지 않고 뭐해!"

목소리가 착 가라앉아 있었다. 날 혼내기 전에 늘 내가 듣곤 했던 톤이었다. 천천히 들어갔다.

"게 앉아!"

누님은 곧추세운 한쪽 무릎 위에 팔꿈치를 괸 채 방바닥을 내려다보면서 말했다. 나는 될 수 있는 대로 누님에게서 멀리 떨어진 윗목 벽에 기대서 쭈그리고 앉았다.

"돈 어디서 났어?"

"……"

신문팔이를 해서 번 돈이란 말이 얼른 나오지 않았다. 그러자 누님이 재차 다그쳤다.

"어디서 훔쳤어?"

자칫 도둑으로 몰릴 판이었다. 사실대로 말할 수밖에 없었다. 듣고 있던 누님이 우셨다. 그리고 말했다.

"널 장사꾼이나 시키려고 예까지 데려온 줄 아니? 나중에 무슨 낯으로 어머니를 뵌단 말이냐?"

그러고는 또 우셨다. 나도 울었다. 우린 그때만 해도 저승이 있다고 믿었고, 죽으면 돌아가신 어머니를 다시 만날 수 있다고 믿고 있었다. 나는 속으로 다짐했다. 누님을 울릴 짓은 하지 않으리라고.

나보다 여덟 살이 위지만 내가 태어날 때부터 날 업어 키운 누님이다. 어머니가 날 낳으시고 몸져눕는 바람에 그리된 것이다. 우유가 있을 리 없는 벽촌. 누님은 암죽을 쒀서 먹여야 했다. 그러다 하루에 한 차례 정도 이웃에 사는 친척 아주머니에게서 동냥젖을 얻어 먹였다. 아주머니는 덜 먹이려고 날 밀어내고, 나는 더 먹으려고 울며 달라붙었다.

그런 나를 업고 오면서 누님도 우셨다고 했다. 낮에도 문제였지만 밤이 더 문제였다. 자다 보채면 날 업고 엎드린 채 잤다. 그러다 깨어나서 보채면 누님은 자기 손가락을 내게 물렸고 나는 그걸 빨다가 잠이 들곤 했다. 누님은 마실 줄도 모르는 술을 하시고 전에 한 번도 들은 적이 없는 이런저런 이야기를 들려주었다. 울다가 웃다가 하면서. 내가 대학에 합격하던 날 밤이라고 기억된다.

누님에게 혼난 일이 있은 다음, 나는 그 아이를 만나지 않았다. 다시 무료한 나날의 연속이었다. 그러던 어느 날 그 아이가 날 찾아왔다. 신문 팔러 가지는 것이 아니었다. 초량동에 처음으로 전시연합중학교가 개교했으니 가지 않겠냐는 것이었다. 나는 누님에게 물었고, 누님은 기다리기라도 한 것처럼 얼른 가라고 했다.

전차를 타고 가다가 초량역에서 내려 야트막한 뒷산을 오르니 오른편으로 작은 저수지가 나왔다. 그 저수지를 지나 조금 더 올라가니 군용 천막이 한 채 보였다. 그 앞에는 '전시연합중학교'라고 검정 페인트로 쓴 나무 말뚝이 박혀 있었다.

천막 문을 들치고 들어가니 선생님 한 분이 가마니를 깐 바닥에 앉아 있다가 우리를 맞았다. 우리가 공부하러 왔다고 하자 양면 괘지 철을 들고 와서 출신 학교를 물었다. 그 아이는 무슨 중학교인가 다니다 왔다고 했고, 나는 함흥 제일중학교에 다니다 나왔다고 했다. 선생님은 몇 가지 더 묻고는 손으로 뒷산 쪽을 가리키면서 교실로 가라고 했다.

나와서 교실을 찾았다. 그러나 교실 같은 것은 보이지 않았다. 다만 띄엄띄엄 서 있는 소나무에 신문지만 한 칠판이 걸려 있는 것이 보일 뿐이었다. 그리로 갔다. 아이들이 가져다 놓은 듯한 넓적한 돌멩이들이 계단식으로 놓여 있었다. 우리도 돌멩이를 주워다 놓고 거기에 나란히 앉았다.

얼마 있으니 우리가 올라온 언덕으로 아이들과 선생님들이 올라왔다. 모자에 단 교표들이 모두 달랐다. 이남에 그렇게 많은 종류의 학교가 있다는 사실에 놀랐다. 연합중학교란 말이 실감났다.

이남에 나와 처음 받는 영어 시간. 하지만 마냥 설레기만 하는 것은 아니었다. 머리 위로는 전투기 편대가 쉴새 없이 날아다니고, 발아래로 내려다보이는 부두에서는 예인선들이 종일 빽빽거렸다. 하늘이 천장이고 바람이 벽인 교실. 우리는 그 모든 소음보다 더 큰 소리로 책을 읽어야 했다.

"Once upon a time, a dog found a piece of meat."

우리가 살아갈 길은 그것밖에 없다는 듯이 악을 쓰며 읽고 또 읽었다. 그렇게 해서 나는 오늘의 내가 되었다. 아니, 누님의 '북청 물장수' 정신과 지池씨 소년이 합작해서 오늘의 나를 만든 것이다.

그런데 그 아이는 며칠 나오다가 보이지 않았다. 병이 난 것인지 다른 사정이 있는 것인지 알 수 없었다. 전쟁 중이라 공부보다 먹고 사는 일이 더 급하던 시절이라 이상한 일도 아니었다. 지금도 그 아이의 주소를 알아두지 않은 걸 후회한다. 그 아이는 내 인생 2막 1장의 안내자였는데 말이다.

요새 가끔 그때를 생각하며 혼자 웃을 때가 있다. 만약 누님이 날 나무라지 않고 이렇게 말했더라면 어땠을까 하고 말이다.

'잘했어. 일찍부터 돈맛을 아는 것도 나쁘진 않지. 지갑이 비면 사내들이란 어깨부터 처지는 법이거든. 이왕 시작한 거, 죽기 살기로 덤비는 거야. 알았지?'

그랬더라면 혹시 지금쯤 재벌은 몰라도 준재벌, 아니 준준재벌쯤은 되어 있지 않았을까 하고 말이다. 그때는 전쟁 중이라 되는 일도 없지만 안 되는 일도 없던 시절이고, 게다가 부산 국제시장은 모든 가능성이 열려 있는 기회의 광장이었으니까. 없는 게 없고 있을 건 다 있다는, '고양이 뿔도 있고 처녀 수염도 있다'던 '도깨비시장'. 낮에는 돈다발이 럭비공처럼 머리 위로 휙휙 날아다니고, 저녁에는 돈뭉치를 마대로 실어 나르던 시절. 그런데 나는 기원 몇 세기 전 사람인 이솝의 우화나 달달 외고 있었으니 말이다.

내가 이런 말을 하면 아내는 웃는다. 돈이란 게 아무에게나 붙는 도깨비바늘 같은 것인 줄 아느냐고, 돈이 붙으려면 돈이 불어오는 방향을 향해 서야 하는데, 나는 그 반대 방향을 향해 서 있다는 것이다. 하긴 융통성이 없는 나를 보고 누님도 늘 비슷한 말을 하시곤 했다.

"자넨 제 털 뽑아 제 자리에 심을 줄밖에 모르는 사람이야."

아니면 이렇게 말하며 혀를 찼다.

"그러다간 밥 꼭대기에 매어 놔도 굶어 죽겠네."

그렇다. 농사와 공부는 흘린 땀만큼 거두지만, 장사라는 것은 요령에다 운까지 따라야 하는 법. 누님이 날 국제시장으로 내몰지 않은 것은 진즉에 나란 사람의 됨됨이를 꿰뚫어 본 결과가 아니겠는가 싶기도 하다.

연보

1935년　1월 15일(갑술년 12월 11일) 함경남도 홍원군 보현면 방동리에서, 아버지 손인모孫仁模와 어머니 이송순李宋順의 4남3녀 중 막내로 태어남.
1939년　함경북도 나남시로 이사하여 그곳에서 6년간 유년기를 보냄.
1945년　5월 어머니를 따라 큰누님과 함께 고향으로 돌아옴.
1947년　열두 살 되던 해 5월 어머니 별세. 향년 51세.
1950년　12월 23일 흥남 철수 때 큰누님과 둘이 월남하여 부산시 영도구 봉래동에 정착.
1953년　11월 서울시 성동구 행당동 71번지로 이사. 가호적지가 됨.
1957년　서울대학교 사범대학 국어교육과에 입학. 1961년 졸업.
1965년　10월 15일 이소운李小芸과 결혼하여 지안芝岸, 수안茱岸, 지명智明, 설안雪岸 1남3녀를 둠.
1975년　수필을 쓰기 시작함.
1981년　최초의 발표작 〈문간방 사람〉이 《수필문학》 여름호에 실림.
　　　　유산酉山 민경갑閔庚甲 선생의 지도 아래 한국화 동인 '아연회亞緣會'를 결성하여 활동을 시작함.
1985년　동국대학교 교육대학원 미술교육과에 입학.
　　　　제11회 전국불교미술대전 현대화부 우수상 수상.

1987년　〈일월오악도日月五嶽圖에 관한 연구〉로 위 대학원 졸업.
1989년　5월부터 4개월간 조선일보에 〈수련〉 등 수필을 연재. 이를 계기로 같은 해 을유문화사 고정기高廷基 주간의 권유로 《한국명수필 88선》을 출간. 이후 7종의 책을 위 출판사에서 출간하게 됨.
1992년　첫 수필집 《한 송이 수련 위에 부는 바람처럼》을 을유문화사에서 출간.
1994년　《에세이문학》 봄호에 〈달팽이〉로 등단.
1996년　《나의 꽃 문화 산책》을 을유문화사에서 출간.
1998년　위 책으로 한국수필문학진흥회로부터 제16회 현대수필문학상 수상.
1999년　편역서 《한국고전명수필선》을 을유문화사에서 출간.
2000년　두 번째 수필집 《달팽이》를 을유문화사에서 출간.
　　　　이 책은 간행물윤리위원회에 의해 청소년 권장 도서에 선정.
　　　　12월 국방부에 의해 '진중문고'에 채택.
2002년　서울 종로구 관훈동 '삼정아트스페이스'에서 첫 번째 개인전.
　　　　12월 4일 함께 월남한 큰누님 손이순孫李順 별세. 향년 77세.
2003년　2월 LA수필가협회, 뉴욕 한국문인협회 초청으로 '혼돈의 질서화'를 주제로 강연. 김주상 씨 초청으로 뉴욕 브로드웨이 '갤러리32'에서 호연회 회원들과 3일간 워크숍.
2004년　3월 제6대 한국수필문학진흥회 회장에 피선.

	화문집 《작은 것들의 눈부신 이야기》를 도서출판 눈빛에서 출간.
2005년	3월 관훈동 TOPOHAUS에서 두 번째 개인전.
	수필집 《달팽이》 개정판과 화문집 《작은 것들의 눈부신 이야기》가 2005년도 문예진흥원 우수도서에 각각 선정됨.
	11월 《달팽이》로 제21회 국제PEN문학상 수상.
2007년	시인 이성부, 소설가 김주영과 함께 제1회 가천환경문학상 수상.
2008년	전국국어교사모임이 엮은 수필선집 《문학시간에 수필 읽기》에 〈달팽이〉 수록.
	《손광성의 수필 쓰기》를 을유문화사에서 출간.
2009년	사단법인 국제PEN 한국본부 제33대 부이사장에 피선.
2010년	수필 〈비에 젖은 참새〉가 박영사 편 중학국어 1-1에 수록.
	〈앓으면서 자란다〉가 천재교육사 편 고등국어(하)에 수록.
	서울시 중구로부터 중구예술체육상 수상.
2011년	3월 1일 제주도 서귀포시 남원읍에 작업실 마련.
	7월 국제PEN 한국지부장과 함께 탈북 문인들로 구성된 '인디펜덴트 노스코리안 국제 PEN' 창립을 주도.
	부산일보 '토요에세이'난에 수필 연재.
	11월 《하늘잠자리》를 을유문화사에서 출간.
2012년	9월 제78차 경주국제PEN대회 집행위원.
	11월 《하늘잠자리》로 한국수필문학진흥회 제11회 현대

	수필문학대상 수상.

수필문학대상 수상.
한국 최초로 '수필낭송회'를 조직하여 보급에 힘씀.
2013년　계간 수필 전문지 《에세이피아》를 창간. 첫째, 등단 제도가 없는 잡지. 둘째, 모든 작품은 심사에 의해 게재하는 잡지를 표방함.
2014년　〈달팽이〉가 비상교육출판사 편 중등국어 교과서에 수록.
2016년　9월 TOPOHAUS에서 '뒷모습 그리고 이야기 그림'으로 세 번째 개인전.
2017년　《에세이피아》를 19호로 종간.
　　　　제주도 서귀포시에 의해 《하늘잠자리》가 '올해의 필독 도서'에 선정.
2019년　《나의 꽃 문화 산책》 두 번째 개정판 《꽃, 그 은밀한 세계》를 이지출판사에서 출간. 문화예술위원회 '세종도서문학나눔'에 선정.
　　　　6월 국립중앙도서관에서 '꽃의 인문학'을 주제로 강연.
2020년　'코로나19'로 7년 동안 이어온 한림국제대학원대학 문예창작 강의를 접고 서귀포 작업실 반화재半花齋로 솔가하여 이사.
2022년　3월 제자들이 뜻을 모아 미수 기념집 《손광성과 그의 문학세계》를 이지출판사에서 출간.
2024년　5월 수필선집 《바다》를 이지출판사에서 출간.